京都の近代と天皇

御所をめぐる伝統と革新の都市空間　1868～1952

伊藤之雄
ITO Yukio

千倉書房

はしがき

よほど生活環境の悪い場所でない限り、人々は自分の長年住んでいる場所に愛着や誇りを感じる。その源泉の一つは、美しい自然や人情、食べ物、公共施設、文化環境、他所への移動の便利さなど、広い意味で生活を取り巻く環境である。

もう一つは、以前に都であった、城下町であった、有名寺院の門前町であった、平家の落武者の集落だった、などの歴史にもとづいた愛着や誇りである。

普通は、前者と後者が融合された形のものとなることが多い。このため、山林・原野等を切り開いて新しくニュータウンを作った場合、新住民が街に愛着や誇りを持つまでには、自治体などにかなりの努力が求められる。しかし歴史の重みを持った都市や村落であっても、生活環境があまりにも悪化すれば、歴史のみでは、それを維持できない。そこに、歴史遺産を保存しながら新しい時代の社会・経済環境に対応した「まちづくり」をする困難さと、それを達成したときの満足感がある。

都市や集落はそうした改革努力の積み重ねにより存続するのであり、そうして蓄積された歴史がその場所への住民の地域を支える精神の源になっていく。

京都は、七九四年に桓武天皇が都を移して以降、発達した都市であり、応仁の乱等での浮沈はあったものの、明治初年まで日本の都（首都）であった歴史都市である。近世以後、京都は経済の面で大坂や江戸に、政治の面では江戸に遅れをとった。それにもかかわらず、京都の人々は、天皇のいる都市、伝統文化を伝える都として京都に愛着と誇りを持ち続けてきた。また、幕末期の京都が多くの志士を惹きつけ、維新の変革に大きな影響を及ぼしたように、京都は伝統と革新を融合させた不思議な街《まち》である。

本書は、明治二年（一八六九）に都としての地位を失った京都が、天皇・皇室とゆかりの深い京都御所・御苑空間を軸に、天皇・皇室との絆を維持し、都市としての再生を図っていく物語である。御所・御苑空間の変容とともに、維新から第二次世界大戦後の京都の変貌や、明治・大正・昭和の三天皇の実像や京都市民や国民との関わり方、君主制の変化も見えてくるであろう。

京都の近代と天皇――御所をめぐる伝統と革新の都市空間　一八六八～一九五二

目次

第三章 御所・御苑と市民の新しい関係
——大正デモクラシーと都市計画事業の展開——

京都の近代と天皇——御所をめぐる伝統と革新の都市空間 一八六八～一九五二

凡例

本文中の表記については、以下のように統一した。

一、旧暦の明治五年一二月三日が太陽暦の一八七三年（明治五）一月一日となる。旧暦を西暦で表すと年月日がずれるため、旧暦の時代は日本の年号を主とし、太陽暦採用後は西暦を主として表記した。

一、清国・中華民国の東北地方である「満洲」は、単に満州と表記した。

一、当時混在して使用された「朝鮮」・「韓国」の表記は、朝鮮国が一八九七年一〇月一二日に国号を大韓と改める前は朝鮮国、それ以降は原則として韓国とし、韓国併合後はその地域を朝鮮と表記した。

一、登場人物の官職の注記は前職・元職を区別せず、すべて前職と表記した。

一、引用に際して、史料として正確を期すため、現在では不適切とされる表記も残した。

引用史料の文章表記については、読者の読みやすさを第一に考え、以下のように統一した。

一、漢字に関し、旧漢字・異体字は原則として常用漢字に改め、難しい漢字にはふりがなをつけた。また、一般にカタカナ表記されるものを除いてひらがなに統一した。

一、適宜、句読点などをつけた。また、歴史的仮名遣いのひらがなに、必要に応じて濁点を補った。

一、史料中の、史料執筆者による注記は（　）内に、伊藤之雄による注記は〔　〕内に記した。

一、明白な誤字・誤植については、特に注記せずに訂正した場合もある。

京都御所・御苑と近代京都——はじめに

✣東京遷都後の御所・御苑

慶応四年(一八六八)一月、鳥羽・伏見の戦いに勝利した薩長勢力は、新政府を主導していった。四月に新政府は、旧幕府側から江戸城を明け渡され、東国方面に支配を及ぼしてゆき、七月一七日、江戸を東京と改称した。八月二七日、一五歳の明治天皇は(京都)御所で即位の大礼をあげ、九月二〇日に東幸のため京都を出発、一〇月一三日に東京に着いた。同日、江戸城は東京城と改称される。この間、九月八日に明治と改元された。

約二ヵ月後、明治天皇は父の故孝明天皇の三回忌を行うため、一二月八日に東京を出発、同月二二日に京都に戻った。翌明治二年(一八六九)三月七日、天皇は再度東京に向かい、その後、天皇は東京城を皇居(御所)とし、京都御所には行幸する形となり、東京が日本の首都となっていった[1]。この結果、ほとんどの公家が東京に移住した。

京都御所のまわりは九つの門に囲まれた公家屋敷地となっており、現在の京都御苑《ぎょえん》の範囲にほぼ重なる。公家の多くが東京に移住したため、公家屋敷跡は荒れるに任された。

幕末において、尊王攘夷運動から尊王倒幕(討幕)運動が高まっていったので、京都は政治活動の場として注目された。天皇・公家への政治工作のため、京都守護職《しゅごしょく》など幕府関連の組織が強化された他、各藩も京都藩邸を充実させた。このため、京都は近世を通して衰退気味であった[2]にもかかわらず、一時的に人口が増え、活気づいた。しかし、維新後に東京遷都が行われた結果、京都の人口は減少し、経済に大きな打撃となったのみならず、京都の人々の誇りは著しく傷ついた。

近世において京都の人々は、特定の時期に、禁裏《きんり》御所（維新後の京都御所）の中の特定の場所まで入ることができた。御所は、天皇との特別な絆を確認することができる空間でもあった。たとえば、正月の舞御覧《まいごらん》（承明門《じょうめいもん》の外側、一三ページの図1参照）、節分（内侍所《ないしどころ》）、お盆の灯籠《とうろう》のときなどであり、宝永年間（一七〇四～一七一一）以降は、町触《まちぶれ》を通じて京都の町衆を対象に御所に入れることが通知され、参詣《さんけい》が一般化し始める[3]。

天皇が東京に移り、遷都がなされることは、京都の人々の誇りの源泉としての天皇との絆を弱めることである。このため、二度目の東幸の際は、遷都を警戒し、京都の人々の間に不穏な動きが生じたので、公式には単に二度目の東幸として出発し、皇后や皇太后は京都に残った。しかし、それは遷都の始まりであり、以後京都は衰退していく。

本書では第一に、近世において京都の人々の誇りの源泉であった禁裏御所とその周りの公家屋敷地の空間を、近代において京都の人々（市民）がどのようにとらえ、自らの誇りの再生や経済復興の手がかりとして利用しようとしたのかを明らかにしたい。

ところで、京都御所は近代の京都の人々のシンボルであると同時に、天皇を押し立てて作られた新政府のシンボルでもある。その周囲の公家屋敷跡には京都御苑が創出され、京都御所に関連する空間として、天皇や新政府に位置づけられた。本書は第二に、天皇や管理の責任官庁となった宮内省などの新政府が京都御所・御苑空間をどのようにとらえ、国家統治に利用していこうとしたのかを考察したい。

さらに、天皇・宮内省や新政府が京都御所・御苑に行った政策に対し、日本国民がどのように反応したのかについても言及したい。

❖二つの「都市空間」論

本論に入る前に、京都の近代における御所・御苑「空間」の持つ意味について考えてみたい。

近年の都市史研究においては、建築史や歴史地理研究の分野を中心に、「都市空間」という概念が提示されている。「都市空間」論は、大きく分けて二つある。その一つは、現代都市を景観や機能の面から、地上から上に伸びる建物全体を包み込む「空間」として理解し、都市計画に生かそうという観点から、いわば再現可能な空間を論じるものである[4]。

もう一つは、都市の精神的な中心となる、古代ギリシアの神殿、日本中世の社《やしろ》や境界内の神域等を検討するもので、いわば再現不可能な意識の空間を論じるものである[5]。

本書では後者の観点から、近代京都の御所・御苑空間を論じる。

近代において、京都御所と周辺の御苑は、大正・昭和両天皇の即位の大礼が行われたり、日清戦争以来、戦争の勝利の奉祝行列の起点となったりする。御所・御苑は、天皇を頂いてきた歴史ある日本の古都、京都の街《まち》の精神的中心とみなされてきた。これは御所・御苑のやや西方に府庁が、ほぼ南方に市役所が、ほぼ東方に平安神宮（一八九五年創建）があり、御所・御苑がその三つの中心になっていることも、そのイメージを強めている。

❖伝統と革新のシンボル

他方、京都御所・御苑は、近代化と国際化のシンボルともなり、歴史都市、京都に新しい息吹を吹き込んだ。たとえば一八八〇年代まで、御苑では博覧会が開かれた。明治後期以降には、外国の貴賓《きひん》が御所を見学するようになる。また御所への行幸道《ぎょうこう》は、一八七七年に神戸・京都間の鉄道が開通して京都駅ができると、京都駅から烏丸《からすま》通を北進、三条通で東進し、堺町通で北進、堺町御門《さかいまちごもん》から御苑を通って建礼門《けんれいもん》から御所に入るものになる。

ところが、日露戦争後に京都市の都市改造事業として三大事業が行われ、京都駅から御所への行幸道として烏丸通や丸太町通が拡築された。道路拡築とは、京都市の三大事業で使われた用語で、狭い屈曲した道路をなるべく直線になるよう付け替えたり、新規に広い道路を作ったりすることである。三大事業によって広い行幸道ができたので、大正天皇や昭和天皇の即位大礼において多数の人々が行幸を拝観できるようになった。本書では、道路拡築という用語をその後の都市計画事業など道路拡幅・建設事業すべてに使用する。

三大事業の竣工後、京都駅で列車を降りた天皇は、拡築された烏丸通を北へ、拡築された丸太町通で東に折れて進み、堺町御門・御苑・建礼門を経て御所に入るようになった。行幸のない時には、烏丸通も丸太町通も、市電が走る幹線道路であった。

このように、御所を基本的に保存し、九門の内にあった旧公家屋敷地から新たに御苑を創出したことにより、御所と御苑は「伝統と革新」のシンボルになっていったのである。

❖明治天皇らの役割

こうしたイメージの創生に、明治天皇は大きな役割を果たした。さらに京都は古都として伝統を受け継ぐ街でありながら、一八九〇年に（第一）琵琶湖疏水《そすい》という革新的な事業を完成させ、特に新開地である鴨川の東方地区（鴨東《おうとう》）の開発を図った。これらの事業には、明治天皇の意思を理解した伊藤博文ら藩閥政府中枢の合意があり、その下で北垣国道《きたがきくにみち》知事らが尽力した。（第一）琵琶湖疏水事業の完成や鴨東開発事業の進展に伴い、「伝統と革新」は京都の都市改良・改造の合意事項となり、再び京都市民の自己イメージとなっていった。

他方、東京には天皇・皇室や皇族が住んでおり、皇居（宮城《きゅうじょう》）の空間はしだいに特別なものとなっていった。しかし東京は近代になってから初めて天皇と結びつき、しかも商工業都市として膨張を続けており、天皇・皇室や日本の伝統の十分なシンボルにはなり得ない面もあった。それを埋め合わせるため、明治天皇と共に大日本帝国が発展し、天皇の権威が高まると、天皇と結びついた京都は、東京を含む全国の他の都市に対して特別な空間となっていった。

京都御所・御苑は近代京都のイメージを形作る最も有力なシンボルとして、また京都は近代日本を象徴するシンボルとして、それぞれ新たに成長していった。京都御所・御苑と京都の関係は、京都と全国の他の地域との関係と、似た形になっていったといえる。

こうして、御所・御苑の空間は、単なる史跡であるだけでなく、明治天皇にゆかりが深く、天皇が愛着を持つ京都の発展や、明治・大正・昭和の三天皇と共に発展してきた近代日本、および明治天皇につながった古代以来の歴史的伝統を具体的に示すシンボルとなっていった。第一次世界大戦が起きて、デモクラシー思潮が日本に流入してくると、京都市民は、御所・御苑空間、とりわけ御苑空間を、自らの天皇への愛着と京都の誇りを示す、のびやかな娯楽空間としようとした。これに対し宮内省など当局は、それに平等性を加えることは承認するが、同時に規制と秩序も強めようとした。結局、昭和天皇の即位の大礼以降、御苑は京都御所と同様に、次第に窮屈《きゆうくつ》なくらい秩序立った特別な空間となっていった。

その反動として、太平洋戦争の敗戦後、御所・御苑空間を京都市民の手に取りもどそうと、御苑を総合運動場にしようとするような、性急ともいえる動きすら出る。

以上のような京都御所・御苑とその空間の歴史的な変化を、近代から現代への京都の都市改造・改良や発展・停滞等と重ねながら辿ってみたい。

なお本書は、御所・御苑空間や天皇が、近代京都の「まちづくり」の一つの核となったことを、京都市民や日本国民の意識との関わりを考慮して論じるものである。様々なタイプの歴史都市が、近代以降どのように変遷して現在に至ったのかを考える参考にもなるであろう。

註

1――伊藤之雄『明治天皇』（ミネルヴァ書房、二〇〇六年）五七～八〇頁。

2――浜野潔『近世京都の歴史人口学的研究――都市町人の社会構造を読む』（慶應義塾大学出版会、二〇〇七年）終章。

3――高木博志『近代天皇制と古都』（岩波書店、二〇〇六年）第二部第二章。

4――たとえば、建築史を専門とする高橋康夫氏は京都の中世を分析対象とした研究書の中で、「都市空間そのものを庭と見立て、都市空間に人間性を回復すべく、庭造りの手法を広汎に持ち込む」こと等も論じている（同『洛中洛外――環境文化の中世史』平凡社、一九八八年）。高橋氏の「都市空間」概念には、過去からの歴史性や精神性が「都市空間」を規定していくという視角が弱い。

5――日本の中世・近世都市を対象とした都市空間論の研究整理は、岩本馨『近世都市空間の関係構造』（吉川弘文館、二〇〇八年）序章参照。ジョーゼフ・リクワート（前川道郎他訳）『〈まち〉のイデア――ローマと古代世界の都市の形の人間学』（みすず書房、一九九一年）は、ローマなど古代都市の形態を古代人の「イデア」と関連付けて説明している。佐藤信・吉田伸之編『都市社会史』（山川出版社、二〇〇一年）や、伊藤毅『都市の空間史』（吉川弘文館、二〇〇三年）は、日本の中世・近世都市を、都市の精神性や政治秩序のあり方と関連付けてとらえている。

日本近代の都市史研究には、このように正面から都市空間を扱ったものがない。先駆的な研究として、前掲、高木博志『近代天皇制と古都』第二部第三章（初出は、「近世の内裏空間・近代の京都御苑」『岩波講座 近代日本の文化史』（岩波書店、二〇〇一年）所収）がある。そこでは、①京都御所の周囲の旧公家屋敷跡に、京都府は一八七八年から京都御苑を整備した、②一八九五年の第四回内国勧業博覧会等を経て、「近世以来一八八〇年代まで京都御苑という場がもっていた博覧会開催などのイベント機能や活気」（一三一頁）は、鴨東《おうとう》地域（京都御所・御苑から鴨川を隔て東側）に移動していく、③その結果、「京都御苑は、しだいに庶民からは閉じた清浄な国家の空間へとなってゆくのである」（同頁）等と論じられている。しかし、高木氏の研究は、京都御所・御苑という空間が、京都という街とどのような関係を持っているのかを考察していない。また、一八九〇年代に京都御苑が「庶民からは閉じた清浄な国家の空間」となっていくことについて、何も実証していない。本書で述べるように、日常の京都御苑は夜間でも出入り自由な空間で、日露戦争後ですら、また一九二〇年代後半になっても男女が「密会し風紀を乱す」ことが問題となるような空間である。また、御所の建礼門前広場など、御苑空間をめぐり、一九二〇年代には、奉祝行事に強い秩序を求めたい宮内省や警備当局と、緩やかな秩序の下、皇室への敬愛と娯楽性を加味して行いたい市民との間で綱引きが生じ、市民の側は敗れていった。高木氏は、大正デモクラシー期の御所・御苑空間をめぐるダイナミックな歴史に気づいていない。ましてや御苑空間は「庶民からは閉じた清浄な国家の空間」とはとても言えない（本書第二章五節〜四章四節、すでに、伊藤之雄「京都御所・御苑空間と近代日本の天皇制」（上）（『京都市政史編さん通信』第二七号、二〇〇六年一二月）で概略を指摘した）。

この他、原武史『皇居前広場』（光文社新書、二〇〇三年）（のちに同『増補・皇居前広場』（ちくま学芸文庫、二〇〇七年）として、増補再刊。本書は増補再刊版を用いる）がある。原氏の著作も、高木氏と同様に、皇居前広場が近代・現代の東京の形成にどのように影響したのかを、十分に論じていない。また、しだいに奉祝空間内で、行事参加者の地位の上・下によって奉祝する区画が決められていったことや、次いでそれらの区画の区別は緩むが、逆に奉祝行事での秩序ある行動が求められたこと等、歴史的な変化の分析もない。

なお、現在の皇居は、一八八八年一〇月二七日に皇居の造営が完成して以降、第二次世界大戦前や戦後しばらくは宮城《きゅうじょう》と呼ばれ、一九四八年七月一日に皇居と改称される。しかし本書ではすべて皇居と表すことにする。

第一章

御所の整備と御苑の創出による伝統と革新

——明治維新から日清戦争前

一節　京都再生を目指す明治天皇の提言

✣京都の衰退と御所の荒廃

まず、維新後の京都御所や公家屋敷地である九門《きゆうもん》の内《うち》(後の京都御苑)はどのように管理され、どういう状況であったのかを、京都の住民等との関わりも含めて見てみよう。明治二年(一八六九)三月七日に明治天皇(睦仁《むつひと》)が再び東幸をする直前、二月一七日に、天皇が東京に滞在する間、太政官を東京に移し、京都に留守官を置くことになった。したがって京都御所や周辺の九門の内は留守官の所管となった[1]。

その後、同四年八月二三日に留守官が廃止され、禁裏御所(京都御所)・大宮御所・後院・恭明宮および修学院離宮を宮内省の所管とし、御里御殿《おさとごてん》・旧御厩《みくりや》・学習院・御春屋《おつきや》を京都府の所管とした。次いで、禁裏御所その他の殿舎《でんしや》を大蔵・宮内両省の所管とし、のちに一八七三年一一月に内務省が設置されると、大蔵省所管の部分を内務省に移した[2]。このように、京都御所と九門の内の所管はめまぐるしく変わった。右の建物のうち、一八七三年から京都博覧会の会場となる大宮御所は、一七世紀に東福門

図1　禁裏御所周辺図

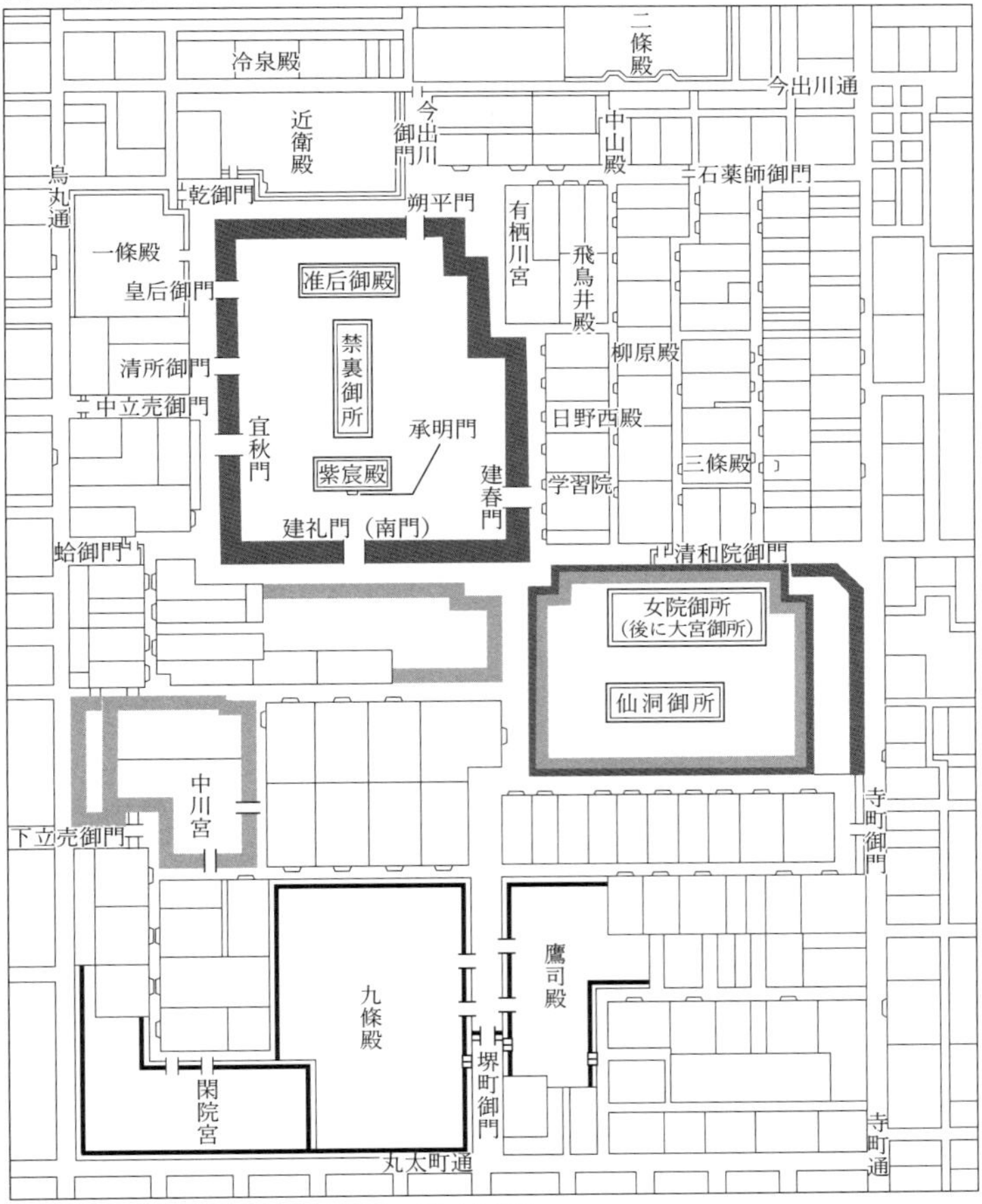

備考：「校正内裏再覧之図」元治元年（1864）より作成

院（後水尾《ごみずのお》天皇中宮和子）の居所（女院《にょいん》御所）として造られ、三度も焼失を重ね、幕末から維新直後にかけて、准后（孝明天皇女御《にょうご》、のちの英照《えいしょう》皇太后）のために殿舎が再興されたものである。

一八七七年に天皇が行幸した際には、京都御所と九門の内は内務・宮内両省の所管となっており、両省は京都府に管理を行わせていた。

他方、維新後に天皇が東京に移ってから、公家たちも東京に移住し、京都は急速に衰退した。丹羽圭介（前衆議院議員）は、六〇年以上経った後に、次のように回想している。

> 畏れ多いことですが、御所の中まで草が生えたんです、おまけに各所で放火が行はれた、そんなわけで博覧会は開いても内外のお客を京都へ引つぱらないかぬ、それには大々的には先づ街をきれいにする必要があるといふので溝蓋《みぞぶた》を作つた、実際其当時は小便も溝に垂れ流しの状態で、こんなところを外国人に見られては恥ぢだとあつて、先づ溝蓋をこしらへ便所をこしらへたわけで、大々的に京都市中の清潔法を行つたのです［3］

✣御所と九門の内で博覧会を開く

京都の有力商人熊谷直孝（久右衛門）は、欧米の博覧会に注目し、京都で博覧会を開くことを考えた。熊谷は、最有力商人の三井組の三井八郎右衛門・小野組の小野善助とまず相談し、三人が協力して行おうとした。これに槇村正直《まきむらまさなお》（長州出身、後に京都府知事）ら、府の開明派官僚が協力、明治四年（一八七一）

一〇月、日本で初めて「博覧会」と銘打った展示会を、京都の西本願寺で開き、一万人余りの入場者を得た。発起人の三井・小野・熊谷らは、この成功を受けて、京都博覧会社を設立、翌年から継続的に博覧会を開催した[4]。一八七三年からは政府の許可を得て、明治天皇が東京へ移った後の京都御所を主会場に博覧会を開き、翌一八七四年からは諸殿の拝観も許された。京都の繁栄に博覧会の効果は著しかったので、同会社は一八七五年以降も毎年春夏の頃に一〇〇日間御所で博覧会を開くことを請願、一八七四年七月に許可された[5]。これは、広い会場という条件のみならず、京都御所に入れる魅力があったからである。

一八七三年に京都御所を主会場に開かれた博覧会では、一七世紀に後水尾上皇のために造られた仙洞《せんとう》御所《ごしょ》の跡で、鶴・ラクダ・ロバなどの動物が展示され、親王家の旧邸は相撲や演劇の会場となった[6]。

この博覧会の後、同年七月二日付で、京都府は太政官《だじょうかん》へ九門の内(のちの京都御苑内)の仙洞御所跡に「公園」を開設することを上申し、八月下旬に太政官と宮内省より許可を得た。宮内省からは大蔵省の許可を得るようにとの指令も受けた。ところが大蔵省は、仙洞御所跡を公園とし博覧会社に貸与して、会社が「通券発行」をする(入場料を取る)ことは、一般の人々の行楽を妨げる、との理由で許可しなかった。大蔵省は、「公園」を設置し、建物のみを貸し渡すことは許可してもよいので、園内と建物それぞれの坪数と貸し渡し期限と代価等を取り調べ、詳しい図を添えて申し出るよう指令した[7]。このように、京都府は九門の内に博覧会を開くような公園を設定し、博覧会を支援しようとしていた。

他方、一八七三年秋までに、政府は天皇に洋装させるなどして天皇を近代化のシンボルとしていた[8]。同じ年の春から京都御所で博覧会が開かれたのは、偶然ではない。政府の一貫した近代化の方針であった。

幕末以来、京都には外国人の立ち入りが禁じられていたが、京都の衰退を防ぐため、博覧会の開催とともに一八七三年より外国人の入京も許された[9]。

一八七三年から京都御所を主会場に開かれた博覧会は、毎年三月から約九〇〜一〇〇日間の日程であった。京都博覧会社に安定した形で博覧会を続けさせるため、一八七三年一二月一〇日、京都府は①仙洞御所跡に「公園」を設置するのは、同所が「多年荒廃」しているので多くの修繕が必要で、今しばらく「公園」の呼び名を見合わせる、②仙洞御所跡の庭池一帯を、代価別紙の通りで博覧会社に貸与したいので判断してほしい(別紙で、土地は一坪につき一年二銭、建物は一坪につき一年一三銭と記述)、と大蔵省に上申した[10]。

結局、翌一八七四年五月に仙洞御所跡を三年の期限で博覧会社に貸し渡すことが決定した。こうして博覧会は主会場の御所に加えて引き続き仙洞御所内で動物の展示もできるようになった。ところが、一度見たら珍しくなくなったためか、七月二〇日から始まった動物展示には来場者が少なく、採算が取れなくなった。そこで一一月一五日、博覧会社は三年契約であったものを一年で返上する願を京都府に提出した。この仙洞御所跡借用の返上願は、一八七五年二月以降に認められたようである[11]。

その後、同年五月一二日、京都府知事長谷信篤《ながたにのぶあつ》は、景色の良い所に博物館を建設し、その中央に堅固な宝庫を置いて勅封《ちよくふう》の物品などを保存することを、大久保利通内務卿に上申した。その中で長谷知事は、勅封宝物は特別厳重に保存すべきところ、寺院に保存されている物は保存が不十分であり、「紛乱」散逸がはなはだしく、外国人の手に渡る物もある、と危機感を示している[12]。

京都府は、博物館は仙洞御所跡に京都博覧会社によって建設されるべきである、と内務省に上申した。同年九月四日、内務省は京都府の上申は差し支えないとの意見を宮内省に示し、同省の同意を求めた。宮内省は、京都博覧会社に貸与するのは差し支えないが、将来入用になるかも知れないので「永世引渡」はできない、と内務省に回答した。翌一八七六年一月二二日、仙洞御所跡地は博物館建設のため内務省へ預けた上で京都府に貸し渡されることになった。京都府はそれを京都博覧会社に貸与する手はずであった。しかしその後、京都博覧会社による博物館の建設は進まなかった。京都府は、勅封の宝物などを保存して博覧会を盛り上げようと、博覧会社に仙洞御所跡を貸し渡す手続きなどを中心になって行ったが、この努力は空回りしたのであった[13]。

他方、一八七七年(明治一〇)は、皇后美子《はるこ》が脚気《かつけ》の養生のため前年一二月五日から京都御所に滞在していた関係で、御所を博覧会の会場として使用することが困難となった。そこで槇村正直知事の請願を受けた政府は、博覧会を九門の内の大宮御所で開くことを認めた。

同一八七七年一月、明治天皇は、孝明天皇の十年式年祭のため、約八年ぶりに京都を訪れたが、西南戦争が起きたため、京都御所滞在を引き延ばすことになった。天皇は六月一二日に、太政大臣三条実美《さねとみ》らを従えて近くで開催中であったこの博覧会に行幸した[14]。

翌年も博覧会は大宮御所内で開かれ、その後も大宮御所内で開催され続けた。博覧会入場という形で、御所内宮殿の拝観ができなくなったので、一八七八年に博覧会観覧者に御所内宮殿の拝観を許すことの願いが出された。同年一月二一日に庭上からの御所の拝観が許可される[15]。

この時期の博覧会の入場者は、一八七四年を例にとると、本会場は五銭（巡査の初任給四円から換算すると、現在の二〇〇〇円程度）で、一八万七八八八人もあった。京都市街の人口は、一八七九年頃で二三万五〇〇〇人程度なので[16]、市街周辺や大阪方面からの入場者を集めたと推定される。また入場料から考え、京都御所の拝観が、下層民は無理にしても庶民にまで可能だったことがわかる。

なお、一八七九年一月までに、有力外国人に博覧会と関係なく京都御所の拝観が許可されていた。槇村府知事は、日本人にも拝観を許すよう宮内省に具申した。それは、毎月一日、一五日の両日に建春門《けんしゅんもん》（日御門）より御所に参入させ、内侍所《ないしどころ》・清涼殿《せいりょうでん》・紫宸殿《ししいでん》を庭上から拝観させ、清所門《せいしょもん》（御台所門）より出るというものであった。日本人有力者の拝観は、一八七九年一月一五日から実施された。その後、一八八三年四月二一日には、京都御所の有力内外人の拝観は、紫宸殿・清涼殿・御学問所に限られることになった[17]。

その頃の京都御所や御苑は、どのような状態だったのだろうか。御苑の整備は一八七七年から始まる。キリスト教思想家の海老名弾正《えびなだんじょう》は、約五〇年後に次のように回想している。海老名は、熊本洋学校で学んだ後、一八七九年（明治一二）九月に新島襄の同志社英学校に入学するため、京都にやってきた。

当時我々が散歩したのは、相国寺《しょうこくじ》の松林から池の付近と、御所内（御所・御苑内）とであつたが、御所は内裏まで行き放題で、子供が紫宸殿の上で遊んだり大宮御所の御庭を逍遥《しょうよう》するのは自由なものであつた。相国寺や御所のお庭は我々のために好い読書場で、日々書物を携へては池辺に書をひもといたり、瞑想に耽《ふけ》るのが一の楽しみであった。誰しも御苑内が今の様に整頓されるとは想像だに及ばない所で、お庭に狐が迂《う》路《ろ》ついてゐるのも珍らしくなく〔18〕…〔後略〕。

すでに述べたように、御所の拝観は許可されていたが、近所の者が日常御所に入るのはかなり自由だったというほど、管理はゆるやかだった。

✣御苑内に博覧会場が作られる

博覧会に使用している大宮御所の建物群が、一八八〇年七月以降解体・撤去される予定になった。そこで杉浦利貞上京区長・竹村藤兵衛下京区長の二人は、博覧会は京都の地の盛衰に関わることとして、両区会を開き、博覧会の会場新築費の支出を議事にかけようとした。また、一八八〇年五月五日、御苑内東南隅二万坪を永年借用することを、槇村京都府知事代理の大書記官国重正文宛に申し込んだ。結果、博覧会は御苑内に仮の建物を建てて行われることになった〔19〕。

ところが、博覧会用の建物の新築は早く進まず、大宮御所は保存されるように方針が変わったので、一八八一年一月一八日、京都府知事槇村正直は、同年三月一日から六月八日まで予定された博覧会に、大宮御所を使わせてくれるよう、徳大寺実則《さねつね》宮内卿に依頼した。その許可は、北垣国道が槇村の後任知事となった同年二月一日付でおりた[20]。

他方、博覧会用の建物は同年二月五日までに本館・前館ともに御苑内東南隅に落成したが、会場として設備の十分でないところもあった。そこで、一八八一年の博覧会は、博覧会場（京都市の建物）と大宮御所を主会場に行われた。翌年からは、博覧会場を主会場に、実施されるようになった。その後も博覧会、またはその後身の催しは御苑内の博覧会場で行われたが、一八九七年より鴨東の岡崎博覧会館で実施されるようになった[21]。しかし、その後も御苑内に博覧会場の建物は残った。宮内省は、元博覧会場の建物を取り払うよう京都市に求めたが、一九〇九年（明治四二）四月になっても、建物の移転場所が確定しないという理由で、市は六月三〇日迄の延期を願い出てきた。宮内省側は、現場では建物が大部分取り払われ運び出されている状況から、延期の期限を五月末まで短縮する方向で検討していた[22]。このように、次項で述べるように、九門の内を御苑とし御所を保存する方針が確定しても、御苑内の博覧会場の建物は二〇年近く残った。この間、博覧会期間中の御所紫宸殿の拝観は、一八八五年までは許された[23]。

❖御所保存と御苑の創出

一八七七年（明治一〇）一月、約八年ぶりに京都に行幸した明治天皇は御所の周囲の旧公家屋敷跡が荒れるに任せていることを見て、深く「歎惜《たんせき》」した。そこで同年から一八八八年に至る一二年間、毎年、天皇のお手許金《てもと》（内帑金《ないど》）四〇〇〇円（現在の一億六〇〇〇万円以上）を下し、京都府に命じて「大内《おおうち》保存」

をさせることにした[24]。「大内」とは、京都御所のことで、「大内保存」とは、京都御所を保存する一方で、それと関連する御苑も御所に調和する形で創出・整備していこうというものである。

この結果、一八七七年から八〇年にかけて、京都府は九門の内の公家の土地を買い上げて、廃屋を撤去、道路を改良し、公園として京都御苑を整備した。また九門を付け替え、土塁を作り、植樹などを行い、今日の御苑の姿につながる工事を行い[25]、一八八〇年代前半に一応完成した。土塁築造にあたっては、たとえば京都府は久邇宮《くにのみや》家に次のように許可を求めている。「今般大内為保存《ほぞんのため》公園地周囲え土塁築造致し候処」別紙図面朱引の通り、烏丸通下立売《しもだちうり》の所有地にかかるので、土塀を取り壊して建築しても差し支えないでしょうか[26]――。このように、当初御苑は普通の「公園」として築造されており、とりわけ一九三七年以降に見られることになる、「聖域」としての特別な意味を持つことを期待されてはいなかった。

また堀内清次郎上京第五区長が、一八七七年五月、「大内公園御開拓」について、上京区第五区二一町からの寄付金六円八九銭四厘を使ってほしいと、槇村京都府知事に願い出、五月三一日付で許可された。公園を創出するにあたって献金や、献木のための献金願も、上京・下京両区や伏見区の各町や葛野《かどの》郡の区から、また「席貸」や「芸妓」の総代等各組合から出され、許可されている。京都の人々は、御所の保存や御苑の創出に協力的であった。

さらに、京都府華族鷹司輔凞《たかつかさすけひろ》ら京都府・東京府・三重県の華族八一名は、一八七八年四月に「公園植木代」として五〇円を寄付している。

❖明治天皇、大礼を京都御所で行う提言をする

御苑の整備が始まった翌年、一八七八年（明治一一年）の八月三〇日から一一月九日まで、天皇は北陸・東海両道巡幸を行った。その途中、一〇月一五日から二〇日まで、前年に引き続き京都に滞在する。天皇は京都では孝明天皇陵の参拝などを行った。また一〇月一五日、大津から京都への途上には、京都・大津間鉄道工事の逢坂《おうさか》山トンネルの工事事務所を訪れ、同区間の責任者工部少書記官飯田俊徳に工事の状況を奏上させた。さらに翌一六日、鉄道局長井上勝《まさる》と飯田工部少書記官を御所に召して、同区間の鉄道線路敷設の実況を奏上させた[27]。

一〇月一五日、京都に着いた天皇は、御所に入る前に、昨年京都府に命じた御所周辺の九門の内の整備状況を見ることになる。槇村知事の尽力で、「今は御苑の様も却《かえつ》て昔にまさりて、列よく植え並べたる樹々の間を遣《や》り水の流れて芝生のあなたに入り、しかと見れば彼処《かしこ》の仮山の蔭に繞《めぐ》り出るなど、その風致のおもしろきに、供奉《ぐぶ》の大宮人たちも手を拍《う》ちて驚歎せられしと云ふ[28]」。

おそらく天皇は、京都の状況が気にかかったから、北陸・東海道行幸の際に京都に立ち寄ったのであり、御苑の整備の進展に満足したことであろう。

次いで翌一六日、天皇は京都御所内の各宮殿を巡覧した。ところが、荒廃しているところが多く、天皇は「痛惜《つうせき》」し、付き従った侍臣たちも「深く嗟嘆《さたん》」した。天皇は宮殿の保存の方法として、ロシア皇帝が即位の大礼をモスクワの宮殿で行う例にならい、日本でも大礼を京都御所で行おうと思ったという。

その夜、天皇は維新前に京都御所で行われた故事やその来歴などを、侍臣らに詳しく教え示した[29]。

明治天皇は、九門の内(旧公家屋敷跡)を公園にするという革新を容認すると共に、京都御所内の伝統

図2 1884年の京都御苑図

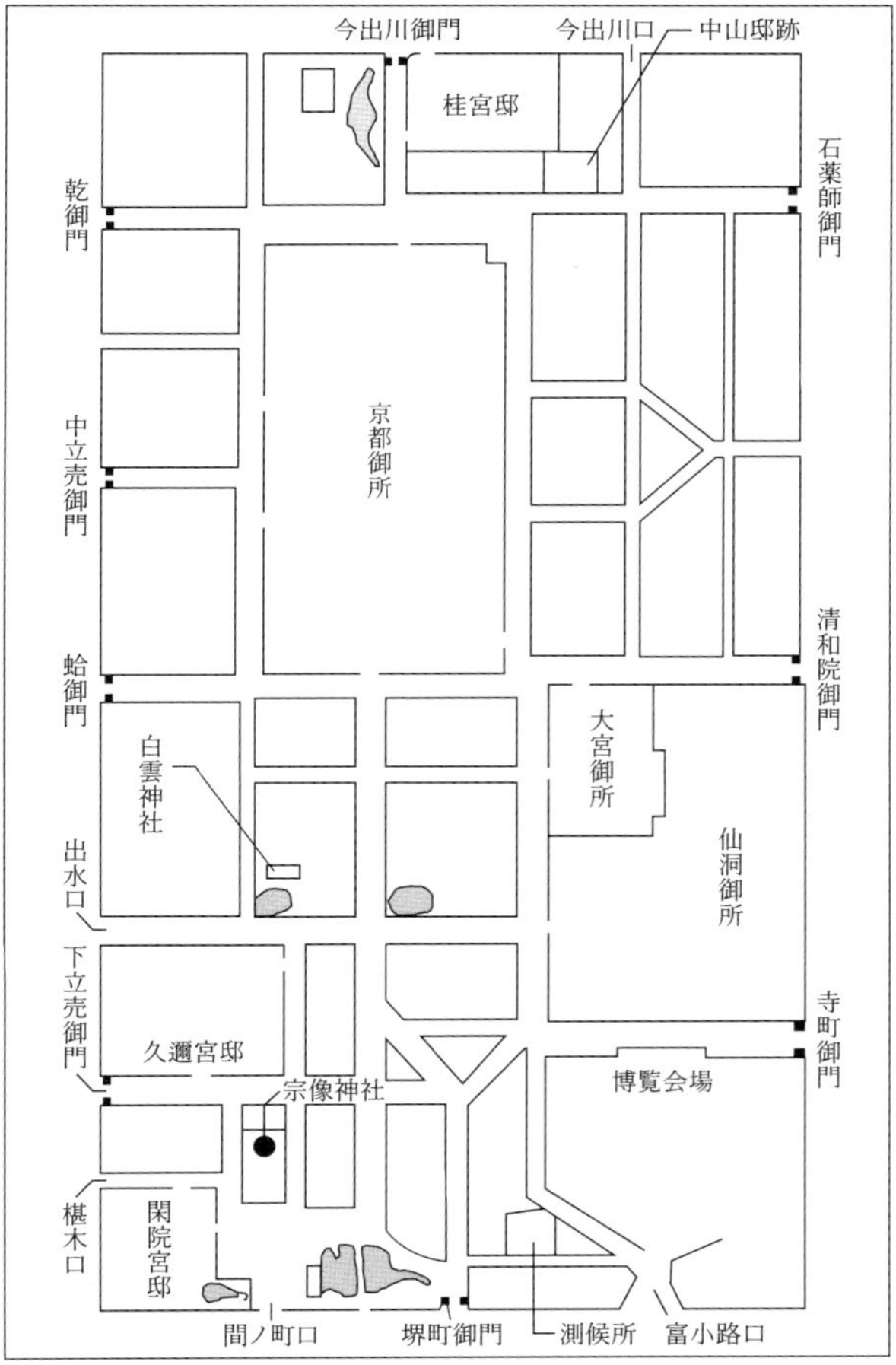

備考：宮内庁蔵「京都御所並皇宮付属之図」より森忠文氏作図を著者修正(前掲、森忠文「明治期およびそれ以降における京都御苑の改良について」)

的空間はなるべく維持しようとした。これは伝統の維持と、革新という維新の精神を体現したものだった。

この頃、明治天皇は二六歳に近づいており、大久保利通暗殺後に、佐佐木高行・元田永孚《もとだながざね》らによる天皇親政運動が起きると、政治への意欲を示し始めた。しかし、参議中の実力者の伊藤博文や岩倉具視《ともみ》右大臣ら、太政官制下の内閣の主流は、天皇親政運動を否定した。こうして天皇は人事等の表《おもて》の政治においては、事実上意志を無視された。それに対し、天皇親政運動の三、四年前から、天皇は各地への巡幸の許可や宮内卿などの自らの側近の人事など、宮中問題では、かなり意志を貫徹することができた[30]。京都御所の保存や九門の内の整備ということも、むしろ宮中に関わる天皇の身辺の問題という要素が強かった。このため、天皇の発言は、表《おもて》の政治問題以上の重みを持ってとらえられたはずである。

一一月九日、天皇が巡幸を終えて皇居に戻ると、同一九日、京都御所その他の殿舎をすべて宮内省所管とし、これまで内務省を経由して京都府に交付した修繕費八〇〇円を、本年度より宮内省費にすることが允許《いんきょ》された。これは、伊藤博文参議兼内務卿と徳大寺実則《さねつね》宮内卿が協議した結果であった[31]。伊藤は大久保没後の体制をリードしている藩閥政府第一の実力者である。このことから、明治天皇の意向もあって、一八七八年一一月には、京都御所と周辺の主な建物を皇室の伝統を維持する方向で宮内省に十分管理させる方針が固まったといえる。

他方、前年から始った九門内に京都御苑を造る工事は、近世までの伝統を破壊し、新しい都市空間を創るものであった。すなわち、一八七七年から一八八〇年にかけて、京都御所・九門内の空間に、京都御所を基本的に保存することによる伝統と、京都御苑の創造による革新という二つの精神を体現させる方向が定着したといえる。

✤伝統と革新の京都振興

京都御苑の創造という作業が進むなか、一八七九年(明治一二)二月二七日、天皇は文学御用掛《ごようがかり》 中山忠能《ただやす》(明治天皇の祖父、公家)・同近衛忠凞《このえただてる》(幕末に関白、摂関家)・同嵯峨実愛《さがさねなる》(幕末の正親町《おおぎまち》三条実愛、公家)・久我建通《くがたてみち》(公家)らに、京都から東京に移された皇室伝来の書籍・記録類、調度類の整理に着手させた。次いで、久我建通を文学御用掛とし、さらに三条西公允《さんじょうにしきみよし》ら七人に御書籍御道具取調掛を命じた。また五月一〇日、天皇は久我建通・嵯峨実愛ら四人に、京都秘庫残存の御物《ぎょぶつ》を整理させた。久我らは京都での調査を終え、七月一九日に帰郷し参内した。その後久我らは、九月一三日より宸翰《しんかん》(天皇の手紙)類の調査に従事し、一二月二〇日に御書籍御道具取調掛を辞任した。天皇はさらに近衛忠凞・久我建通・嵯峨実愛に宸翰御用掛《しんかんごようかかり》を命じた[32]。天皇や宮中側近たちは、皇室の歴史を明らかにする宸翰・書籍・記録・道具などの調査と整理を始めることで、その伝統を探ろうとしたのである。

他方、伊藤博文の盟友の参議兼工部卿井上馨(長州)は、天皇の即位・婚姻などの大礼は京都御所で行うべきである、と吉井友実《ともざね》(薩摩、工部少輔《しょうゆう》(次官クラス))に話した。吉井は前宮内大丞(局長)で、宮内省に影響力があった。その吉井は、宮内省御用掛伊地知《いじち》正治(薩摩、前参議、一等侍講《じこう》)に伝え、伊地知の賛同も得たので、一八七九年六月一九日、岩倉右大臣に、大礼を京都御所で挙行すべきことを進言した[33]。井上馨の提言は、伊藤が藩閥のリーダーであることや伊藤と井上の関係から、両者の合意の上であると考えるべきであろう。

明治天皇が一八七八年一〇月に、即位の大礼を京都御所で行うべきだと考えたことは、翌年六月には伊藤・岩倉・井上馨という政府中枢や、吉井ら宮中の中核メンバーの間で検討され、合意が深まっていったといえる。またそれは、伊藤・岩倉・井上馨が、近代化という維新の変革を推進する人物であったことから[34]、単なる伝統への回帰ではなく、伝統を踏まえた革新という精神を反映している。

翌年七月七日、天皇は東京で芝離宮に行幸の際、陪乗していた吉井友実侍補（元老院議官兼工部少輔）に、京都御所不用の建物を大臣・参議の官宅として下賜するので、侍臣を京都に遣わそうと思うが、京都にはコレラが流行しているので、しばらく見合わせる、と述べた。その後、九月二九日に、杉孫七郎《すぎまごしちろう》（長州、宮内大輔《たいふ》（次官））を京都及び中国筋に、一〇月七日に吉井友実を京都・大阪等に（一〇月一五日出発、一一月二七日帰東）、一〇月二一日に岩倉右大臣を京都に派遣した。一〇月二五日・二六日両日、岩倉・杉・吉井は京都御所で会合し、方針を決めた[35]。

翌一八八〇年一月一四日、天皇は岩倉右大臣・徳大寺宮内卿・杉宮内大輔（次官）・土方久元《ひじかたひさもと》宮内少輔（次官クラス）・吉井工部少輔を召し、前年に岩倉ら三人が京都御所の保存に関して、調べてきたことを奏聞させた[36]。

この五人の中で、岩倉・徳大寺は公家、杉（長州）・土方（土佐）・吉井（薩摩）の三人は藩閥勢力の出身であり、いずれも宮中にかかわりの深い有力者だった。また、岩倉・徳大寺・杉の三人は、佐佐木・元田らの天皇親政運動に関わっていない。土方は一八七八年五月には関わったが、翌年六月に天皇の「万《ばん》機《き》親裁《しんさい》」を求める奏上があった際には、参加していない。つまり、大久保没後の体制をリードした伊藤博文参議の支持者たちといえる。佐佐木らの天皇親政運動の積極的な推進者で、伊藤に批判的な人物は、吉井友実くらいであった[37]。

吉井を加えたのは、天皇親政運動を推進する復古的色彩の強いグループの意見も一定程度反映させようと配慮したに過ぎなかった。天皇は、伝統に配慮した革新を御所・御苑空間に及ぼしていくことを理解し、そのようなメンバーに御所の建物の保存と廃止を中心とした検討をおこなわせたのだった。

一八八〇年(明治一三)六月一六日から明治天皇は、山梨・三重両県と京都府巡幸に出発し、七月二三日に皇居に還幸する。

この間の七月一四日、天皇は滋賀県草津の行在所《あんざいしょ》を出発し、大津駅から汽車に乗り、京都七条駅(現在の京都駅)に着いた。その途中、大津駅を出発して約一〇分で逢坂山トンネルを過ぎた。

天皇は大谷停車場に下車して、トンネルの状況を見学し、井上勝工部省鉄道局長(兼工部少輔・技監)の説明を聴いた。このトンネルは一八七八年一〇月に起工し、ほぼ半月前の六月二八日に竣工したばかりだった。日本において、硬い山を貫いて作った真のトンネルといえるものは、これが初めてであった。このトンネル工事が竣工すると、京都・大津間の鉄道路線が全部完成し、大津・神戸間が鉄道でつながる。大津・京都間は、翌七月一五日から営業を開始しようとしていた。天皇は、京都駅で汽車から降りる際、井上鉄道局長に、「鉄道速《すみや》かに落成し満足す」との勅語を下賜した[38]。

天皇は、逢坂山トンネルを起工した年の一〇月にも工事現場を訪れ、井上鉄道局長や現場責任者の飯田工部少書記官に工事の実況について奏上させている。天皇が、日本で初めての本格的なトンネル工事に、並々ならぬ関心を寄せ、京都・大津間の鉄道の完成に大きな期待をしていたことがわかる。

❖三度の行幸の理由

その後、天皇は七月一四日から二〇日まで京都御所に滞在し、孝明天皇陵などを参拝したり、御苑内北部の桂宮（淑子《すみこ》内親王、孝明天皇の姉）邸に行幸したりした。また、盲唖《もうあ》院（目や耳の不自由な人の学校）生徒を御所に召して学業を見たり、井上勝鉄道局長を午餐《ごさん》に召したりもした。その際、井上から鉄道建設のことについて奏聞を受けた[39]。

注目すべきは、七月一七日に桂宮邸に臨幸する途中、天皇が生まれた旧中山忠能邸内にある祐井《さちのい》に立ち寄ったことである。中山邸も御苑北部・桂宮邸の東南にある。この井戸は、天皇が祐宮《さちのみや》と呼ばれ、同邸で育てられていた時代に、大旱魃《かんばつ》に際して新たに掘られたものである。清泉が湧出したのを父の孝明天皇が喜んで、祐井という名称を下賜したことに由来する[40]。祐井や、天皇が生まれた「御殿」も修復が終わって「立派」になっていた[41]。

すでに述べたように、天皇は一八七七年、一八七八年、一八八〇年と、四年の間に、他地域への行幸とも関連させて計三回も京都を訪れている。これは、明治天皇が少年時代を過ごした京都が大好きで京都御所での滞在を好んだことが、一つの理由であろう[42]。

明治天皇が生まれた中山邸跡にある祐井《さちのい》

しかし、それ以前、天皇は明治二年（一八六九）に再度東幸してから、約八年間も京都に立ち寄っていなかった。一八八〇年七月の次に京都に行幸するのは、約六年半後の一八八七年一月である。

明治天皇はがまん強く、自分の好みを優先して京都に行幸するような性格ではない[43]。このことを考慮すると、一八七七年から一八八〇年にかけて、度々天皇が京都に行幸した第一の理由は、一八七七年の行幸の際に気づいた京都御所・九門の内の荒廃が気になったから、と思われる。天皇の意向を受け、一八七七年から一八八〇年までに九門の内が御苑として整備され、御所内や周辺の建物の保存についての方針が固まっていった。このことで、しばらくはどうしても京都へ行かねばならない理由がなくなった、と天皇は考えたのであろう。

この時期、天皇が頻《しき》りに京都に行幸した第二の理由は、天皇が京都の衰退を心配し、それを防ぐ方策として鉄道建設などの近代化に強い関心を持っていたからであろう。一八七七年の行幸は、京都・神戸間の鉄道開業にも関連し、一八七八年と一八八〇年の行幸は、京都・大津間の鉄道工事、とりわけ逢坂山トンネル工事や、開業に関連していた。

すなわち天皇は、京都御所と九門の内の伝統をふまえた革新、鉄道工事など京都に関する革新などへの関心から、京都に続けて行幸したといえる。

二節　政府が明治天皇の提言を具体化する

❖岩倉具視の「京都保存に関する建議」

北垣国道京都府知事は、一八八一年(明治一四)二月に京都に赴任後、「大内保存《おおうち》」に関し、五月に府庁に大内保存掛《がかり》を置いて、土木課に属させた[44]。

また、徳大寺実則宮内卿に、二条城に置かれている仮府庁を他に移し、二条城を離宮とし、長く保存したいと申し入れた。岩倉具視右大臣が京都へ出張し、二条城内を一覧したのを幸い、北垣は同様の提案を岩倉に行った[45]。また翌一八八二年五月には、御所築地外へ「照夜灯」を建設し始め、七月に竣工した。さらに翌年二月には、御所門前、大宮御所表門前、支庁表門前に「照夜灯」を建設し始め、六月に竣工した[46]。琵琶湖疏水事業の推進者として名高い北垣知事は(本章三節)、京都御所や二条城の保存と御苑の創出にも強い関心を持っていた。まさに北垣は、伝統と革新の具現者だった。

その後一八八三年一月、岩倉右大臣は、太政官制下の内閣に対し、「京都保存に関する建議」を行った[47]。太政官制下の内閣の構成員は、太政大臣・左大臣・右大臣と数人の参議である。

岩倉の建議の内容は、①平安京は桓武天皇が経営したもので、一〇〇〇年以上経っているが「山川明媚《めいび》」で、「大祠《たいし》名刹《めいさつ》」（有力神社や寺院）が飾り、「民俗は礼儀を知り」、「倹素を尚《とうと》び」、前の天皇の「政《せい》沢《たく》」は今まで残り、「上国」の名にふさわしい、②しかし明治維新の後、天皇・親王・公家らが東幸し、臣下で京都に留まるものはほとんどおらず、「九門内」は邸宅が廃撤され、狐やウサギのすみかとなっている、③天皇は「明治十三年北巡」（実際は、明治一一年（一八七八））の際に京都に行幸し、このような「荒廃の光景」を見て、深く「慨歎」して保存方法を議し、ロシアが皇帝の即位等はモスクワの宮殿で行うのにならい、将来日本も即位の大礼を「此宮殿」（京都御所）で行うべきだと考えた、④また、大隈重信参議や杉孫七郎宮内大輔（次官）らに命じ、比叡山延暦寺は皇室とその「盛衰興廃を共にすべき」深い由緒があるという理由から、比叡山の状況を視察させたので、「永世の保存費下付」についての議論があった、⑤しかし、あれこれと事件があって「因循《いんじゅん》」の結果、ついに今日まで、わずかに「宮闕《きゅうけつ》」（京都御所）の四辺を修理して体面を復したにとどまった、⑥また、京都の民業の状況は、織物・陶器その他二、三の職業以外はおおむね衰退の色を現し、以前のように盛んではない、⑦しかし、いまだ生産を失うに至らないのは、長年倹約と質素を重んじる風習が大いに力となっているからだ、⑧このように、「一千余年を経たる名都」をにわかに荒廃させるのは、大きな政治変革が起きたためでやむを得ないといえるが、また惜しむべきではないか。

⑨そもそも神武天皇が建国の大事業を大和国橿原《かしはら》の都に始め、それ以来一四〇〇余年の間、天皇は都を大和・河内・摂津・近江諸国の各地に遷したが、今日その遺跡を十分に残しているのは、平安京のみであり、維持・保存の道を講じるのは「今日の急務」であり、「前皇」に対し「孝敬」を大いに尽すものである、⑩平安京の土地の「美及風俗の善なる」は、海外各国の人もまた「称揚韵羨《きんせん》」(ほめたたえ、うらやむ)し、天皇も毎年避暑のためにこの地に臨幸したいと望むようになった、⑪よって、京都御所を保持し、民業の衰微を挽回するには、諸礼式を起こし、「他国」(日本の他地域)の人々をしばしばこの地に来させる方法を設けるのにまさるものはない。

この岩倉の京都保存に関する建議は、一八七八年一〇月に京都御所内の各宮殿の荒廃ぶりを見て、天皇がロシアのように即位の大礼を旧都の京都で行うことを提案したこと、および一八八〇年一月、まず京都御所の保存について、岩倉ら五人に調査結果を奏聞させたことの延長にある。

明治天皇は京都に愛着をもっており、京都御所の保存や九門の内(のち御苑となる)の整備や即位の大礼を京都で行うことを提言し、京都全体の保存を考えた。これを受け岩倉は、「二千余年を経たる」都として京都全体を保存する方向を建議の形で具体化させた(⑧・⑨・⑪)。

その理由として、岩倉は第一に、平安京(京都)を、美と風俗が善く、それを保存することが「前皇」に「孝敬」を尽すことになる特別な精神的都市である、とみなしている(①・⑨・⑩)。すなわち、京都における京都御所・御苑の特別な精神的存在と同様に、日本にとって京都は特別な精神的存在であり、世界に対しても、京都御所や京都は日本の精神を示す特別な存在であることを、初めて建言の形で提起したのである[48]。

日露戦争以前、とりわけ一八八〇年代までは、外国の観光客は日本にそれほど来ていないので、岩倉は外国人観光客を京都の衰退を防ぐ存在とはとらえていない。では日本の他地域の人々を京都に出入りさせ、京都の衰退を止めるため、具体的にどのような諸礼式を岩倉が提起したのか、次に見てみよう。

それは、即位・大嘗会《だいじょうえ》・立后《りつごう》の三大礼、桓武天皇神霊奉祀、伊勢神宮並神武帝遥拝《ようはい》所、賀茂祭旧儀再興、石清水祭(男山祭)旧儀再興、白馬節会《あおうまのせちえ》再興、大祓、三大節拝賀等である。この中で岩倉は、毎年六月、一二月に京都御所内旧賢所《かしこどころ》の前で大祓《おおはらえ》式を行って一般人の参拝を許すという、御所の一般公開日を設けることすら提起している。

この他、岩倉は、御所の近くに洋風の館を築造し、臨幸の際に宴を行ったり外国の要人の旅館に充てたりすること、宝庫を築造すること等も提案した[49]。

また御所や御苑についても、①「九門の内を御苑と為し」大礼の際、儀仗《ぎじょう》が参列する場所を設置し、「美麗」に修造すべき、②御所内の紫《し》宸殿《しいでん》・清涼殿の整備はすべて旧に復すべき、③仙洞《せんとう》御所の御苑は旧の如く修繕し、毎月日時を決めて一般人の見学を許すべき、④大宮御所の保存の方法は京都御所に準じて定めるべき等、保存や修造の提言を行った[50]。岩倉が、九門の内を御苑に整備するに際し、大礼の際に儀仗が参列するような広場の設置を求めているのは、後述するとおり、大正天皇の大礼の前にそのように改良されるので興味深い。また、京都御所を伝統として残す方針の延長で、大宮御所の保存や仙洞御所の御苑の修繕が提起されている。九門の内の旧公家屋敷跡を御苑として整備する革新の方針はさらに具体化された。

この他、二条城を宮内省所管とし、京都御所および御苑の事務を担当させるため、京都に留守司を置く、社寺分局を京都に置き、関西の社寺事務を分担させる等も、岩倉は提言している。

最後に岩倉は、現在は「全国の風俗民情」が日ごとにますます「浮薄軽佻《ふはくけいちょう》に趨《はし》り」、「五倫の道」が地に墜ちようとしているが、維新後なお日が浅く、人民の中にも旧慣になじみ道徳心を残している者も多くいる、と状況を判断する。そこで（平安京を保存し）、「前皇の古典を復し忠孝の道」を示せば、新たにそれを知った者も自ら感じ悟って「風俗を維持し」、人々の人情をあつくする助けとなり、施政上の便益も少なくないと考える、と提起している[51]。

岩倉の建議は、後に北垣知事のもとで推進される琵琶湖疏水事業のような革新的で積極的な産業振興策を含んでいない。その点で、復古的な岩倉と、北垣（後述するように、伊藤が北垣に京都復興策を指示）は京都保存策が一致していない。しかし、伊藤と岩倉は極めて親密であり、政府中枢では明治十四年政変後、伊藤体制ともいうべき伊藤を中心とした主流派が形成されていた[52]。また、京都御所・御苑や京都の保存と整備のみならず、京都全体を視野に入れ伝統と革新を調和させて京都を復興する方向において、伊藤・岩倉らの政府首脳と北垣知事は共通だった。京都を日本の精神的支柱とするという方向でも、彼らは大枠で協調できたといえる。

三ヵ月後の四月二六日、岩倉右大臣の建議は太政官制下の閣議で承認され、宮内省が京都御所の保存を担当することになった。

✣御所保存方針が定着する

一八八三年（明治一六）五月一五日、天皇は岩倉右大臣・井上馨参議（外務卿）・香川敬三宮内少輔（次官クラス）らを京都に派遣し、京都御所の保存を検討させた。岩倉らは御所保存に関する綱領二四か条を北垣国道京都府知事らに授け、各々事務を分担して調査させた[53]。伊藤は憲法調査のため渡欧中であり、岩倉とともに伊藤の盟友の井上が加わっていることから、この調査は政府主流の人脈でなされているといえる。また、その内容は、この年一月の岩倉の建議をほぼ反映したものであった。

六月二八日、保存に関する調査が終わったので、岩倉らは東京に帰り、御所保存の大綱が定まった[54]。一〇月六日、北垣知事は宮内省京都支庁長の兼任を命じられた。支庁は一〇月一五日に開庁した[55]。

こうして、一八七七年に明治天皇が旧公家屋敷跡である九門の内の整備を命じ、翌年京都御所の保存について提案したことが、政府の中枢の岩倉右大臣や井上馨参議、宮内官僚等に受け止められ（おそらく伊藤参議も賛同）[56]、一八八三年四月に閣議決定され、政府の方針として定着した。

古代以来、旧都の宮城は保存されず、解体されて材木等は新都建設の資材になるのが日本の慣行であった。これに従えば、京都御所も解体されるのが普通であるが、明治天皇の提言をきっかけに保存が確定していったのであった。また、九門の内については、公家屋敷は解体され、京都御所に付属し、即位大礼なども行える公園として整備されることになった。

なお、岩倉は一八八三年の意見書で、名勝・旧蹟など京都全体の保存を唱えたのみならず、すでに一八八一年一〇月三日には、そのことを目的に「保勝会」という団体を立ち上げていた。これには岩倉使節団に岩倉の私設秘書として同行した山本復一《またかず》が、一八八〇年に岩倉に出した建議も関係しているようである。山本はアメリカで、ワシントン旧邸の保存と公開を見て、建議を行った。「保勝会」には、岩倉・久邇宮《くにのみや》朝彦王・北垣国道京都府知事や山本らが参加していた[57]。

✤御所・御苑の整備が進む

その後、京都御所や御苑はどうなっていったのだろうか。京都御苑は一八八〇年代半ばにかけて整備が進んだとはいえ、一八八九年(明治二二)一一月ごろまでに、御苑内には荒蕪《こうぶ》地が増え、その境外には「種々の異様の建造物」が年々増加し、「御所の壮観古体を失」うようになった。そこで北垣は、御苑内に樹木を植え付け、後年に「森々茂樹四季各自然の佳色」を呈し、御苑に入る者に、自ら古昔を忘れない感情を持ち続けてもらおうと考えた。北垣は翌年より年に一万樹を植え、この目的を達しようと願った。一一月二六日、北垣が吉井友実宮内次官を訪れてこのことを話すと、吉井次官は悦び同感した[58]。翌年、御所は世伝御料《せいでんごりょう》(皇室財産)に編入と同時に「京都皇宮《こうぐう》」と公称するようになった[59]。

こうして京都御苑整備が再び進み、すでに一八九四年から九五年の日清戦争の前後には、御苑は観光地(当時は「名勝」、「名所」の用語が使用される)として注目され始める。一八九三年一一月発行の観光案内によると、御苑は「広漠なる遊園地」となっている。そこには、「博覧会場、測候所等」の建築物が点在し、とりわけ堺町御門の西辺の旧九条邸の庭園であった場所は、「苑内最も風光に富み池あり橋あり」、樹木がそれらを囲んで「雅趣」多く、特に紅葉の季節が良いとされた。

京都御所は「南門」（建礼門）を正門とし、別に「唐門・日御《ひのご》門《もん》・公家門」などがある。その中には紫宸殿・清涼殿・御《お》常御《つねご》殿《てん》などが建っているが、在野の者（「草莽《そうもう》」の用語を使用）が知り得るところでないとも叙述された。

仙洞御所は京都御所（「旧内裏」の用語を使用）の東南にあり、もとは上皇の住居で、従来は京都博覧会開設の日に庶民にも拝観を許された。そこは、「奇石苔深く老樹枝暗くして」、昔の宮殿は、大半は跡が残るのみで、時折鳥の鳴くのが聞こえるばかりであったという[60]。

一八八五年の京都博覧会を最後に同名の催物は開かれなくなり、京都御所の一般拝観は許されなくなった。他方、京都御苑は一般に公開されていた。時期の近い他の観光案内でも、御苑ではすでに示した紅葉のみならず、梅林・桜林を楽しむこともできるとされていた[61]。なお、御苑は夜になっても出入り自由な空間であったが、一八九二年頃には御苑内に「草賊《そうぞく》」（おいはぎ）が出没するようになった。そこで京都市参事会は、御苑内に電灯を敷設する件を宮相に出願し、願旨を採用され、要所に四個の電灯が敷設されることになった[62]。

先の観光案内にもあるように一八八〇年には、御苑南部の堺町御門の東に、気象観測を行う観象台が設けられ、八一年に「京都府測候所」と改称された。同年から各種気象の報告が門前に掲示され、一八九二年になると京都地方の天気予報が毎日発表されるようになり、測候所構内に予報信号標が掲げられた。

ところが、宮内省京都支庁は、すでに一八八三年一一月までに御苑内の測候所を「早々取除」くよう、京都府庁の大内保存掛《おおうちほぞんがかり》に通達してきた。大内保存掛からそれを伝えられた勧業課は、一一月八日付で、移転場所を決める等の手順があるので、しばらく猶予してほしいと返答した[63]。さらに同年一二月になると、京都府側は移転費用を捻出できず、人民に負担させることも困難である、と費用の問題を持ち出す。結局、翌一八八四年四月に山県有朋内務卿が伊藤宮内卿に、宮内省で費用を出せないなら移転はできない、と申し出、同年末までに移転の話は立ち消えとなった[64]。このように、宮内省の京都府に対する権威は絶対的なものではなかった。これは御苑が、とりわけ一九三七年以降のように「聖域」としてみなされていなかったことも関係している。

結局、大正天皇の即位の大礼の前まで、測候所は御苑に居座った。大礼の実施のための工事に障害となるということで、測候所はようやく一九一三年に現在の中京区西ノ京に移転した[65]。測候所(観象台)を御苑内に設置したことからも、明治期の京都御苑は革新精神を具現化する舞台であったことが確認できる。

✣上流者への御所拝観者取扱内規

すでに述べたように一八七九年(明治一二)までに、京都御所は有力な内外人に拝観が許され、一八八三年には拝観場所が限定された。しかし、その後も拝観者の資格などを明記した体系的な拝観内規が制定されないまま、宮内省本省の指示により京都の主殿《とのも》寮出張所で拝観事務がなされてきた[66]。

そこで、主殿寮京都出張所長宇田淵は、「京都御所及離宮拝観者取扱内規」を作成し、一八八八年一〇月一一日、主殿頭《とのものかみ》三宮義胤《よしたね》宛に上申した。それをもとに翌年一月、「御所及離宮拝観者取扱内規」が作成され、京都出張所長に指令された[67]。日本に大日本帝国憲法が公布される少し前であり、拝観者内規の制定は、立憲国家に向けた日本の法整備の大きな流れの中でなされたといえる。

その内容は、①京都御所および離宮の拝観は主殿頭において許可をするが、その手続きの時間の余裕がない場合は、主殿寮出張所長が許可することができる、②拝観資格がある者は、皇族・高等官・華族・神仏各宗派管長および神職奏任以上、従六位以上、勲六等・貴族院衆議院議員（両院議員は夫妻に限る）、金鵄《きんし》勲章功五級以上（尉官の初叙、準士官・下士官も上限として功五級までは受けることができる）、各国公使領事、該家族ならびに公使館領事館属《ぞく》員に限る、博士の学位を有する本人、③拝観が許される宮殿と区域は、御所（紫宸殿・清涼殿・小御所・御学問所）・大宮御所（旧仙洞御所御庭を含む）・二条離宮・桂離宮・修学院離宮、④御所の御《お》常御《つねご》殿《てん》の拝観を求めるものがあれば、主殿寮京都出張所長の判断で特に許可することがある、⑤参観の時限は、午前九時より午後三時までとし、日の長短により時限を伸縮する、等である[68]。

この特色は、第一に拝観資格は、戦争で特別な勲功を立てた軍人に与えられる金鵄勲章を受けたものや外国人の公使館領事館員をのぞいて、社会の上流者に限られたことである。

第二に、天皇の日常生活の場であった御所の御常御殿の拝観は原則として認めず、特別な場合のみ許可することがあるとされたことであった。

宮内省は御所の拝観を制約し、天皇を国民から遠ざけて、神秘的な要素を増やしていこうとしたのである。

❖天皇の権威と御所空間

この間、一八九一年(明治二四)にロシア皇太子ニコライ(後にロシア革命で処刑された皇帝ニコライ二世)が、日本巡遊を行い、京都市も訪問することがわかると、市参事会では、歓迎の余興として、美術工芸品を展示しようとした。その会場として、「明治十二年博覧会開設の際拝借の例」を挙げて、四月一八日に旧大宮御所の借用を申し出た。ところが京都府は許可しなかった。そこで四月二二日に、今回限り特別にと再度借用を申し出た。すると、今度は許可された[69]。

大日本帝国憲法(明治憲法)が発布される約二年前、一八八七年春頃までに、明治天皇は藩閥政府の最高実力者の伊藤博文の憲法構想を理解し、伊藤への信頼を深めた。伊藤との、この連携を背景に、君主機関説的な天皇として、天皇は日常の表の政治への権力行使を抑制し、必要な時に調停的に政治に関与するという形で、逆に、それまでほとんどなかった表の政治への影響力を増し、権威を強めた。これは、伊藤がヨーロッパに憲法調査に行った際に、ウィーン大学のシュタイン教授らから学んだ憲法理論である、君主機関説にもとづいた行動であった。君主機関説は、君主権を国家によって制約するという、ヨーロッパで最先端の学説である。

伊藤は明治憲法をこの理論にもとづいて作成したが、保守派との不要な対立を避けるため、天皇が大政を内閣や帝国議会等の国家機関やその担当者に委任する、という趣旨の公的説明をした。後に美濃部達吉は、君主機関説を明治憲法の解釈に天皇機関説として体系化し、それは政党政治を支える考え方となった[70]。

さて、天皇の影響力が増し権威が強まるのに伴い、天皇が京都に行幸した際の奉迎空間も、後述するように一八九〇年頃から従来よりも秩序を持ったものになった（本章四節）。京都市民が、ロシア皇太子歓迎の余興のために旧大宮御所の建物を使おうとしたところ、なかなか許可が出なかったのは、天皇の権威が高まり、旧大宮御所の空間が特別なものになりつつあったからである。

三節　琵琶湖疏水事業で京都振興とイメージ再生

✣北垣国道知事・藩閥主流と京都

一八八一年（明治一四）一月、北垣国道は京都府知事に任じられ、京都に赴任する前、藩閥政府第一の実力者である伊藤博文（長州、参議）と松方正義内務卿（薩摩）から、京都の衰退を防ぎ、振興する策を考えるよう命じられた、と後に回想している[71]。また同年二月、北垣知事は実際に京都に着任すると、京都は日に日に衰退し、「千有余年の旧都も其盛観を損傷すると慨嘆し」、京都を復興する計画を立てようとした。そこで、疏水《そすい》を作り、琵琶湖から京都に水を引いて、水力によって工業を興し、衰運を挽回しようと考えた[72]。

琵琶湖と京都の間の疏水の計画は近世からあったが、実行されてはいなかった[73]。同年四月北垣知事は府の地理掛に命じて、測量を行い疏水線路の調査をさせた。同五月、北垣知事は公務で東京に行った際、伊藤と松方に疏水の計画を説明し、賛同を得た[74]。翌一八八二年四月一日、北垣知事は西陣織物関係幹部を前に、「西陣営業衰退を挽回すべき主意」を説諭した[75]。北垣の危機感は強かった。

翌一八八三年九月五日から七日の勧業諮問会で、北垣知事は京都府の有力商工業者たちを前に、疏水の水利によって、運輸（琵琶湖の水運、大津・京都間の水運）と器械の運転をし、工業を興す。その余力で市外の井戸水の欠乏を補い、火災に備え、水車で精米し、下水に流し清浄にして衛生状態を良くする。さらに、京都の周囲の郡部の灌漑に役立てる等、疏水の目的について包括的な説明をした。同年一一月一五日の京都の上下京連合区会においても、同様の主旨の話をした[76]。

当時、京都市はなく、京都は上京区・下京区の二区からなっていた。市制が施行されるのは一八八九年四月である。

一八八四年五月五日に北垣知事は、山県有朋参議（内務卿）・松方正義参議（大蔵卿）・西郷従道《つぐみち》参議（農商務卿）ら関係官庁のトップに「琵琶疏水起功伺《きこううかがい》」を提出する。そこでは、①京都は「千有余年」の間首都であり、歴代天皇の陵墓や由緒深い大社巨刹がたくさんあるので、日本国民は「父母の国」を懐かしむように「景慕《けいぼ》」している、②日本国民のみならず、外国の賓客が、京都を「欣賞《きんしょう》」し、「鳳闕《ほうけつ》（京都御所）の盛観を拝し、又風俗の淳厚を感歎するもの」が続々と出てくる、③したがって、京都の盛衰は全国人心の向背にかかわるのみならず、外国に対し国の威光に関することである等と、京都を日本全体の精神の拠り所とし、外国に対しても日本精神を示す場所として、特別に位置づけた。

その上で、京都の衰退を挽回するため、琵琶湖疏水の着工を求めた。また一八八四年七月一八日の上下京連合区会でも、疏水の工事費一二五万円（現在の四〇〇億円以上）は、「千年の旧都此一工事に由《よ》て盛衰興廃に係るとせば」高くはない、と北垣知事は述べている[77]。

京都を特別視する北垣知事の考え方は、岩倉具視（右大臣）が一八八三年一月に政府に提出した「京都保存に関する建議」（本章二節）と、同じ趣旨といえる。また、北垣知事の提示した琵琶湖疏水事業は、伝統精神の都市である京都の衰退を防ぎ保存するため、京都を大改造するという意味で、御所の保存と御苑の創出に類似している。

北垣知事は、一八八三年四月から五月の岩倉らの京都御所保存の調査の際に、仮の京都府庁となっていた二条城を離宮として保存することを提案している[78]（一八八四年七月二八日に二条城は離宮となり、一八八五年六月五日に府庁は旧軍務官屋敷跡（現在の府庁の位置）に移転した）。

なお、琵琶湖疏水については、滋賀県令（後の知事）籠手田安定《こてだあんてい》が、琵琶湖の水位が京都側の事情で左右されるため滋賀県には何の利益もないとして、干ばつのときの湖水の減量予防を求めるなど、消極的な姿勢をとった。そこで籠手田は免ぜられ、代わって伊藤博文・井上馨の親友の中井《なかい》弘《ひろむ》が一八八四年七月九日に県令に任命された[79]。これは、琵琶湖疏水で京都振興をしようという、伊藤らの強い意志を示している。

❖京都の有力者にとっての疏水事業

京都においては、六〇万円の費用で琵琶湖疏水事業を推進するか否かをめぐり、一八八三年(明治一六)一一月一五日から、上下京区連合区会が開かれた。この会で推進に疑問を示す意見の中では、一一月一七日の東枝《とうし》吉兵衛《きちべえ》(書籍商、下京区)のものが、包括的かつ代表的である。

東枝は、この工事が果たして両区人民に「公益」があるかどうか、また経費は区民の力に耐えるかどうか、もう一回説明を求めた。その理由は、疏水事業は、将来京都の繁栄を振起する大きな基礎であっても、「眼前に利を得るものは、独り運搬の便のみ、其他は概して将来無形の利なり、而《しこう》して、京都人民の気力は進取に乏しく守成に足るは一般の通慣なり、然るに此工事を以て京都の衰運を挽回する」ことは少し理解できない、ということだった。

他方、同日の栗山敬親(府会議員、貿易商を長男に譲る、上京区)の意見は、代表的な推進論の一つである。栗山は、これまで区民は「因循」のため疏水工事を希望しなかったが、今この「旧習」を拭《ぬぐ》い去って進取の気象を発したのは実に良い機会であるとみる。また、民度に適さず、民力に堪えないので、たとえ起工しても精米くらいの利しかないと言う者があるが、決してそうではなく、この工事が落成すれば、水利を活用して各種の工場を設置できるのは疑いのない所であると論じる。しかし、のびのびとなってこの好機会を失うときは、遂にほぞを噛《か》む悔いとなるだろう。「京都今日の形勢は宛《あたか》も衰弱せし病者の如し、早く良医を求めて投薬せざれば、長逝復帰《ちょうせいまたかえ》らざるの悲嘆あらん」と、原案に賛成した[80]。

東枝と栗山のいずれにも共通するものは、京都が進取の気象に乏しく、衰退しているととらえ、京都を日本の精神の象徴になるような立派なものとして見ていないことである。

この日、上下京区連合区会は、琵琶湖疏水事業を原案通り可決した[81]。

しかし、京都府側の疏水事業の費用の見通しは甘く、六〇万円ではなく、その倍以上の一二五万円必要とわかった。そこで一八八四年七月一八日に増額の可否を問うため、上下京区連合区会が開かれた。ここでも、京都のイメージに触れる興味深い議論が展開している。

中村栄助(鰹節《かつおぶし》商、下京区)は巨額の金を区民に負担させることは「深く苦慮する所」だが、工事の着工はすでに決定したことであるとする。「忽《たちま》ちに進み忽ちに退」くが如きは本員の取らない所で、ましてや「内外人の共に美挙として称賛するの事業」であればなおさらである、と論じた[82]。中村は疏水事業は、内外からの京都評価を高めると、とらえている。

富田半兵衛(府会議員、練糸商、上京区)も、「政治家の中にも大に此挙を賛称せる人あり」とし、「疏水の成否は京都の存廃に関係すと言ふも敢て過言に非《あら》ざるなり」と、速やかな起工を求めた。

大沢善助(瀬戸物・古道具商、のち京都電燈社長、下京区)も、増費の負担は重いが、満場賛成で一度起工を決議した以上は、その精神を貫徹して実施するべきと論じた。さらに、この度の「工事に就て京都人民の汚名を回復するの好機あり、是迄《これまで》他県人が京都人民を因循《いんじゅん》なり、姑息《こそく》なりと冷評せしも、今幸にして此増費を可決し当初の目的を貫徹せしなば、一は皮想〔相〕の世人をして我京都人の活発心を知らしめ、又随《したがつ》て指笑の冷評をも消滅し、反《かえつ》て大に尊崇心を発せしむるに至るべし、誠に此工事は実に京都人民の汚名を回復するの一大機会なり」と、増費に賛成した[83]。

大沢の発言に見られるように、京都の有力者たちは、疏水事業の実施を決めた八ヵ月前と同様に、京都が他県人から日本の精神の象徴であると尊敬して見られているというより、反対に因循・姑息と否定的に見られていると思っていた。その汚名をそそごうと、中村や富田も、疏水事業を通し、京都への好意的評価を得ることを重視したのである。結局七月一九日、増費原案は過半数の賛成を得て成立した。

❖事業の完成で自信を持つ

最先端の技術を用いる必要があって、困難が予想される疏水事業を完成させることで、京都の有力者たちは、京都の衰退を防ぐとともに、そのイメージを好転させようとしたのである。当時、彼らは、京都が他地域の精神的な拠り所や支柱になれる存在だとは思っていなかったという点で、明治天皇や政府中枢の人々が京都は日本の拠り所〔支柱〕となると期待して衰退を防ごうとしたのと、大きく異なっていた。

琵琶湖疏水事業は一八八五年〔明治一八〕一月に政府の着工許可を得、八月に起工された。工事は困難であったが、それを乗り越えて進展した[84]。約四年後、疏水竣工式の約半年前、一八八九年九月一〇日、京都府会で北垣知事は、疏水の京都側の出口から鴨川に至る鴨東《おうとう》の開発論を提起した。
鴨川《かもがわ》の東方地区を意味する鴨東は、北垣が知事に就任した後の一八八一年六月に岡崎村・吉田村・南禅寺村など九ヵ村が上京・下京区に編入されていた。北垣の府会での提案は、田畑や野原の広がる農村地帯の新市域に、幅七〜一四メートルの道路を作り、都市計画の下に開発していこうとするものであった[85]。これは東京の都市改良事業である市区改正事業にならったもので、市区改正事業は一八八八年に条例が公布されて始まっていた[86]。

琵琶湖疏水のトンネル

なお、琵琶湖疏水事業の工事が進展するなかで、水力を発電に使用し、工業用の電力にすることが可能であることがわかり、精米のための水車から、蹴上《けあげ》に日本最初の水力発電所を作ることに計画が変更された。水力発電は、世界的にも新しい技術であった。一八八八年から田辺朔郎《さくろう》（疏水事務所工事部長、工師）と高木文平（疏水事務委員、実業家）らは、アメリカ合衆国を視察するなかで、同年一二月にコロラド州アスペンで発電テストに成功した直後のものを見学し、導入を提言する決意をした。彼

らの提言を受け入れ、一八九〇年一月一七日の市会で、疏水事業に、市営の事業として疏水で電力を起こし、主に工業用動力として使うことが決まった[87]。こうして疏水事業は、水を水車の動力に利用することをやめ、水力発電と大津・京都間の水運および灌漑を目的とするものになった。

琵琶湖疏水は、一八九〇年三月一五日、全路線の通水を行い、四月九日、天皇・皇后臨御の下で竣工式を行った。

天皇は、疏水の工事は「吏民協戮《きょうりく》の功洵《まこと》に嘉《よみ》す可《べ》し」、これまで「我国美術工芸の盛なる」は京都が第一であり、この水利を用いてますます「精良」を加え、他日豊かになるようにしなさい、との勅語を下した。従来、天皇は官設の事業の開業・竣工等には親臨することがあったが、府が行った疏水事業のような公設の事業については初めてであった。また同時に、京都の有力紙『日出《ひので》新聞』には、ある時、明治天皇が侍臣に向かって、京都はロシアのモスクワのように永く「帝都」として保存すべきところなので、なんとかして繁栄を得させたいと述べた[88]、と一八七八年一〇月の天皇の言葉の趣旨が公然と報じられた。

このとき、疏水の水一〇立方メートルが、火の燃え移りやすい檜皮葺《ひわだぶき》の御所の防火用水として献じられた[89]。疏水は、御所を保存するためにも役立った。

琵琶湖疏水の竣工式は、伝統と革新という明治天皇の京都復興・保存構想にとって大きな一歩となる事業だったからであった。また、有力者を中心とした京都市民にとって、維新後に京都が衰退するにつれて、「因循」・「姑息」という汚名を着せられていたことに対し、疏水事業の完成は、天皇・皇后の親臨を得て、進取の気象を全国に向けて発信できる晴れがましい機会であった。

四節　御所・御苑空間への経路と奉迎送

✣維新後の行幸道

近世になると、歴代の天皇は京都を離れることはなくなった。後水尾《ごみずのお》天皇が、大御所、徳川秀忠（二代将軍）と三代将軍家光を従えて二条城に行幸したことや、御所の火事などの例外を除けば、天皇は御所からすら出ないのが普通であった。

明治天皇の父の孝明天皇は、文久三年（一八六三）三月一一日、攘夷祈願のため下賀茂社（現・下鴨神社）と上賀茂社（現・上賀茂神社）に行幸した。中世以降社寺への天皇の祈願は、勅使によって代行されてきたが、ペリー来航以降の幕末の危機の中で、天皇自ら行幸して神に祈願したのであった。次いで同年四月一一日から翌日にかけ、孝明天皇は石清水《いわしみず》八幡宮（現・京都府八幡《やわた》市）に攘夷祈願の行幸を行った。天皇が京都を離れたのは、近世になって初めてのことであった。

このような状況であったので、天皇が御所から九門の内を経て、京都の町に出、さらに京都を離れる場合のルートは決まっていなかった。したがって明治維新後、慶応四年（明治元年、一八六八）三月、明治天皇が御所を出て大坂に行幸し、初めて京都を離れた際や、同年九月の最初の東幸（東京方面への行幸）では、新たにルートを設定する必要があった。

三月二一日の大坂行幸の出発の際は、御所の建礼門を出て、「堺町・三条等」を通って東本願寺別邸の渉成《しょうせい》園（枳殻《きこく》邸）で休憩し、鳥羽の城南宮《じょうなんぐう》・淀城を経て八幡の行在所《あんざいしょ》に着いた[90]。

おそらく、天皇の行幸ルートは、御所の建礼門《けんれいもん》から九門の一つの堺町御門を通り、堺町通を南下、三条通で東西いずれかへ行き、東洞院《ひがしのとういん》通か富小路《とみのこうじ》通・寺町通を南下して、渉成園にむかったのであろう。

九月二〇日の東幸出発の際は、御所の建礼門を出、堺町通を南下、三条通で東に折れてそのまま進み、粟田口《あわたぐち》の青蓮院《しょうれんいん》で昼食を取り、蹴上《けあげ》坂から山科を経て、大津に着いて行在所に入った[91]。ここでも、御所の建礼門から九門の一つである堺町御門を経て堺町通、三条通へというルートが確認できる。

明治二年三月七日に出発した二度目の東幸の際も、建礼門を経て御所を離れ、順路は一度目の時とほぼ同じだった[92]。

その後、約八年間、天皇は京都に立ち寄らなかった。その間、すでに述べたように、神戸と京都間の鉄道の敷設工事は終わっていた。

❖鉄道の完成と新しい行幸道

一八七七年（明治一〇）一月二四日、天皇は皇居を出発し、京都と大和の行幸に出た。この行幸の約一ヶ月前、一八七六年一二月一八日、太政大臣三条実美より京都府に宛て、京都および大和への行幸についての「心得書」が通達されていた。内容は、①道路掃除はしておかねばならないが、②「御行列の拝見」は自由で、往来人を差し止める必要はない、③「庶民営業」は平日の通りに行うよう心得なさい等の内容で、奉迎はかなり自由であった[93]。

天皇は新橋(東京)から横浜まで汽車に乗った。横浜港からは船で出発し、二八日朝七時五〇分に神戸港に着いた。同日午後二時二〇分に神戸駅から汽車に乗り、夕方五時二〇分に京都駅に到着した。駅が修理中だったので、天皇は駅の北にある東本願寺で休憩し[94]、烏丸《からすま》通を北へ進み、烏丸三条を右折して三条通りを東へ進み、三条堺町で左折して堺町通を北へ行き、九門の一つの堺町御門をくぐって建礼門から御所に入った。

鉄道開業式の時に使うため、家々では紋付の幕を新調していたので、道筋の町は特にきれいに飾り付けをしていた。京都であっても行幸の機会は少なく、「禁裏様《きんりさま》」(天皇)がお帰りとうれしがって、「婦人小児までが拝見に出る、八脊《やせ》(八瀬)や大原の賤《しず》の女《め》を始め遠近より弁当を持て朝から出かけ停車場へと」集まったので、「本願寺前の広場から本堂前まで立錐《りっすい》の地も無きほど」人々が集まった。なお、華族は建礼門外で奉迎し、同門外には市民も出迎えた[95]。

神戸・京都間の鉄道が完成したので、京都の玄関口は京都駅となり、天皇の御所への行幸ルートも変わった。それは、駅から烏丸通を北上し、三条通で東に折れ、堺町通で北に折れ、堺町御門から旧九門の内に入り、建礼門から御所に入る、という新しいルートである。建礼門・堺町御門・堺町通から三条通へとつなぐ線は同じであるが、烏丸通りが新しい行幸路となったのである(図3)。

もっとも、京都の人々は天皇の行幸を大歓迎したが、京都の町の道幅は近世とあまり変らずに狭く、日露戦争後の三大事業の後のように、多くの市民が沿道から行幸を奉迎することは困難であった。このため、休憩のため本願寺に立ち寄った天皇を、華族以外の人々は本願寺前広場や本堂前で奉迎した。

翌年一〇月に京都に行幸した際は、北陸から滋賀県に入り、草津から大津を経て、一〇月一五日に京都・大津間の鉄道工事を見学した後、蹴上から東へ三条通を進み、堺町通を北上、堺町御門をくぐって建礼門から御所に入った[96]。京都・大津間の鉄道が開通していないにもかかわらず、大津側から京都に入ったので、東幸の際と同じルートになったのである。

一八八〇年七月の京都への行幸も、草津・大津を経て滋賀県側から京都へ入るものであったが、京都・大津間の鉄道が開通していたので、大津駅から京都駅まで汽車を利用した[97]。七月一四日、天皇は京都駅に着くと、渉成園に立ち寄った。ついで、烏丸通を北へ進み、三条通を東に向かい、堺町通を北に行き、堺町御門を通り、建礼門から御所に入った。ところが、七月二〇日に東京に帰るため京都駅に向かう際は、建礼門から堺町御門、堺町通を南へ、三条通を西へまでは同じであるが、烏丸通ではなく、さらに西の油小路《あぶらのこうじ》通まで行き、そこを南下し、七条通を進み、「本願寺の大教校」へ入り休息、その後、烏丸通を南下して京都駅に着いた[98]。次いで、京都駅から汽車で神戸駅に行き、二一日に神戸港から船で横浜港に向かった。

今回は、東京へ戻るルートが少し異なっているが、これは例外だったといえる。その後は京都駅から京都御所までのルートが、烏丸通を北進、三条通を東進、堺町通を北進、御苑の堺町御門を通り、建礼門から御所に入る(あるいはその逆)という形で固定したようである。そのためルートについてはあま

図3 天皇・皇族の京都御所への行幸啓路の変遷

備考：地図は現代の街路の模式図で当時の実際の街路とは異なる。ルートは史料などから確定できる部分のみを記した。数度の変遷を経て京都御所への行幸路は堺町・三条・烏丸ルートで確定していく。

り報道されなくなる。珍しく史料として残っている例によると、たとえば、一八八七年一月二六日に天皇が京都に着いて京都御所に入ったルート、一九〇三年四月一三日に天皇が京都に到着し、京都御所に入ったルート、京都御所滞在中の天皇が四月二三日に、大阪で開かれていた内国勧業博覧会に行幸するため、京都駅へ出たときのルートがそれである[99]。

天皇の京都行幸に際しての駅前や沿道および御苑等での奉迎には、どのような変化があるのだろう。またそれは、人々が明治天皇や京都御所・御苑空間を見る精神の変化とどのように関連しているのだろうか。

✣天皇への関心と奉迎送

一八七七年(明治一〇)一月二八日の京都行幸では、すでに述べたように、天皇を一目見ようと、庶民の男女・子供まで、天皇の到着する駅や本願寺前の広場から本堂前、御所の建礼門の前まで大勢集まった。天皇は皇族および三条実美太政大臣等を従えて、「市民の歓迎裡《り》に(夜)七時建礼門を入」った[100]。このことから、天皇の奉迎は特に秩序立ったものではなく、建礼門前が特に重要な場所とは思われていなかったことがわかる。

翌年一〇月一五日に天皇が山科から京都に入った際は、蹴上に「京都在住皇族及び在京都麝香間《じやこうのま》祗《し》候《こう》・同勅奏任官・同華族総代」等の奉迎があった[101]。また堺町通辺では、区長六五人・戸長六八〇人が礼服・礼帽を身につけて奉迎した。これまで、行幸の道筋にこのようにそろって奉迎したのは、学校の幼い児童だけだったので、特に目を引いた[102]。こうして天皇の奉迎は秩序立ち始めたが、場所による身分・地位等による明確な区別はない。

一八八〇年七月の京都行幸は、京都・大津間の鉄道が開通していたので、四日に大津駅から京都駅に入った。京都駅では、久邇宮《くにのみや》朝彦親王・山階宮晃《やましなのみやあきら》親王・梨本宮菊麿《なしもとのみやきくまろ》王をはじめ数十名の華族が出迎え、槇村《まきむら》正直知事も病をおして、二人の書記官（現在の副知事）と共に奉迎した[103]。本願寺に立ち寄って、京都御所に到着すると、「京都在住華族飛鳥《あすか》井《い》雅典《まさのり》等建礼門外に奉迎」した。また二〇日に京都を出発する際は、「京都在住華族等建礼門外に整列して奉送」した[104]。一八八〇年七月の京都の一般の人々の奉迎・奉送の様子は、史料の制約で、よくわからないが、やはり建礼門前が身分・地位等に関連する特別の空間として意識されているわけではないようである。

一八八七年一月二六日、天皇・皇后は孝明天皇二十年祭のため、約六年半ぶりに京都駅に着いた。駅には有栖《ありす》川宮熾仁《がわのみやたるひと》親王・山階宮晃親王・久邇宮朝彦親王ら皇族および諸官・地方官が奉迎した[105]。また駅前には、大きな花門が奉迎のために設けられた。外部の高さは一一間（約二〇メートル）で、内径の高さ六間、幅は五間もある。全体が常盤樹《ときわぎ》を用い、寒菊《かんぎく》・水仙《すいせん》・南天《なんてん》・万両《まんりょう》などを挿していた。また上部には、八尺（約二・四メートル）の金の菊章を掲げ、その両側に大国旗を一四本交差させていた。花門の上部には、数百の球灯も吊られていた。さらに、花門から北へ烏丸通の両側に、数百の紅灯を吊るし、それらがわずか一五分ですべて点火するようになっていた。大花門のみならず、花門の北の両側には、「奉迎有志者」のための奉拝席が設けられ、六〇〇〇余名が、通常礼服またはフロックコートを着、白花の造花、小さな国旗を胸につけて整列して奉迎した。また京都府立女子師範学校生徒一五〇余名が紀州フランネルの洋服に西洋帽子をかぶって出迎えた。「京都府民が歓迎の声は天も動揺《どよ》めくかと思ふ計り」であった。京都駅の周辺はもちろん、行幸道の両側に集まった人々は、「其数幾万なるを知らず」と報道された[106]。

また当日を描いた記事でははっきり確認されないが、その二日前には、当日、府立女学校生徒三〇〇余名は羽織袴《はおりはかま》の身づくろいで練りだし、京都尋常師範学校生徒は奉迎の際、捧銃《ささげづつ》の礼を行い、行列外に供奉《ぐぶ》して御苑内に繰り込む予定であると報じられていた[107]。なお、建礼門前でも、皇族華族・地方奏任官・有志者等駅構内や駅前とほぼ同じレベルの人々が奉迎している[108]。

二月二一日、天皇・皇后が京都を去る際は、有栖川宮・山階宮・久邇宮・三条実美内大臣・華族・勅奏任官・各学校男女生徒・有志者らは駅前や駅で奉送した[109]。

以上から、一八八七年の天皇・皇后奉迎・奉送はかなり秩序立った集団によって行われたが、建礼門前が特別な空間として意識されている気配は見られない。

❖奉迎送秩序が形成される

この約三年後、一八九〇年(明治二三)には愛知県で陸海軍連合大演習があったのを機会に、天皇は四月五日から一八日まで京都に行幸した。先に述べたように、琵琶湖疏水の竣工式に出席するためであった。京都での今回の天皇・皇后の奉迎は、これまでよりも秩序立ったものになった。

まず、京都駅構内では在京華族・勅奏任官、両本願寺法主、泉涌《せんにゅう》寺《じ》住職など由緒ある寺院門跡が迎えた。駅前に立てた大国旗以北魚之棚《うおのたな》通〔七条通の一本南の通〕までの烏丸通の両側には、京都奉迎送有志会員・日本赤十字社京都支部社員・第三高等中学校〔後の旧制第三高等学校、現在の京大総合人間学部〕・京都尋常《じんじょう》師範学校・京都尋常中学校・本願寺大学林・大谷派本願寺大学寮・京都商業学校・平安義黌《ぎこう》・京都市立画学校・同志社・京都高等女学校・京都医学校・下京高等小学校等の職員・学生・生徒が奉迎した。

魚之棚以北三条通までは、下京尋常小学校職員・児童、三条烏丸以東堺町通へかかって北丸太町までは上京高等・尋常小学校職員生徒・児童。御苑の入り口の堺町門外は、京都尋常師範学校女子部および付属小学校職員・生徒らが奉迎した。

堺町門内東西では、京都府判任官〔課長クラス〕以下、上下京区役所職員が、御所の建礼門前には、主殿《とのも》寮《りょう》出張所員、殿掌《でんしょう》、殿部《でんぶ》、在京華族、在京宮家、士族らが奉迎した〔110〕。

一八九〇年の新しい奉祝秩序は、京都駅構内・次いで京都駅前と烏丸通のそれに近い場所では、華族や高級・中級官僚、高等・中等学校教職員や学生・生徒など、地位が高いとみなされる者が奉迎し、駅からも御所からも遠い沿線で高等小学校・尋常小学校職員生徒・児童が迎える、というものだった。また堺町門外、堺町門内、建礼門前の順に、京都尋常師範学校女子部職員・生徒、京都府判任官、宮内省官吏、在京華族と地位が高いとみなされる者が奉迎した。

右のことから、天皇の御所への行幸と関連し、建礼門前や堺町門内の空間は、少し特別な空間として扱われ始めたことがわかる。これは、大日本帝国憲法が発布される等、日本の近代化が進み、天皇の権威が高まったので、京都の官・民ともに行幸を重々しくとらえ始めたからだった。

❖敬愛から秩序を乱す拝観者

日清戦争に勝利し広島から東京に戻る途中、皇后が一八九五年(明治二八)四月二六日に京都に行啓し、同じルートで天皇が同月二七日に京都に行幸した際も、京都駅前には有志者の奉拝所が設定された。また、駅前から烏丸通・三条通・堺町通りから堺町御門の間の沿道には、各学校学生・生徒や僧侶、一般の拝観人が整列して奉迎した[11]。沿道には、警視庁よりの加勢一〇〇名を含め、三〇〇名の巡査が警戒にあたったが、『東京日日《とうきょうにちにち》新聞』が次のように報じたように、一般の拝観者の態度は、秩序立っていなかった。

> 衣服の破るゝも履物の脱ぐるも此のめでたき行幸拝み損じ奉りてはと、圧《お》しては下《さげ》られ、下られては又圧し掛くる、悶着《もんちゃく》雑沓《ざっとう》、停車場より御所内にいたる東西の大路小路は皆此態《このさま》なり、なれど皆是れ子来《しらい》の民、赤誠《せきせい》の極《きわみ》、圧すも叫《わめ》くも悪《にく》からず[112]

京都市民などが天皇・皇后への敬愛を持つあまり、行幸・行啓の奉拝はかなりの混乱をともなったものとなった。しかし、伊藤博文内閣の内閣書記官長伊東巳代治が経営する政府系新聞『東京日日新聞』

ですら、こうした混乱を不祥事としたり咎《とが》めだてたりしない、おおらかさがあった。

一八九七年四月一八日に天皇・皇后が京都に行幸啓した時も同様で、駅前に特別の奉拝場所が設定された。また、烏丸通・三条通・堺町通や、御苑の堺町御門内の東西両側には、各学校や団体などが奉迎した。一般の人も特別な場所を除き、かなり自由に奉拝できたようである。天皇・皇后は午後二時に京都駅に到着するので、午後一時前後になると「前日来、行幸啓の御儀を拝観せんとて諸方より入り込み来れる旅客」はいうまでもなく、京都人でさえ、それに混じって我も我もと京都駅に「詰寄するもの其数を知らず」という。また、その他の「御通路付近も皆之《これ》に同じく拝観者の堵《と》を為《な》して群集し合へるを見たる」という状況だった[113]。

今回注目すべきは、天皇・皇后が京都駅に着く予定の三〇分前に、行幸・行啓道への一般の通行を、一時間前には市街電気鉄道の通行を止めたことである[114]。このように、一八九七年には、鹵簿《ろぼ》を迎えるための交通遮断も行われるようになった。しかし、大正天皇の大礼、とりわけ昭和天皇の大礼での交通遮断に比べ、はるかに緩やかな規制であった。

奉迎の状況は、この後も少しずつ秩序立ったものとなる。一九〇三年四月一三日の行幸では、「御着発当日、市民群衆の為め御列外供奉《ぐぶ》員の通行及御用物運搬に差支ざる様注意すべき」等の指令が、知事官房から府内務部各課長に対して、六日前に出された[115]。これは、宮内省と打ち合わせた上であろう。奉迎の場所も、これまでと同様に、京都駅構内、京都駅前と建礼門前、その他の順に高い地位とされる集団が奉迎した[116]。

ところが、天皇が京都御所滞在中に、大阪市での内国勧業博覧会に行幸する際は、次のように、御苑内でも地位による奉迎送の秩序は、形成されていない。

〔昨日は近来稀な快晴で行幸の際〕御苑内の老若男女の奉送者は廿一日の時よりも多かりし、又御道筋等も拝観者前日に異ならず、又還幸の節は行幸の際に比し一層多く中、小学校生徒等も頗る多く充満したり、殊に外国人一群二十名計りは、建礼門前西側に整列奉迎したるが、何れも男子は脱帽し姿勢を正して敬意を表したるは一際《ひときわ》目立ちたり〔117〕。

それでも、一九〇三年までに天皇を奉迎送する場合、雨天であっても「小学校生徒」まで傘を用いることを禁じるようになっていた。しかし、晴れ着を着た女児を雨に濡れさせるのは、かわいそうであるのみならず、天皇にもかえって「御心を労せらる」ことになるのを「恐懼《きょうく》」し、傘を用いることは「不問に付す」との指示が、宮内省から出された〔118〕。行幸の奉迎送で、雨が降っても傘をさしていない生徒たちを見て、明治天皇が不適切だという意思を示したことは、良い判断だった。

明治天皇は、豪胆かつ几帳面な性格であり、表では異様なほどの我慢強さを示す。しかし、奥ではリラックスし、一八八〇年代には蝋燭《ろうそく》の灯を消して女官を困らせるいたずらをしたり、酒を飲みすぎて酔いつぶれてしまったりするような、茶目っ気のある人柄であった。宮内大臣など天皇の側近や宮中の有力者は、明治天皇の性格を表も裏も含めて知っている〔119〕。雨天の傘のことも含め、こうした、明治天皇の気持ちを反映して、過度に上下の秩序を強制しない奉迎送空間が形成されたのである。

註

1——宮内庁『明治天皇紀』第二(吉川弘文館、一九六九年)五六頁。
2——同右、第二、五三〇頁、第三、一五九頁。
3——『京都日出新聞』一九三四年一月八日夕刊(七日夕方発行)。『日出新聞』は、一八九七年七月に『京都日出新聞』と改題。一九四二年四月に、『京都日日新聞』と合併し『京都新聞』となり、現在に至る。
4——小林丈広『明治維新と京都——公家社会の解体』(臨川書店、一九九八年)九六〜九七頁。
5——宮内庁『明治天皇紀』第三(吉川弘文館、一九六九年)二八六、七二八頁。
6——前掲、小林丈広『明治維新と京都』一〇六頁、伊東宗裕「公家町から京都御苑へ」(下)(『京都御苑ニュース』二〇一〇年六月一日)。
7——「京都御所」(内匠寮「京都皇宮沿革誌」七)、租税頭陸奥宗光代理租税権頭松方正義の指令(写)、一八七三年一〇月一〇日(前掲、「京都皇宮沿革誌」六)(いずれも、宮内庁書陵部所蔵)。
8——伊藤之雄『明治天皇』(ミネルヴァ書房、二〇〇六年)一一四〜一三四頁。
9——「英国公使との対話」一八七四年六月一九日(『岩倉具視関係文書』七巻、二七七頁)。
10——租税権頭松方正義宛知事長谷信篤代理京都府七等出仕国重正夫上申(写)、一八七三年一二月一〇日(前掲、内匠寮「京都皇宮沿革誌」六)。
11——京都府知事長谷信篤宛京都博覧会社総代三井源右衛門・杉浦三郎兵衛願書(写)、一八七四年一一月一五日、内務卿伊藤博文宛京都府知事長谷信篤上申(写)、一八七四年一一月二二日、地理頭杉浦譲指令(写)、一八七五年二月二日(いずれも、前掲、内匠寮「京都皇宮沿革誌」六)。

12――内務卿大久保利通宛京都府知事長谷信篤上申(写)、一八七五年五月一二日(前掲、内匠寮「京都皇宮沿革誌」六)。

13――宮内卿徳大寺実則宛内務卿大久保利通照会(写)、一八七五年九月四日、太政大臣三条実美宛宮内卿徳大寺実則御届(写)、一八七六年一月二二日(前掲、内匠寮「京都皇宮沿革誌」六)。その後京都府により、京都博物館計画が推進され、収蔵品も集められた。それらは、早くも一八七七年の京都博覧会において、大宮御所で公開された。ところが、博物館独自の建物は造られなかったようで、一八八三年に京都博物館は閉鎖される。その収蔵品は、一八九六年に開館する帝国京都博物館に移管された(京都国立博物館『京都国立博物館百年史』同前、一九九七年、第一章)。吉岡拓氏も、仙洞御所跡に博物館を建設するという京都府の構想を指摘している。吉岡氏は、長谷の後任の槇村知事は、九門の内を公園として整備するのみならず、「忠死殉国士忠臣義士」の祭祀を行う場としようとした、とも論じている(「十九世紀の社会と天皇――京都民衆の歴史意識・由緒の旋回」第四章、慶應義塾大学博士論文、二〇〇七年度)。

14――前掲、宮内庁『明治天皇紀』第四、一九八～一九九頁。前掲、伊藤之雄『明治天皇』二〇六～二一一頁。

15――前掲、宮内庁『明治天皇紀』第四、三六四頁。

16――前掲、大槻喬編『京都博覧会史略』1、五六～六一頁、週刊朝日編『値段の明治・大正・昭和風俗史』(朝日新聞社、一九八一年)二〇五頁。京都の人口は、一八七九年頃、上京区一〇万六七六三人、下京区一二万七七六九人で、合計二三万四五三二人である(京都市市政史編さん委員会編『京都市政史　第1巻　市政の形成』京都市、二〇〇九年、四一頁)。

17――前掲、宮内庁『明治天皇紀』第四、五九三頁、第六、四二一頁。高木博志『近代天皇制と古都』(岩波書店、二〇〇六年)一二七頁。

18——海老名弾正「故老の思ひ出話」(13)(『京都日出新聞』一九二七年八月八日)。

19——京都府知事槇村正直代理府大書記官国重正文宛杉浦利貞上京区長・竹村藤兵衛下京区長書面「博覧会場建築地之儀に付伺」一八八〇年五月五日、北垣国道宮内省支庁長宛北垣府知事の照会、一八八三年一〇月(「大内保存録」一八八〇年〜一八八三年、宮内庁書陵部所蔵)。

20——徳大寺実則宛槇村正直書状(写)、一八八一年一月一八日、京都府宛宮内省電報(写)、一八八一年二月一日、内匠寮「京都皇宮沿革誌」三(作成年月日未詳、宮内庁書陵部所蔵)第六号、京都府宛宮内省電報(写)、一八八一年二月一日(前掲、内匠寮「京都皇宮沿革誌」三)。

21——大槻喬編『京都博覧協会史略』(京都博覧協会、一九三七年)一〇七、一二二〜一二三頁。

22——帝室林野管理局主事佐々木陽太郎宛同局京都出張所長持田伊三照会(写)、一九〇九年四月一〇日(前掲、内匠寮「京都皇宮沿革誌」四)。

23——前掲、宮内庁『明治天皇紀』第四、三六四頁、同第六、二〇、一七五、三七三頁。一八八三年博覧会は仙洞御所の庭を借り、東院参町の往来を止めて実施されたらしい(大内保存掛宛博覧会社頭取下村正太郎願書、一八八三年二月六日、「大内保存録」一八八〇〜一八八三年)。前掲、大槻喬編『京都博覧協会史略』は、博覧会に関連し、一八八一年になっても、会場として十分でないところがあり、大宮御所と御所の御常御殿《おつねごてん》を拝借し、御所等の拝観も許されたとしている(四二頁)。

24——前掲、宮内庁『明治天皇紀』第四、四八頁。同じ一八七七年の行幸の際、天皇は、明治元年の東幸以来、京都が大変衰退しているにもかかわらず、人々が協同して諸般の事業に尽くしているのを喜び、お手許《てもと》金《きん》三〇〇〇円を学校に、二五〇〇円を病院に、五〇〇〇円を女学校・女紅場《にょこうば》(教育を伴う女性の授産施設)に、六〇〇〇円を京都府民に下した。また、維新のために死去した人々を祀った、東山の霊山《りょうぜん》招魂社に、墳墓保護の費用として、四〇〇〇円を下した(同前)。

25——森忠文「明治初期における京都御苑の造成について」(『造園雑誌』四一ー三、一九七八年)、同「明治期およびそれ以降における京都御苑の改良について」(『造園雑誌』四六−五、一九八三年)、前掲、高木博志『近代天皇制と古都』第二部第二章。一八八〇年には大枠はまだできず、芝広吉が所有していた三万五〇〇坪余りの土地を買い上げて、一八八一年一一月に御苑に編入している(宮内卿徳大寺実則宛京都府知事北垣国道書状、一八八一年一一月一一日(写)、内匠寮「京都皇宮沿革誌」三、宮内庁書陵部所蔵)。

26——久邇宮御付宛京都府依願状(写)、一八七八年八月(「大内保存録」一、一八七七年〜一八七九年、宮内庁書陵部所蔵)。

27——前掲、宮内庁『明治天皇紀』第四、四六五〜五六五頁。

28——『東京日日新聞』一八七八年一〇月二一日。

29——前掲、宮内庁『明治天皇紀』第四、五三八頁。

30——前掲、伊藤之雄『明治天皇』二二六〜二三二、二四二〜二四四頁。

31——前掲、宮内庁『明治天皇紀』第四、五六九頁。

32——同右、第四、六一六頁。

33——同右、第四、六八四頁。

34——伊藤之雄『伊藤博文』(講談社、二〇〇九年)第二部・第三部。

35——前掲、宮内庁『明治天皇紀』第四、七八四頁。

36——同右、第五、六頁。

37——前掲、伊藤之雄『伊藤博文』第七章、前掲、宮内庁『明治天皇紀』第四、四〇九〜四一二、六八八〜六九一頁。

38——前掲、宮内庁『明治天皇紀』第五、一三九〜一四〇頁。

39——同右、第五、一四〇〜一五〇頁。

40——同右。

41——『東京日日新聞』一八八〇年七月二三日。

42――前掲、伊藤之雄『明治天皇』一～四、三七三～三七五頁。
43――同右、二九一～二九二、三七三～三七五頁。
44――京都府知事北垣国道の達、一八八一年五月六日(「大内保存録」一八八〇年～一八八三年、宮内庁書陵部所蔵)。
45――塵海研究会編『北垣国道日記「塵海」』(思文閣出版、二〇〇一年)一八八一年一〇月一日。
46――「京都御苑門・塀其他之部」内匠寮「京都皇宮沿革誌」二(作成年月日未詳、宮内庁書陵部所蔵)。
47――大塚武松『岩倉具視関係文書』第一(日本史籍協会、一九二七年)四八二～四九〇頁。
48――一八八三年一月の岩倉の建議を、高木博志氏は、京都御所や京都を、国際社会の中で「日本文化」・「伝統」として利用する文化戦略の登場と主張している(前掲、高木博志『近代天皇制と古都』一二八～一二九頁)。一八八一年一一月にイギリスのヴィクトリア女王の孫、ヴィクターとジョージ(後の国王ジョージ五世)が京都に来遊した際、西本願寺・清水寺・八坂神社・北野天満宮・金閣寺見学や保津川下りとともに、京都御所見学も行程に入っていた(前掲、京都市市政史編さん委員会編『京都市市政史』第一巻、七〇～七一頁、秋元せき執筆)。
49――前掲、『岩倉具視関係文書』第一、四八四～四八七頁。
50――同右、第一、四八八頁。
51――同右、第一、四八八～四九〇頁。
52――前掲、伊藤之雄『伊藤博文』第八、九章。
53――前掲、宮内庁『明治天皇紀』第六、五五～五六頁。
54――同右、第六、五六頁。
55――前掲、『北垣国道日記「塵海」』一八八三年一〇月六日、一五日。
56――伊藤博文は、一八八一年には明治十四年政変への対応に忙殺され、翌一八八二年三月から一八八三年八月まで憲法調査で渡欧している(前掲、伊藤之雄『伊藤博文』第九章)。したがって、京都御所や九門の内の整備についての伊藤の関与は、それほど確認されない。しかし、次節で述べるように、京都の衰退防止(発展)について伊藤は、深く考えていた。伊藤は藩閥政府の最高権力者であり、琵琶湖疏水のような地域の問題に直接関わることはあまりなかったが、その方向を支持していたことは間違いない。伊藤は憲法調査で渡欧する前で忙しい時期だったにもかかわらず、北垣知事と三回も会見している(前掲、『北垣国道日記「塵海」』一八八一年一二月二日、一八八二年一月一二日、三一日)。また、後に近代的な内閣制度を作り、首相となった伊藤が、一八八七年二月一二日には北垣知事の案内で、友人でもある中井弘滋賀県知事を同伴し、疏水工事を視察に訪れた(『日出新聞』一八八七年二月一三日)。このことからも、伊藤の工事への支援を推定できる。

57――前掲、小林丈広『明治維新と京都』一四五～一四七頁。

58――『日出新聞』一八八九年一一月二六日。

59――宮内府主殿寮「旧皇室苑地小沿革」九三頁(「京都御苑関係綴」京都府庁文書、昭二五‐一二〇八‐一、京都府立総合資料館所蔵)。

60――野崎左文編『日本名勝地誌』第一編(博文館、一八九三年)四四頁。

61――辻本治三郎『増補二版・京都案内都百種・全』(同前、一八九四年)は仙洞御所について、「例年博覧会開会中諸人拝観を許さる」とし、御苑を「仮山水あり神祠あり梅林桜林あり」等と叙述(一頁)。清水善之助『京都名所図会』(笹田弥兵衛、一八九五年)は、仙洞御所を「毎年博覧会開設の際」に一般に拝観を許されるとし、御苑を「広漠たる遊園地」と表現している(一三～一四頁)。

62――『日出新聞』一八九二年四月一二日。

63――京都府勧業課宛大内保存掛照会、一八八三年一一月五日、京都府大内保存掛宛勧業課回答、一八八三年一一月八日(写)(「大内保存録」一八八〇年～一八八三年、宮内庁書陵部所蔵)。

64――山田顕義内務卿宛北垣京都府知事代理尾越万輔京都府大書記官書状、一八八三年一二月一五日、伊藤博文宮内卿宛山県有朋内務卿書状、一八八四年四月七日、内務省桜井勉地理局長宛宮内書記官書状、一八八四年一二月三日、北垣国道宮内省京都支庁長宛宮内書記官書状、一八八四年一二月三日など（いずれも写し）（内匠寮「京都皇宮沿革誌」三、三五五〜三六八頁、成立年未詳、宮内庁書陵部所蔵）。

65——森忠文「明治期およびそれ以降における京都御苑の改良について」（『造園雑誌』四六巻五号、一九八三年三月）。

66——主殿頭三宮義胤宛主殿寮出張所長主殿権助宇田淵伺書、一八八八年一〇月一一日、「京都大内特許拝観者取扱内規」、「京都大内拝観者心得」（いずれも、主殿寮「例規録」一九〇五〜一九一一年、宮内庁書陵部所蔵）。

67——主殿頭三宮義胤宛主殿寮出張所長主殿権助宇田淵伺書、一八八八年一〇月一一日（前掲、主殿寮「例規録」一九〇五〜一九一一年）、京都主殿寮出張所長主殿権助宇田淵宛主殿頭三宮義胤指令、一八八九年一月六日（前掲、主殿寮「例規録」一八八七〜一八八九年、宮内庁書陵部所蔵）。

68——「京都御所及離宮拝観者取扱内規」（前掲、主殿寮「例規録」一八八七〜一八八九年、所収）。この拝観者取扱内規に、内規ができた一八八九年一月には制定や設置がされていない金鵄勲章や貴衆両院議員のことが含まれているのは、すでに制定や設置の方向が固まっていたからである。

69——「旧大宮御所御建物一時拝借ノ儀ニ付申請」（一八九一年四月一八日）、「旧大宮御所御建物拝借方再申請」（一八九一年四月二二日）、「警察官派出之儀ニ付請求」（一八九一年四月二九日）（以上、「露国皇太子殿下接待一件」、一八九一年度、京都市永年保存文書マイクロフィルム所収）。

70——前掲、伊藤之雄『明治天皇』二六一〜二七三頁、前掲、伊藤之雄『伊藤博文』第九章・一一章。

71——前掲、『北垣国道日記「塵海」』一八八八年七月一九日。

72——京都市参事会『琵琶湖疏水要誌』巻一（京都市参事会、一八九〇年）一頁。

73——小林丈広「幕末維新期京都の都市行政」（伊藤之雄編著『近代京都の改造』〔ミネルヴァ書房、二〇〇六年〕所収）。

74――前掲、京都市参事会『琵琶湖疏水要誌』巻一、四頁。
75――前掲、『北垣国道日記「塵海」』一八八二年、四月一日。
76――前掲、『琵琶湖疏水要誌』巻一、三七～五八、七三～八〇頁。
77――同右、巻一、一〇四～一〇六、一五七頁。
78――宮内庁『明治天皇紀』六巻(吉川弘文館、一九七一年)二六九～二七〇頁。
79――京都新聞社編『琵琶湖疏水の100年〈叙述編〉』(京都市水道局、一九九〇年)一〇九～一一〇頁。
80――前掲、京都市参事会『琵琶湖疏水要誌』巻一、九三～九六頁。
81――同右、巻一、一〇〇～一〇一頁。
82――同右、巻一、一六〇頁。
83――同右、巻一、一六三～一六四頁。
84――前掲、京都新聞社編『琵琶湖疏水の100年〈叙述編〉』一四四～一五五頁。
85――前掲、小林丈広『明治維新と京都』一七〇～一七三頁。
86――伊藤之雄「解説――近代京都の生成」(京都市市政史編さん委員会編『京都市政史　第4巻　資料・市政の形成』(京都市、二〇〇三年)八頁)。
87――前掲、京都新聞社編『琵琶湖疏水の100年〈叙述編〉』二七〇～二八一頁。(第一)疏水は、水量が不十分で上水道には使えなかった。また、商店や家庭の照明用の電灯にも電力を使う余裕がなく、市街の主要地点でアーク灯が設置された程度であった。御苑には、一八九二年八月に電灯建設工事が始まり、一一月に竣工した。さらに、一八九五年三月には、宮内省主殿寮出張所より御所への電話の架設工事を始め、四月に竣工した(「京都御苑電気機械之部」内匠寮「京都皇宮沿革誌」二、宮内庁書陵部所蔵)。
88――『日出新聞』一八九〇年四月一〇日、一一日。
89――宮内大臣公爵岩倉具定宛主殿頭小笠原武英書状、一九一〇年一月一一日(写)(内匠寮「京都皇宮沿革誌」七、

宮内庁書陵部所蔵）。第一疏水は蹴上の水溜と高低差が少なく、防火に不十分であったので、第二疏水を作る際には大日山に用水溜を設ける計画が出された（同前）。

90——前掲、宮内庁『明治天皇紀』第一、六六〇〜六六一頁。

91——同右、第二、八三八〜八三九頁。

92——同右、第一、六九〜七〇頁。

93——京都府宛太政大臣三条実美の達、一八七六年一二月一八日（「行幸一件書類」一八七七年、京都府庁文書、明9-22、京都府立総合資料館所蔵）。

94——前掲、宮内庁『明治天皇紀』第四、一九〜二五頁。

95——『東京日日新聞』一八七七年二月一日。神戸・京都間の鉄道の開業式典は、明治天皇や有栖《ありす》川宮《がわのみや》熾仁《たるひと》親王ら二人の親王、木戸孝允（内閣顧問）・参議伊藤博文（工部卿）・同山県有朋らが参加し、一八七七年二月五日に大坂駅近くの式場で行われた。

96——『東京日日新聞』一八七八年一〇月二一日、前掲、宮内庁『明治天皇紀』第四、四八五〜五三七頁。

97——前掲、宮内庁『明治天皇紀』第五、一三八〜一四〇頁。

98——『東京日日新聞』一八八〇年七月一九日、二〇日。

99——『日出新聞』一八八七年一月二八日、『京都日出新聞』一九〇三年四月一四日、二四日。

100——前掲、宮内庁『明治天皇紀』第四、二四頁。

101——同右、第四、五三七頁。

102——『東京日日新聞』一八七八年一〇月二三日。

103——同右、一八八〇年七月一九日。

104——前掲、宮内庁『明治天皇紀』第五、一四〇、一五〇頁。

105——同右、第六、六八五頁。

106——『日出新聞』一八八七年一月二六日、二八日、『東京日日新聞』一八八七年二月一日。
107——同右、一八八七年一月二九日。
108——同右、一八八七年二月一日。
109——同右、一八八七年二月二五日。
110——『日出新聞』一八九〇年四月六日。今回の行幸啓に際し、京都府は宇治郡山科村（現在の京都市山科区の一部）の大津街道沿線の掃除が不行き届きであるが、天皇が疏水開通式に際し来訪する可能性もあるので、不都合のないようにするよう、郡役所に指示したようである（「宇治郡役所照会案御稟議」一八九〇年三月二四日）。また、天皇と皇后が御所を出て還幸する際、府は職員に堺町御門内で奉送するよう命じている（各課宛京都府行幸事務掛通知、一八九〇年五月二日）（いずれも、土木課「行幸啓一件書類」一八九〇年、京都府庁文書、明23-41、京都府立総合資料館所蔵）。府の側も、天皇の行幸をこれまでよりも重々しくとらえるようになったのである。また一八九七年の行幸啓に関してではあるが、天皇・皇后が還幸する際に、在京の皇族家令・主殿寮出張所勤務者ならびに殿掌は、建礼門外で奉送するようにとの指令が、宮内省より出されている（「京都御発輦御次第」〔宮内省用箋〕、知事官房「行幸啓ニ係ル書類綴」一八九七年四月以降、京都府庁文書、明30-30、京都府立総合資料館所蔵）。宮内省によって、建礼門前の空間に特別な意味が加えられ始めたらしい。
なお、一八九一年五月にロシア皇太子ニコライ（後のロシア皇帝ニコライ二世）が、大津町で巡査に切りつけられた大津事件の際は、天皇は事件を知って、翌日早朝に東京を出発、夜九時過ぎに京都駅に着いた。事件の内容や急に京都に行幸し、夜に到着したことなどで、市民による奉迎はなかったようである（『東京日日新聞』一八九一年五月一三日）。事件が一段落し、五月二一日に天皇が東京に帰る際は、京都有志者が京都駅近くで煙《はな》火《び》を打ち上げ、祝意を表し、標章を着け、駅前に整列して奉送をした（同前、一八九一年五月二一日）。
111——『東京日日新聞』一八九五年四月二九日。
112——同右、一八九五年四月三〇日。

113――『大阪朝日新聞』一八九七年四月一九日。
114――『大阪朝日新聞』一八九七年四月一九日。
115――府内務部各課長宛知事官房指令、一九〇三年四月七日(知事官房「行幸啓一件」一九〇三年、京都府庁文書、明36-34、京都府立総合資料館所蔵)。
116――『京都日出新聞』一九〇三年四月一四日。今回の行幸に関しては、御苑内で、建礼門に近い順に、華族、在京女官・宮司、帝国大学、赤十字社京都支部員・平安義会、高等工業学校・赤十字社京都支部員等の順に奉迎する計画図が残っている(「奉迎場所の概略図」前掲、知事官房「行幸啓一件」一九〇三年)。
117――『京都日出新聞』一九〇三年四月二四日。
118――「鳳輦御送迎ノ場合ニ於ケル取締方ノ件」(前掲、知事官房「行幸啓一件」一九〇三年)。
119――前掲、伊藤之雄『明治天皇』二八五〜二九三頁。

第二章

平安遷都千百年記念事業と観光名所としての御所

――日清・日露戦争から都市改造事業の時代へ

一節　内国勧業博覧会・平安神宮創建と市街の変貌

維新後、ウィーン万国博覧会などの経験から、明治政府は国内の殖産興業・貿易振興のために内国勧業博覧会を開催した。第一回目は、一八七七年に東京上野を会場として行われた。琵琶湖疏水竣工の二年後、一八九二年(明治二五)五月二六日、京都の実業家有志は「桓武天皇遷都一千百年祭」の開催を京都市に建議し、これに合わせて内国勧業博覧会を京都で開催することを提案した[1]。

一八九三年に入ると、衆議院などの審議を経て、一八九五年に紀念祭と内国博が同時に開催されることが確定した。すでに前年一一月には事業を推進する協賛会創立委員会が開かれており、一八九三年三月一七日の創立委員会では、記念のため大極殿《だいごくでん》を模した建築物を造営し保存すること、一一〇〇年間の史伝陳列会を開催すること等、一二項目が決議された。

四月一八日に京都で、一九日に東京で協賛会発起人会が開かれ、協賛会会長に近衛篤麿《あつまろ》(貴族院議員、五摂家筆頭)・副会長に佐野常民(元農商相)が選ばれた。協賛会発起人のメンバーは、東京の近衛・東久《ひがしく》世《ぜ》ら華族を含む有力者と京都側の浜岡光哲《こうてつ》ら有力商人から構成されていた。協賛会発起人会が発足し、これまで準備を進めてきた創立委員会が解消したものと思われる。なお、東京に行った浜岡ら委員は北垣国道（前府知事）に同行してもらった上で、四月一二日には伊藤博文首相からも協賛会に賛同を得たという[2]。

また同年三月一二日の京都市会で、博覧会は鴨東《おうとう》の岡崎・聖護院《しょうごいん》地域で開催されることが決まった。これは北垣知事の時代からの鴨東開発の流れであるが、地域利害から市内他地域での開催を求める声も根強く、岡崎・聖護院地域に賛成が二〇票だったのに対し、反対が一四票にも達した。これに続き、六月八日の市会で、紀念祭を同じ岡崎地区で開催することが内貴甚三郎紀念祭委員長より公表され、敷地買収費が可決された。

その後、同年一〇月一〇日頃に佐野副会長が紀念殿を「平安宮」なる神社とすることを近衛会長に提案した。京都側は受動的であったが、一二月には単なる記念としての模造大極殿の背後に、のちに「平安神宮」となる社殿の建設が決定した[3]。

琵琶湖疏水事業という京都の革新策に加え、同じ鴨東地区で、第四回内国勧業博覧会を開催し、平安遷都千百年紀念祭を行うことは、伝統とのバランスをとりながら革新を推進して京都の再生を図っていく意味を持っていた。模造大極殿が、当初は単なる記念物として計画されたということから、浜岡ら京都側幹部は、琵琶湖疏水の延長で、伝統よりも革新重視で、鴨東地区を中心に京都の発展を考えていたといえる。これが、近衛・佐野ら東京側の協賛会幹部の発議により、平安神宮という神社となることで、伝統重視の色あいが強められた。

さて日清戦争の講和交渉が進む中、一八九五年四月一日、上京区岡崎で第四回内国勧業博覧会が開かれた。七月三一日の閉場式までに一一三万人もの人々が来場した。紀念祭場となる平安神宮は三月には竣工したが、四月三〇日に挙行される予定であった紀念祭は延期された。明治天皇が行幸をとりやめたからである。四月二三日には日清講和条約に対し、ロシア・ドイツ・フランスから遼東半島を清国に返還するようにとの三国干渉が起こっており、状況が緊迫していたからだろう[4]。結局紀念祭は、一〇月二二日に挙行され、翌日、時代行列が行われた。時代行列はその後毎年恒例となり、時代祭となった。

他方、同年の第四回内国勧業博覧会をきっかけとして、博覧会場となった鴨東の岡崎地区を中心に、公的施設の建設が次々となされ、鴨東の開発が進んでいく。勧業博覧会が開催される約五年半前の一八八九年九月、鴨東の吉田地区(岡崎地区の北)には、東京にある帝国大学進学者のための学校として、第三高等中学校(後の旧制第三高等学校、現在の京都大学総合人間学部)が開校した。博覧会後には、場内の美術館は市に払い下げられ、一八九六年二月に市美術館となった。また、博覧会場内の工業館は京都博覧会協会に無償で譲渡され、美術館前の市有地に移築された。京都博覧会協会はこれを岡崎町博覧会館とし、以後、常設の博覧会場として使用した。

一八九七年には、五月に帝国京都博物館(現在の京都国立博物館)が七条大和《やまと》大路《おおじ》に開館し、片山東熊《とうくま》の設計になる洋風建築が注目を集めた。六月には日本で二番目の帝国大学として、京都帝国大学が吉田地区に創立された。一九〇三年四月には、岡崎地区に市動物園が開園、日露戦争後の一九〇七年七月には、京都市立美術工芸学校が、吉田地区に校舎を新設して、京都御苑内から移転した。この新校舎の一部を使用して、一九〇九年四月、京都市立絵画専門学校が設立された（現在の京都市立大学美術学部）。

こうして、鴨東地区に岡崎を中心に文化ゾーンが形成され、洋風の建物が新市街を特徴づけていった[5]。鴨東地区は、伝統をイメージする平安神宮が創建されるなどしつつも、京都御苑の創出のような革新をとげつつあったのだった。

他方、旧市街は旧来の和風建築と、狭く屈曲しながら延びる近世以来の道路に、京都府庁・常盤《ときわ》ホテル（現在の京都ホテルオークラ）・新島襄邸など、擬洋風の木造建築が点在した程度であった。しかし一九〇二年には中京郵便局が、日露戦争後の一九〇六年には（旧）日銀京都支店（現在の京都文化博物館）と、本格的な洋風建築が三条通りに建てられた。

二節　御所・御苑空間と国威発揚行事

❖建礼門前が式場となる

京都御所と御苑空間が国威発揚と最初に結びついたのは、日清戦争の戦勝奉祝会においてであった。この会は京都市官民有志の発起により（会長は渡辺千秋京都府知事）、一八九五年（明治二八）三月一日午後一時から京都御所の建礼門《けんれいもん》前（御苑内）を式場として行われた。参加者は約一万五〇〇〇人もあり、それ

建礼門前広場

に「幾万人」もの見物人があった。渡辺知事の代理者が祝詞を朗読し、万歳の唱和等で式を終えると、一行は日章旗と軍楽隊を先頭に、隊列を組んで堺町御門《さかいまちごもん》を出て堺町通を南下した。三条通で東に折れて三条大橋を渡り、縄手通を南下して四条通に出た。行列はさらに四条通を東進して円山《まるやま》公園に入った。そこで余興や酒肴を楽しんだ[6]。

次いで五月二五日、同様に午後一時から御苑内建礼門前を式場として、京都市官民有志者の発起で京都市凱旋奉祝会が行われた(総代は渡辺府知事)。今回も一万五〇〇〇人が参加し、式の後に堺町御門から少しコースは異なるが、円山公園まで日章旗や軍楽隊を先頭に行進し、円山公園で祝杯を挙げた[7]。日露戦争以降の戦勝奉祝行列と異なり、平安神宮はコースに入っていない。平安神宮は三月に竣工したばかりで、前節で述べたように紀念祭も延期されたので、市民に特別な意味合いを持つ地域という感情が成熟していなかったからだろう。

✣御所と平安神宮、二つのセンター

日露戦争中は、市内有志が戦勝を祝い、一〇〇人から数百人ほどで夜に提灯《ちょうちん》行列を行うようになった。その早い例が、一九〇四年(明治三七)五月一日に日本軍が鴨緑江を渡って満州(中国東北部)に入り、九連城を占領したことを祝うものであった。その中の一つは、御苑内に集まって建礼門前で万歳を三唱し、さらに円山公園に集合して万歳三唱をした[8]。

五月八日には、京都奉公義会が主催して、午後七時から戦勝を祝う提灯行列を行った。今回は、平安神宮の応天門前から三条通を西へ、堺町通を北へ進んで堺町御門から御苑内に入り、建礼門前で万歳三唱等を行った。行進の参加者は約三万人もあり、多くの見物人も集まった[9]。平安京遷都一一〇〇年を記念して一八九五年に創建された平安神宮が、京都御所・御苑と結びついて国威発揚の行事に使われ始めたことが特色である。

一九〇五年一月四日には、午後一時三〇分から京都御苑内建礼門前の式場で、京都市の旅順陥落奉祝会が開かれた。尚武義会など各団体からの参加者と見物人を合わせて、約五万人が御苑内に集まり、大森鍾一《しょういち》京都府知事の発声で万歳を三唱するなどした後、解散した。陸軍の奉天会戦の戦勝奉祝会は、京都奉公義会が中心となり、三月一七日午後六時から平安神宮前で式が行われた。式の終了後、随意の提灯行列となったらしい。海軍の日本海海戦の戦勝を祝う会も、奉公義会が中心となり、六月一日午後七時から平安神宮前において式が行われた。万歳三唱等の後は、随意の提灯行列となり、御苑内に行く者もあれば、円山公園に向かう者もあり、数万人が参集した[10]。このように、京都御苑と平安神宮前広場は、戦勝奉祝行事のセンターとなっていった。

ところで、日本はロシアに対し戦闘では勝利し続けたが、奉天会戦・日本海海戦の後にはこれ以上戦争を続ける余力がなくなってきた。政府はそれを国民の前に明らかにせず、同年九月五日にロシアと賠償金のない講和条約を結んだ。国民はこれに反発し、東京市などの各都市で講和条約反対運動が発生した。

京都市でも市会第二会派の大成会が中心となり、一九〇五年九月六日に講和反対市民大会が開かれた。会場は岡崎公園博覧会館で、約一万二、三〇〇〇人の参加があったという。この大会の決議は「屈辱」的条約を結んだ政府を批判し、「当局者は速に処決して上は天皇陛下に下は万民に謝すべし」というものであった[11]。

このように、講和条約反対市民大会は天皇と一体意識を持っていたが、桓武天皇と孝明天皇を祀った平安神宮の前の広場や、京都御苑などを使用しなかった。日露講和反対運動の参加者は、戦争中の戦勝奉祝行事の参加者と重なっていると考えられる。御苑や平安神宮前広場を使わなかったのは宮内省や警察の許可が得られなかったからであろう。

その五年後、一九一〇年八月二二日に韓国併合に関する条約が調印され、二九日に公布施行された。京都市は韓国併合を祝って大奉祝会を催すことにし、八月二九日夜に臨時市会を開いて準備委員を選んだ。翌三〇日、同委員会は市参事会員と共に奉祝会の方法について協議し、九月一日午前一〇時より平安神宮で奉祝会を挙行することになった。同日夜には市内各学区より一〇〇人以上を繰り出させて、提灯行列を行うことも決まった。また宮内省主殿寮《とのもりょう》と交渉し、行列の集合場所は御苑内とする許可を得た[12]。

九月一日午前一〇時、京都市主催の韓国併合奉祝式は予定通りに挙行された。来賓等の来会者は、市内各官庁の長、京阪各新聞記者、商業会議所役員、参事会員、市議、学務委員、学区会議員、公同組合長、公同組合幹事、衛生組合幹事、市役所職員らで約三〇〇〇人にも及んだ。西郷菊次郎市長が式辞を朗読し、西郷の発声で「天皇・皇后両陛下」万歳等をし、市美術館で祝宴となった[13]。

同夜は午後八時から御苑内で奉祝の提灯行列があった。参加者は数万人に達し、建礼門の約一〇〇メートル南に上京と下京に分かれて整列し、西郷市長の発声で「天皇・皇后両陛下」万歳等をした。新聞はこの様子を、「二千余年来の皇居の地に於《おい》て此の芽出度《めでた》き祝賀の催しを挙げ得たるは、実に五十万の平安市民の誇りとする所」等と論じた[14]。

このように、韓国併合に関する京都市の奉祝会でも、日露戦争中と同様、御所と御苑空間と平安神宮空間が国威発揚と結びついた。

三節　御所拝観の内規と秩序

✣上流者への御所拝観内規の微修正

日露戦争の勝利の結果、明治天皇の権威は歴代天皇の中でも比類ないほどに高まった。しかし明治天皇は、一八九〇年代から肥満がすすみ、生活習慣病を患っており、日露戦争のストレスなどでそれを急速に悪化させた。天皇は生まれてから一六年間すごした京都が大好きであったが、こうした天皇の体調や警備の負担などのため、日露戦争前の一九〇三年四月から五月の京都御所滞在を最後に、明治天皇が京都に立ち寄ることはなかった[15]。京都には天皇や皇室の滞在する場所として、二条離宮（二条城）もあった。

明治天皇が京都御所に滞在する可能性があまりなくなると、御所を拝観させる余裕が出てきた。それに加え、日露戦争に勝った日本に欧米人は関心を強め、日本を訪れる観光客は増加していった。

他方、一八八九年一月に制定された「京都御所及離宮拝観者取扱内規」にもとづき実際の拝観が行われる中で、不都合な部分に修正が加えられていた。たとえば拝観資格に関し、①外国人で日本の勲六等以上に叙せられた者、②在外の日本の各名誉領事、③日本雇《やとい》の外国人の高等官以上の待遇を受けるものの父母妻子、が一九〇五年九月に追加された[16]。

そこで一九〇六年（明治三九）一一月、宮内省は御所や離宮の拝観内規を少し修正し、これまでと同じく上流者に限定した形の拝観を許可することにした。それによると、拝観許可者は高等官・同待遇・華族・従六位以上・勲六等以上・功五級以上（以上の父母妻子も許可）、貴族院議員・衆議院議員（以上夫妻に限る）、博士（本人に限る）、各国大使・公使・領事・同館職員とその家族、本邦勲六等以上の外国人、在外本邦名誉領事、本邦雇外国人高等官待遇（以上の父母妻子も許可）、外国人にして各本国大使公使または領事の紹介を経た者であった。また拝観の区域は、御所なら紫宸殿《ししいでん》・清涼殿《せいりょうでん》・小御所《こごしょ》・御学問所《ごがくもんじょ》で、天皇の日常生活の場であった御常御殿《おつねごてん》の拝観は、特別の理由のある者に限られた。大宮御所《おおみやごしょ》・仙洞御所《せんとうごしょ》御庭も拝観できた[17]。この修正の特色は、外国人観光客の増加に応じ、各本国大使公使または領事の紹介のある外国人に拝観を許したように、外国人の拝観資格を緩和したことである。それに伴い、日本に貢献している外国人の拝観資格も緩和した。

　後の史料であるが、『京都日出新聞』（一九三六年八月三〇日）は、御所・離宮および御苑などの拝観内規は一九〇六年一一月に「制定」されて以来、一九一〇年五月に部分的改正を行ったのみで、その後一九三六年まで改正されなかった（同年九月一日施行）と報じている。地元の新聞が、御所などの拝観内規が一九〇六年一一月に「制定」されたと誤解しているのは、日露戦争後に拝観内規が少し修正されて以降、拝観が増加したなどの大きな変化があったからであろう。このように、御所などの拝観が社会の上流者とその夫人に改めて限定されたのは、できる限り国民に隔てなく接したいという明治天皇の思い[18]を政府や宮内省が理解しながらも、日比谷焼打事件など日露戦争講和反対運動や、社会主義者の活動により、社会秩序の維持が可能か心配し始めたからであろう。御所を無限定に公開することを警戒する気持ちを捨て切れなかったのである。

一九〇六年にガーター勲章の使節の一員として来日したイギリスの日本通、リーズデール卿（明治天皇にガーター勲章を捧呈するため、イギリス国王の名代として日本に来ていたコンノート家のアンドリュー王子の同伴者）も京都御所を拝観している。彼が特に珍しく感じたものは、天皇の御座所《ござしょ》に通じる回廊の入り口にある「揚蓋戸《あげぶたど》」で、床に少し触れても「戸」が自然に下って音が出て、近寄る者があるのを知らせる仕組みであった。彼は天皇が臣下に拝謁する大小二ヵ所の部屋や玉座も拝観した。また、元皇居であった京都御所が質素なことにも驚いている[19]。

❖日露戦争後の京都観光ブーム

日露戦争で極東の小国日本が大国ロシアを破ったことで、欧米人の間に日本への関心が高まり、日本旅行を試みる者も次第に増大してきた。また、日露戦争後に日本が韓国や南満州に勢力圏を拡大したため、そこからの観光客も訪れるようになった。さらに、交通機関の発達により、団体旅行という形で日本人の国内旅行も増大した。このような中で、一九一〇年（明治四三）春の京都市は、かつてない数の観光客でにぎわうことになった。『京都日出新聞《きょうとひので》』は、その様子を次のように描写している。

年々歳々、満都花に酔ふ此時にあり、四十幾万の児女の迭《かた》みに洛の中外に行楽して蜂蝶と追逐するの外、全国東西南北より、海外万里の天涯より遊子の此の地に来り遊ぶもの少からず、（中略）本年の三月は稀有の繁華を示したり、四月に入りて更に盛なり、四月昨今の賑《にぎわい》は又未曾有《みぞう》の光景を呈す、鉄道の混雑名状すべからず、〔中略〕

近年交通機関の発達と共に旅行を試むものの多きを加へたるは著しき事実なり、而《しか》して特に近年の現象として見るべきものは団体旅行の流行なり、米国の第一回及第二回の大観光団の如き、目下来朝中なる満州の団体の如き、此等海外のものゝ外、内地の諸方面より、特に新聞社の主催により て団体旅行を試むもの少からず、此等のもの足跡を京洛に印せざるはなし[20]。

もっとも、観光ブームとはいえ、京都御所の拝観が一般の日本人・外国人に許されないので、京都御苑はその中核とはなっていかなかった。一九一〇年四月を例に取ると、新聞では、円山《まるやま》公園・本願寺・清水寺・金閣寺や嵯峨・加茂・保津川などを外国人の観光スポットとして挙げ、なかでも「円山の夜桜」は非常な評判であるとしている。日本人に関しても、「桜花満開の好時節」や知恩院阿弥陀堂の慶讃会・大谷派大門落成式等に関連付け、人々は「電鉄沿道の見物を兼ねて東山辺より洛西嵐山を遊覧し京電にて京都駅に集中」すると報じている[21]。京都御苑には一部に桜林があるものの、主に松が植えられており[22]、御苑は花見シーズンにも紅葉シーズンにも、観光スポットとして強くアピールする場所ではなかった。

✣外国人観光団の御所拝観

しかし、京都御所の中まで特別に拝観が許されるなら、話は別である。一九一〇（明治四三）年一月に関西を訪れた米国クリーブランド観光団六七〇名は二班に分かれて来京し、京都御所や二条離宮（二条城）を拝観し、東本願寺・円山公園等市内の名所を観光した。次いで、三月五日夜には三八〇余名のアメリカ人観光団が入洛した。翌六日、降りしきる雪にもかかわらず、彼らは御所に向かった。

宮内省よりの沙汰により平常には全く閉しある宜秋門《ぎしゅうもん》（京都御所の六門の一つで、西側の三門の一番南）を特別を以て開け放ち、其出入を可成《なるべく》自由にせしめたれば一行の悦び一方ならず、通訳等の説明を聞きて日本の旧皇城なりし事を知り容を正して静粛に拝観する所あり、御学問所、小御所、清涼殿等を順次拝観し、了《おわ》りて次に二条離宮に向ひ、此処《ここ》にても宮内省の沙汰によりて特別の取扱ひにて残る隈なく拝観するを許されたり[23]。

同じ春に、四月には韓国観光団が二七日（五〇名）、二九日（一二名）に入洛し、いずれも京都市に一泊して観光することになっていた。また五月三日には四泊の予定で満州観光団三一名が入洛する予定であった。それに対し、両観光団のために「特に御所及び二条離宮拝観の事を其筋に交渉中なれば、若し許可せらるれば其行程を多少変更す」ることになるとも報じられた。結局、満州観光団のみが御所と二条離宮の拝観を許可された。同観光団一行は五月三日午後に宿舎を出発し、先づ京都御所および二条離宮を拝観して、嵐山に行くことに日程を変更した[24]。

韓国観光団に御所と二条離宮の拝観が許可されなかったのは、一泊しかない日程で、しかも直前になって拝観を申し込んだという日程上の理由であろう。韓国観光団の幹部六人が、東京で「特別の思召《おぼしめし》」により、明治天皇に拝謁を許される[25]という、京都御所の拝観以上の好待遇を受けている。これは、同年の八月に韓国併合が行われる直前であり、韓国人に気を配っているのであった。

さらに、台湾総督府が「蕃人《ばんじん》感化の目的」で日本内地観光に派遣した、台湾原住民の観光団に対しても、一九一一年八月二二日の「観光日割」に「旧御所」(京都御所)が「妙心寺・二条城」とともに入っていることから、御所の拝観を許可したらしい。台湾原住民の観光団は、八月二二日から二四日の京都滞在の間に、他に伏見の第十六師団・本願寺および「東山付近」(水利部・動物園・知恩院・清水寺等)を観光した[26]。

✣御所拝観拡大を求める声が出る

しかし海外からの観光団が京都に来ても、京都御所の拝観が日程に組み込まれない場合もあった。おそらく、許可が出ないだろうと申請しなかったか、申請しても許可が出なかったのであろう。

それは、海外に在住している日本人の観光団の場合である。シアトル在留邦人観光団は、一九一二年一〇月八日〜一二日まで四日間京都に滞在した。しかし彼らは、平安神宮・北野天満宮・東本願寺・三十三間堂・清水寺等を訪れたり、保津川《ほづがわ》下り(亀岡〜嵐山)や疏水下り(大津の三井寺〜京都の蹴上《けあげ》のインクライン)を楽しんだりしたが、京都御所には立ち寄らなかった[27]。これは、すでに述べたように、日露戦争後に日本人で京都御所の拝観を許されたのは、高等官や同待遇者、従六位勲六等功六級以上の位階勲等を持つ者など、社会の上流者とその夫人に限定されていたからだった。

しかし、京都御所拝観をめぐるこのような宮内省の姿勢は、明治末の一九〇九年末には日本国内で公然と批判されるようになった。

その趣旨は、①皇室と国民はほとんど同心一体というべきなのに、皇室と国民の間に「貴族及び官吏」という障壁を設けて、「国民共和の我が皇室を私有物視しせんとするものある」は、はなはだ納得できないことである、②「宮城」(皇居)の一部分もしくは各離宮の拝観等は、あるいは時期と時間を一定し置くのもよい、③あるいは切符制度として予《あらか》じめ混雑と手数とを避けることにするのもよい、④それも不可能なら、名誉職・新聞記者・公共団体代表者、赤十字社社員らに限り、差許すこともよい、⑤宮内省官吏の現に執りつつある皇室対国民政策は、断じて賛成できない、というものであった[28]。

四節 御所空間への道の「完成」と奉迎送秩序の一時的な進展

✣行幸道としての烏丸通

すでに述べたように、一八七七年(明治一〇)に京都駅(七条駅)ができて以来、京都駅から北へ伸びる烏丸通《からすまどおり》が京都御所への道として重要となった。京都市民は、明治天皇の配慮があって京都御所の保存と御苑の創出、京都の振興が国策となったことを、よく承知していた。また、そのことをきっかけに、京都の有力者たちも奮発し、一八九〇年には琵琶湖疏水事業が竣工した。次いで、一八九五年には、京都電気鉄道(京電)により日本初の市街電車が走り、京都市岡崎で第四回内国勧業博覧会が開催され、平安建都千百年を記念して平安神宮も創建された。このように京都は、明治天皇が提起した伝統の保持と、都市改良・改造により新市街を創出するという革新を、実行し始めた。

しかし烏丸通は近世以来の狭い道であり、行幸道として奉迎送に不便であるのみならず、南北の幹線道路としても不十分であった。烏丸通も含め市街の主要道路は「大体数百年前に築造されたるもの」だとされ[29]、産業革命後の都市の交通需要を満たすものではなかった。

そこで、一八九七年九月一八日、京都市会では委員会を設けて都市改良事業の調査を行う建議が出され、建議は承認され、市会で臨時土木委員一五名を設置して検討することになった[30]。

その答申が出る前、一八九九年一月一四日の市会で、烏丸通を行幸道として拡築する建議が出され、同一六日に可決された。これは宮内省に下賜金を請願し、府知事に対して護岸地の無代価払い下げを請い、市の費用の不足を補い、さらに市は公債を発行するか、金を借入して残りの費用を捻出する、というものだった[31]。市会議員たちは明治天皇を尊崇する念を持っていたと思われるが、今回はその思いと、京都で初めての南北の幹線道路の拡築を実行するという実利が融合した提案であった。結局、宮内省からの下賜金や府からの護岸地の無代価払い下げはなかった。

他方、同年一〇月二〇日には、市会の臨時土木委員会から土木調査に関する答申が出された。その中で道路計画は井字型に縦横の貫通線を作るとされた。第一期の事業では烏丸通（南北）と御池通《おいけどおり》（東西）を拡築し、第二期の事業で、縦貫線として千本通《せんぼんどおり》（南北）、横貫線としては松原通（東西）または七条通（東西）を拡築することになっていた[32]。以下で述べるように、日露戦争後の三大事業では、松原通は拡築される計画には入らず、横貫線として新たに今出川通・丸太町通が拡築された。

❖日露戦争後の都市改造事業と新しい行幸道

日露戦争前は不況によって財源難であったので、温厚な内貴甚三郎《ないきじんざぶろう》市長はリーダーシップが不十分で、都市改良事業は実行できなかった。京都市の都市改造事業を軌道に乗せるため、市会は元府知事の北垣国道らの助言を得て、一九〇四年（明治三七）一〇月に西郷菊次郎を市長に推薦し、西郷が二代目の市長に就任した。

西郷菊次郎は西郷隆盛の子であり、元老松方正義など薩摩系の有力者の支援を得ているのみならず、長州出身の桂太郎首相ら山県有朋系の支持も得ていた。しかも十代でアメリカ合衆国に遊学し、都市の実情を学んだ。また日本の植民地となった台湾において、地方官として植民地経営に携わり、治水事業や上水道建設などの経験もあった。しかも西郷は四三歳だったので、京都市長は五六歳の内貴から大幅に若返った。このように、西郷市長にはカリスマ性があった[33]。

その後、日露戦争が終わる前後になると、大阪・横浜など各都市で積極的に都市改造を実施しようとする動きが出てきた。これは一九世紀後半のドイツで生まれた「都市経営」という考えの影響を受けたものだった。この考えは、二〇世紀初頭にかけて欧米へ広まり、日本にも伝わってきたものである。当時、都市は膨張し、衛生の悪化をはじめ、過密・貧困などの問題が発生する一方で、交通手段の発達により産業面では各都市間の競争が激しくなっていた。「都市経営」とは、市長を中心に市当局が公債を発行したり税制を変えたりして、このような状況に、積極的に対応すべきだという考え方であった。そのため欧米の各都市では、法律・工学・医学などの専門知識を持った人物を職員として採用していった[34]。

日露戦争が終わると西郷市長は京都市の都市改造事業の準備を本格化させ、一九〇六年三月八日の市会で、第二疏水と上水道を建設、道路を拡築し市電を走らせるという提案をした。また、これらの事業を「三大事業」と名づけた。すべての三大事業の予算は、最終的に翌年三月六日の市会で可決される。この額は一七二六万円余で、当時の市税収入の約三四倍にものぼった。市は一九〇九年六月に四五〇〇万フラン(日本円で約一七五五万円)のフランス外債契約を成立させ、事業の財源とした。

こうして、京都御所空間への行幸路としての烏丸通をはじめ、千本大宮通・東山通という三本の南北縦貫幹線道路、今出川通・丸太町通・四条通・七条通の四本の東西横貫幹線道路と市電軌道の敷設が決まった。この合計七本の幹線道路の中でも、烏丸通の七条から丸太町間は最大幅の一五間(約二七メートル)に、丸太町通も烏丸以東東山通間は一二間に計画された[35]。

これは中心的な繁華街となるであろう四条通(大宮－八坂間)ですら約三倍に拡築して幅一二間である

のに比べると、明らかに行幸路として奉迎送を意識したものだった。三大事業の道路拡築の過程で、これまでの京都駅－烏丸通北進－三条通東進－堺町通北進－御苑－御所という行幸ルートから、京都駅－烏丸通北進－丸太町通東進－御苑－御所という、より北まで烏丸通を北進する新しいルートへの変更が計画されたのであった。これは、さらに多くの京都市民や国民による奉迎を可能にするものだった。

その後、西郷市長は一九一一年七月に病気のため辞任するが、三大事業は進展し、一九一二年四月には、上水道の給水が開始され、第二疏水の全工事も完了した。道路と市電も、行幸に関係する烏丸通の丸太町－塩小路間をはじめ、丸太町通・千本大宮通・四条通の一部が完成、同年六月一五日に三大事業竣工の祝賀式典が行われた。さらに翌一九一三年八月五日までに、七本の幹線道路への第一期電車建設計画七線すべてが完成した[36]。

この三大事業の背景となった思想は、どのようなものだろうか。それは、都市改造を求める近代合理主義、革新主義であり、伝統や景観(「風致」)はあまり考慮されなかった。

たとえば三大事業を推進した京都市会は、一九一〇年、円山公園から東山山頂の将軍塚まで円山索道(ロープウェイ)を設置する申請に、公園の「風致」に差しつかえない限り異議がない、と京都府に上申したが、府はなかなか許可しなかった。後に市会でも「風致」保存の立場から反対の空気が強まり、計画は立ち消えた[37]。また、烏丸通を北へできるだけまっすぐ拡築しようとして、東本願寺前広場を切り取る計画を立てた。これには東本願寺側が反対し、市は一九一一年一二月に、東本願寺の寄付も入れて、烏丸通を本願寺前で東に折れ曲がらせて広場を残すことを、府に申請した[38]。

図4　三大事業と都市計画事業で拡築した道路

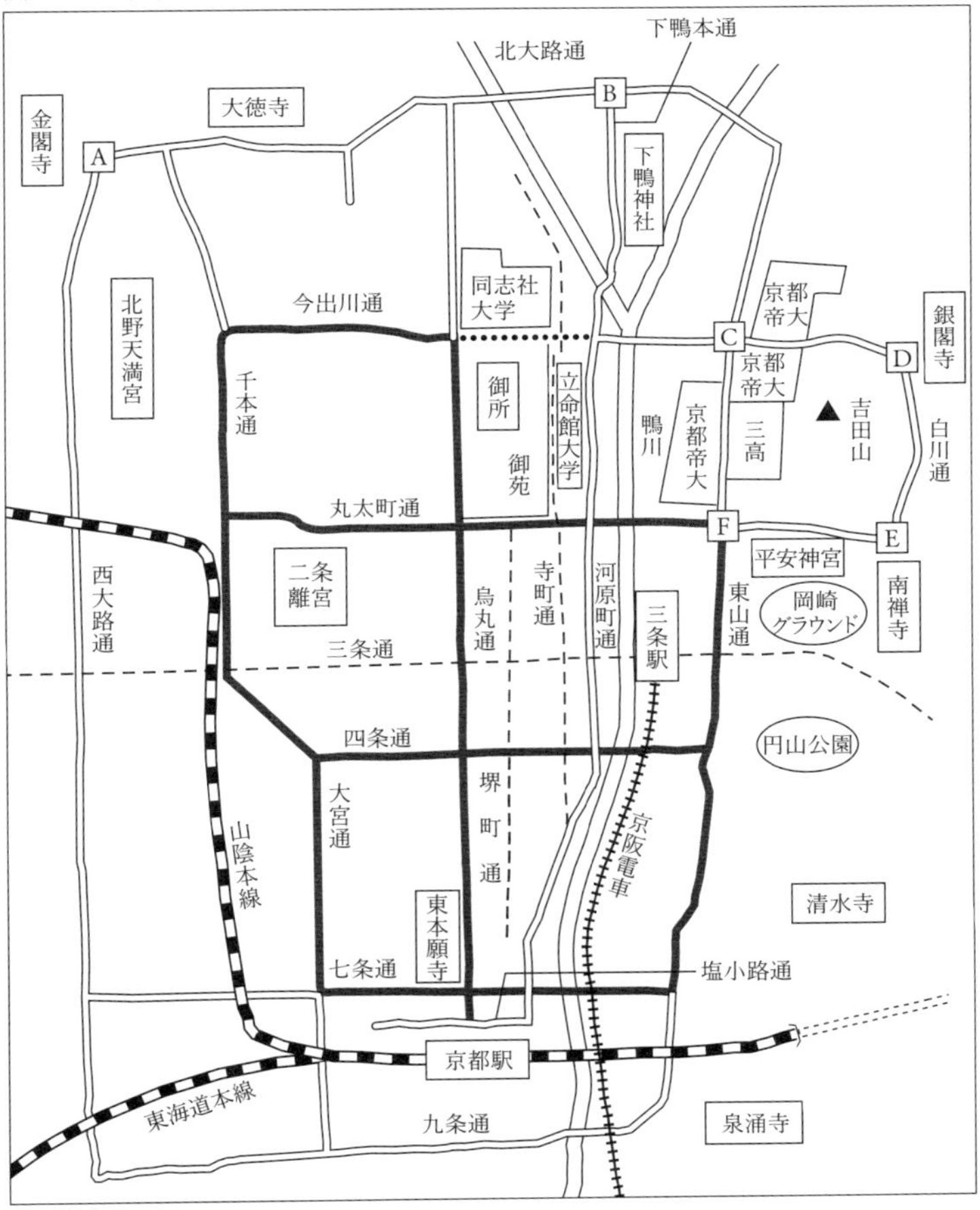

備考：(1) ━━ 三大事業で拡築した道路
　　　　••••• 1917年10月に拡築が竣工した部分
　　　　═══ 都市計画事業で拡築した道路
　　(2)［交差点などの地名］A　衣笠、B　芝本町、C　百万遍、
　　　　D　銀閣寺道、E　天王町、F　熊野神社前

すでに述べたように、三大事業は、市税収入の三十数倍もの膨大な借入金（外債）で行う事業であり、失敗や停滞すれば、市にとって破産につながる。また、（第一）琵琶湖疏水事業が、主に新市域である鴨東地区を対象としたものであるのに対し、三大事業は行幸路としての烏丸通をはじめ、千本大宮通・今出川通・丸太町通・四条通・七条通等ほとんどが旧市街の道路を拡築し、旧市街を改造するものだった。このため、住宅の移転や補償など困難な問題が伴う。また、旧市街には伝統が集積されているともいえた。

したがって、三大事業をできるだけ短い期間で、効率的に完成させようというプレッシャーの前に、都市改造による革新と伝統の保持という二つの考えのうち、伝統の保持という考え方は自然に抜け落ちていった。革新と伝統の保持という、一八八〇年前後に明治天皇が提起し、岩倉具視右大臣や伊藤博文ら政府中枢に承認されていった京都の改良・改造の精神は、かなり変容したといえる。逆にいえば、旧市街は伝統に満ちており、南北と東西に七本の幹線道路を拡築し、市電を走らせたとしても、京都御所を中心とする京都の伝統は簡単には失われないようにも思えたのだろう。いずれにしても、三大事業の結果、京都御所・御苑空間への新しい行幸路が誕生したのであった。

❖秩序立った奉迎送

一九一二年（明治四五）七月二九日夜（公式には七月三〇日早朝）に明治天皇が亡くなった。明治天皇の陵墓は、遺言に従って京都市の南に作られ、桃山御陵と名づけられた[39]。桃山御陵に参拝するため、同年一〇月中旬に照憲《しょうけん》皇太后（明治天皇の皇后）が、一一月上旬に大正天皇・貞明《ていめい》皇后が京都を訪れた。この時は、皇太后、天皇・皇后とも京都御所に立ち寄らず京都駅を通過しただけであったので、新しい行幸路は使われていない。二つの行幸啓を具体的にみてみよう。

一九一二年（大正元）一〇月一五日に照憲皇太后が桃山御陵に参拝した際に、京都市は、当時の停車場の構内中、プラットホームを除いた鉄道用地（軌道敷西側）を京都市奉迎所と定めた。

市から指定された入場者は、①市から公布された徽章《きしょう》を付け、奉迎の際は午前一〇時まで、奉送の際は午後一二時三〇分までに現地に参着し、指定の位置につく、②「謹慎静粛」を旨とし、御召列車通過の際は一斉に敬礼する、③服装は、男子はフロックコート（左腕に喪章を付する）又は紋付羽織袴《もんつきはおりはかま》、女子は白襟紋付《しろえりもんつき》、神官・僧侶は宗制の定めるところによる、との注意書きが市長川上親晴（山県系の警察官僚）の名で出された[40]。当日の奉迎では、伏見駅においては紀伊郡小学校生徒、在郷軍人、赤十字社員らが、ところ狭しと居並んだ。鉄道沿線および御香宮《ごこうのみや》東手の土取場には、一般奉迎者が早朝より詰めかけ、午前一一時に桃山駅に到着する皇后の汽車を途中で奉拝しようとした。これらの群衆は「物の音一つ」たてずに待っていた。

他方、桃山駅前の有資格者の奉迎所には、在京華族・第十六師団長・第十九旅団長・京都府事務官など高等官や夫人ら五〇〇名余りが整列していた。また、桃山駅プラットホームには、伏見町の有志・赤十字社・愛国婦人会員ら二〇〇余名整列した[41]。

同年一一月六日、大正天皇・皇后が桃山御陵を参拝する時は、御陵道側空地に一般の奉迎が許された。

そこで京都府は川上京都市長宛に五〇〇〇枚の入場証を送り、市において配布するよう通達した。なお、在郷軍人は第十六師団司令部で、新聞社員には府警察部より公布することになっていた。また、「不敬に渉《わた》らさる服装は着用のこと」等の注意も記されていた[42]。当日、京都府下各団体の代表者、名誉職・学校長ら一万人が御陵近くの一帯に堵列《とれつ》して天皇・皇后を奉迎した。「田舎者の中に交《まじ》れる老人には土下坐して玉車の近付くと共に涙を流し居る者も」いた[43]。

これらの行幸や行啓では、奉迎送がこれまで以上に秩序立って行われるようになったのだった。

❖新しい行幸道での奉迎送

翌一九一三年(大正二)九月二九日に、京都市に昭憲皇太后が行啓し、一〇月五日に還御した。これが明治天皇が亡くなって以来、皇室の一員が始めて京都御所に立ち寄った時だった。京都市は、烏丸通と三哲通《さんてつどおり》(現在の塩小路通《しおこうじどおり》)の交差点から七条の間の東側歩道を「市民代表者」の奉迎・送迎所と定め、市から交付した徽章をつけた者に奉迎・送迎を認めた。徽章は三五〇〇個調製することになっていた。また市は、①皇太后の発着当日並びに滞在中は国旗を掲げる、②皇太后の着発の道筋と御陵参拝の道筋になるべく引き幕をする、③右の道筋においては各戸門前をなるべく清潔に掃除すること、等の注意を与えた[44]。昭憲皇太后は、京都駅から烏丸通りを北進し、丸太町通で東進して堺町御門から御苑に入るという新ルートで御所に行啓した最初の皇室のメンバーとなった[45]。京都駅前に、三五〇〇名もの京都市民が秩序を保って奉迎・送迎できるようになったのは、三大事業で烏丸通を拡築したからであった。

天皇・皇后や皇太后の奉迎奉送に、このようにかなりの人数の市民らが参加することが可能になり、それが他方で秩序立てられていった。

同年一〇月一九日に、大正天皇と貞明皇后が践祚《せんそ》（事実上の即位）以来初めて京都に行幸した時も同様であった。二人の行幸啓は、明治天皇の桃山御陵と孝明天皇・英照皇太后（孝明天皇の皇后）の泉山御陵に参拝するためである。

大正天皇・皇后が京都に着く約二時間前には、「京都駅は勿論《もちろん》、御所に至る御通路には西川第十九旅団長の率ゐる京都師団の諸兵、大学以下数万の生徒堵列《とれつ》せる上に、御登極《ごとぎょく》（践祚）以来始めての御入洛とて親しく鹵簿《ろぼ》（行幸・行啓の行列）を拝し奉らんとて、拝観者は十重二十重《とえはたえ》に墻《かき》を作りて整列し粛然として時の到るを待ち受くる間を騎馬の警官は縦横に馳駆《ちく》して警戒をさをさ厳重なり[46]」と、かなり秩序立った奉迎体制ができていた。

御召列車は午後一時五二分に京都駅に着き、鹵簿は、「粛々烏丸通を北に、丸太町通を東に、堺町御門より御苑を過ぎて、建春門より御所に」安着した。当日の写真によると、沿道の一般市民も並んで立って、鹵簿を眺めながら奉迎している[47]。今回は建礼門でなく建春門から御所に入っているが、京都駅からの新しい行幸ルートは同じである。

天皇・皇后は二日後の二一日に京都を出発して静岡御用邸に向かった。御所建礼門より天皇・皇后が出発すると、門外東側には修学旅行で桃山御陵参拝のため入洛した学習院学生二六九名が整列し、一行中の久邇宮朝融《くにのみやあさあきら》王・賀陽宮恒憲《かやのみやつねのり》王・山階宮武彦《やましなのみやたけひこ》王・同芳麿《よしまろ》王は最北端の特別の席に起立して奉送した。次に由緒寺院の尼僧が整列し、西側には旧宮家士族の団体である平安義会、桜橋財団員、続いて京都帝大・同志社大学・京都法政大学（のちの立命館大学）他の学生・生徒・職員が整列した。西側の後方には一般の奉送者が立ち並んだ[48]。このときの天皇・皇后行幸啓の際は、御苑内にある御所建礼門前が、特別な空間として扱われたといえる。

その後、「鹵簿は御苑を過ぎ丸太町を西に烏丸通を南に向ふ、沿道に堵列《とれつ》奉送せるもの幾万と云ふ数を知らず、両陛下には畏くも一々御会釈を賜ひつゝ御機嫌殊の外麗はしく、京都駅に着かせ玉《たま》ひ、各宮殿下奉送者に御会釈あり御召列車に入御[49]」云々。大正天皇や皇后が奉送の国民に会釈をするのは、新しいスタイルだった。

さらに、一九一三年秋の行幸啓には、多数の奉迎送者があったにもかかわらず、一八九〇年代に見られたような混乱はみられず、一定の秩序が形成され、御所の建礼門前（御苑）も特別な空間として扱われるようになった。

これは、一八九〇年以降、奉迎・奉送が少しずつ秩序立てられていったことに加え、大国ロシアとの戦争に勝利した結果、明治天皇の権威が比類ないほどに高まったからであった。天皇は警備の負担を考慮したのであろうか、大好きな京都にも一九〇三年を最後に行幸していない[50]。そのまま、一九一二年七月に崩御したことで、明治天皇の追悼という重々しさも加わり、それに関連する諸行事が京都でも厳粛に行われることになったのであろう。しかし、権威づけられるあまり、このように京都市民や国民から隔てられる形になるのは、明治天皇の本意ではなかったといえよう。大正天皇と皇后は、少しでもこの重々しさをやわらげ国民に近づこうと会釈を行うようになったのだろう。

五節　即位の大礼の興奮・大正デモクラシーの本格化

❖大正大礼にむけて御苑を改造する

明治天皇が亡くなって、大正天皇(嘉仁《よしひと》)が践祚《せんそ》し、三三歳の若い天皇が誕生した。大正天皇は実質的に即位したが、明治天皇の意向を発端とし(第一章)、一八八九年に皇室典範で法制化されたように、京都で即位の礼と大嘗祭《だいじょうさい》を行わなければならなかった(皇室典範第十一条)。しかし、昭憲皇太后が、一九一四年(大正三)四月九日に亡くなったこともあり、即位の大礼は延期され、翌年の一一月一〇日に京都御所で行われることになった。

それに向け、式場となる京都御所および御苑で、準備が進められた。

御苑は、一九一三年・一四年に大規模な改良工事が行われている。その内容は、①京都御所の建礼門正面から南下し高倉橋北詰を経て、御苑の堺町御門に至る道路を幅二〇間に拡築した(御苑が創られた時は、六間)、②堺町御門内を東方へ拡げ、北進して大宮御所西側の道路に接続させた。これによって堺町御門内に門から北へ大きいU字形を作り、御苑創出以来のY字形道路は廃止した。③門のない出入り口九箇所のうち、高倉通の出入り口ほか四箇所を石垣土塁でふさいで、道路とともに廃止した、④賀陽宮《かやのみや》邸(旧久邇宮邸)が市街の東山七条に移転したことに伴って、その東にあり、白雲神社に北進して突き当たる道路を廃止した。代わりに白雲神社前に南北の新道をつけ、賀陽宮邸跡を貫通して南につなぎ、御所の西側から、白雲神社前を通り南下する道路を作った、⑤建礼門前の池や白雲神社南の池を埋め立てた。⑥御苑内芝生の境に花崗岩《かこうがん》縁石を置き並べ、それに平行して雨水排水のコンクリート側溝路を設けた、⑦歩道を新設し、御所の東方に広場を設けた、等である。

また、⑧すでに述べたように、工事に支障があるとして、御苑内に残っていた測候所を、一九一三年一二月に移転させ(第一章二節)、博覧会場跡とともに苑地化した、⑨不用な建物を撤去した跡などに、多様の樹木を購入して植栽を行った、一九一三年・一四年の二年間に、ウメ・モミ・アスナロ・アオキ・ウバメガシなど、樹木約二〇〇〇本、ツツジ類一八〇本、野芝七三〇〇坪が各所に植え込まれた、⑩さらに、一九一四年には御苑の南沿いの丸太町通の土塁上にカシが、御苑西沿いの烏丸通、御苑東沿いの寺町通の土塁上にウバメガシが移植された[51]。

これらに加え、大礼のための設備として、御所の西南端部に新御《しんみ》車寄《くるまよせ》が建造された。御車寄は、元来関白太政大臣から六位蔵人《くろうど》の位を持つ公家たちの御所への出入口である。

その他、御所東方の御苑内に、第二朝集所(約一四四一坪)・着換所(約二七二坪)・調理所及び付立所(約一二七坪)が作られた。ほかには、主馬《しゆめ》寮《りよう》 厩舎・大礼使造営業事務所・工作場・新聞記者詰所・車夫《しやふ》溜《だまり》なども設けられた[52]。

それらは、大正天皇の即位大礼に大勢の人々が参列することを想定し、伝統を受け継ぎ発展する日本

図5 1913年の京都御所・御苑図

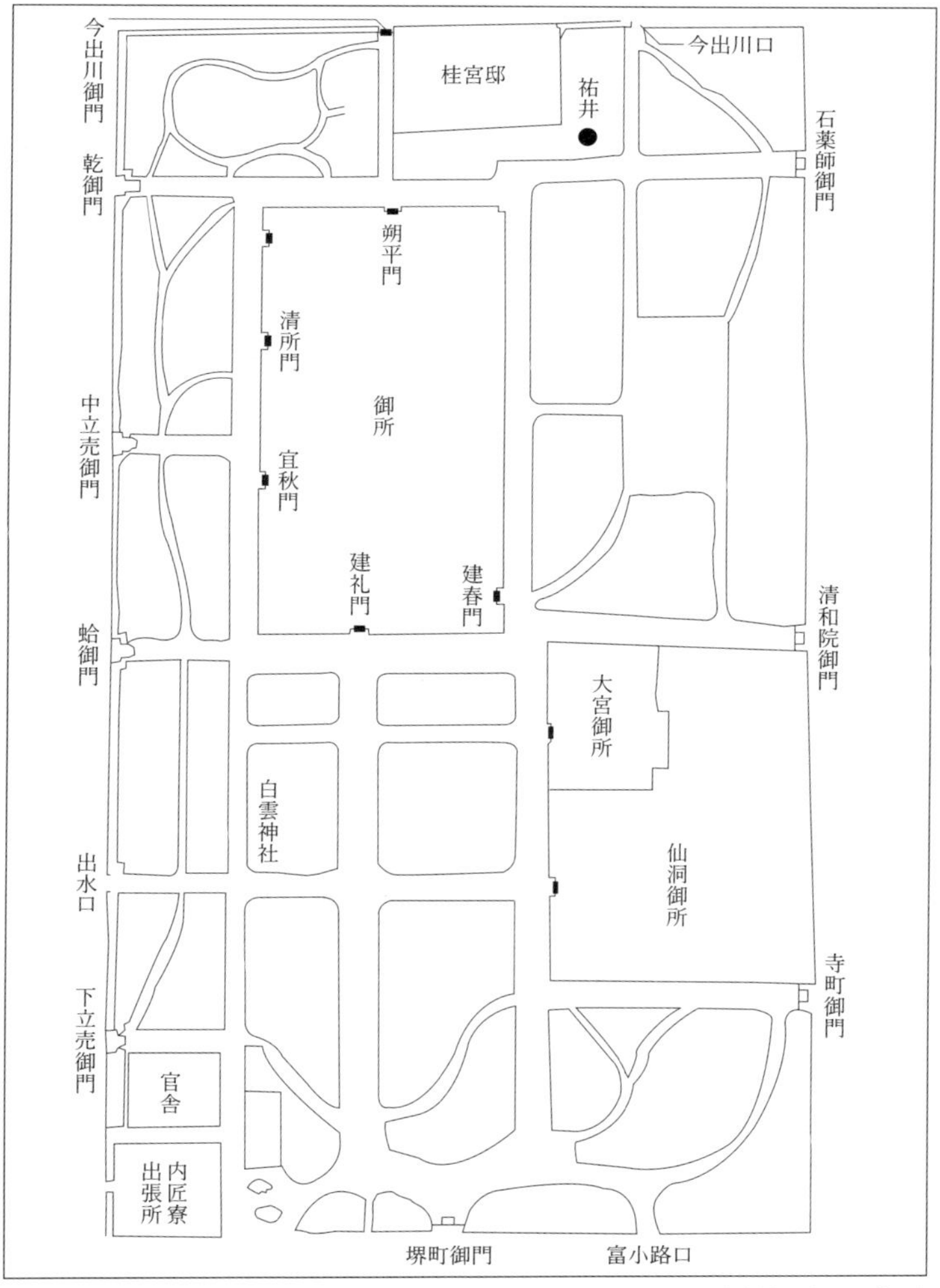

備考：「京都御所外苑図」（「椎原兵市氏の作品と業績」所載、同委員会、1966年）（前掲、森忠文「明治期およびそれ以降における京都御苑の改良について」の引用図より作成）

の姿を混乱なく見せるためであった。また、御苑や東西と南の土塁上に多量の植栽を行ったのも、御苑を美しく、荘厳に見せようとしたためであり、御苑内道路拡築と関連していた。

すなわち、一八七七年から八〇年代前半にかけての御苑創出に次ぐ、御苑(九門の内)空間の大改良工事であり、革新であった。しかしこれは、御苑を革新することにより、日本の伝統と発展を内外からの大礼への参列者に見せるという性格を持っていた。さらに大礼は(第一)琵琶湖疏水をきっかけとする鴨《おう》東《とう》開発、三大事業による旧市街も含めた京都の大改造の成果を、同様に参列者たちに見せる場でもあった。この意味で、一八七七年から八〇年にかけ明治天皇が御所や九門の内(御苑)の保存と整備や京都の衰退防止を提言して以来の成果を、大礼は、内外の参列者や彼らからの伝聞を通し、あるいは報道を通し、さらに多くの人々にアピールする場だったといえる。

❖「神々しさ」の演出

この大礼のために、宮内省や京都府・京都市や市民はどんな準備をし、京都の街や御所・御苑はどのようにイメージを変えたのであろうか。

大礼の紫宸殿《ししいでん》の儀式の一〇日前、『大阪朝日新聞』は、京都の変化を、「何処《どこ》かにおちつきがある代りに何時《いつ》も静かな寂しみを覚えた京都の市街《まち》も」大礼が近づくにしたがって「素晴らしい活気が加」わったととらえた。「京都の市街は何もかもの光景がスッカリ一変した」のである[53]。

御苑の大きな変化は、玉砂利が敷き詰められたことである。これは三年も前から一粒ずつ選んで鴨川

京都駅前の奉迎門(大正大礼)

から拾い上げた「玉のやうな小砂利」である。また仙洞御所内の西寄りに大嘗宮《だいじょうぐう》が作られた。大嘗宮は、天皇が先祖および天神地祇《てんしんちぎ》に新穀を献じ自らも食べる大嘗《だいじょう》会《え》の儀式を行う場所である。新築された大嘗宮は、「伊勢の廟宮に比較しては又一段の素朴で神代《かみよ》ながらの木の丸取と拝し奉つた。足を廻《めぐら》して宮居《みやい》を遥に眺めやると、折り重なった白い御屋根は、こんもりと生え茂つた林泉の樅《もみ》や檜《ひのき》の喬木《きょうぼく》を背景にして浮き出したやうに拝せられ」る、という。全体として御苑は、玉砂利を敷いたこともあり、「神々しき御苑内」と報じられた[54]。

京都駅前には、「ローマ風」の奉迎門が作られた。京都の三方を囲む山の青に調和するよう、門は穏やかな淡黄色に塗り上げられていた。また、御所への行幸道である烏丸通と、大饗宴の行われる二条離宮(二条城)に通じる丸太町通では、通りの中心を縦に貫いた電柱の列が、「清浄を意味して」すべて真っ白に塗り上げられた。鴨川にかかる四条大橋にも、両方の袂に奉迎門が作られた。

花の棚はまだできていないが、緑色のペンキに彩られた多くの丸柱が明日の日の美しさを物語っている[55]。

以上のように、御所・御苑空間は、「神域」としての神々しさを強調する形で演出され、京都市の市街の空間は西欧化・近代化を基本として装飾、一部に御所・御苑空間と同様の「清浄」なイメージを出す工夫がなされた。

大正天皇即位の大礼が、「神々しさ」を強調するあまり、秩序立ってはいるが窮屈《きゅうくつ》で、参加した市民・府民や国民の感情を抑圧する形のものになるのか、また大礼の儀式は厳粛ではあるが、市民・府民や国民が大礼を心から祝福する気持ちを自然に表現することを許す、言い換えれば娯楽色も含んだものになるのか。その帰着は、市民・府民・国民の行動の規制のやり方など、大礼行事の運営しだいだった。

次に、大正天皇の即位の大礼は、どのように実行されたのかをみてみよう。

✣奉拝希望者を広く受け入れる

大正天皇即位大礼が行われる一九一五年(大正四)の一〇月、それまでとは異なる観光案内書が、京都市編纂で発行された。その特色は第一に、従来のものが京都御苑の案内は記述しても京都御所内の説明はしていなかったのに対し、この案内書はそれらを詳細に描いたことである。

それによると、拝観者は御台所御門より入って、殿部《でんぶ》の案内で西御車寄より昇殿すれば、右に諸大夫の間がある。渡廊を過ぎて進めば殿上の間に至る。これが清涼殿の南廂であるとし、次に清涼殿・紫宸殿・春興殿《しゅんきょうでん》・小御所《こごしょ》・御学問所・御常御殿・御涼所・御三間御殿《おみまごてん》・迎春御殿・聴雪御茶亭《ちょうせつおちゃてい》・錦台・泉《せん》殿《でん》代などの建物や、林泉、さらに皇后宮御殿などの説明が続く[56]。

このような観光案内が作られた理由は、一九一〇年五月に改訂された京都御所の拝観内規にもとづき拝観を許された者が、即位の大礼の刺激で従来よりも多く御所を訪れるようになったからであると推定される。

また、同年一一月の大正天皇即位大礼の前後には、御苑の東側と西側に一般の奉拝席を設け、各種団体や学校単位に多数の者に、天皇の出入りの際の奉拝を割り当てて許した[57]。各種団体は、弁護士会・陸海軍将校婦人会・愛国婦人会のような中産階級を中心としたものから、帝国在郷軍人会や戦病死者遺族など、多くの庶民で構成されたものまで、幅広い層を含んでいた。また高齢者にも奉拝席を設けた。帝国在郷軍人会からは、一九一五年一一月七日から二七日の間に八六四七人が奉拝した。学校は京都帝国大学をはじめ第三高等学校・京都高等工芸学校から中学・女学校などの中等学校に及んだ。このことで、御所内部への関心が高まったと思われる。

さらに一般奉拝者は、烏丸通から丸太町通の沿道で、奉迎送場として特に指定されていない所にも押し寄せて奉拝した。

これは奉拝の許可や警備などの実務を、宮内省や大隈重信内閣と連携して行う京都府が、奉拝を希望する一般の人々に広く認めていこうとしていたからである。府の刊行した大正大礼記録は、次のように述べている。

烏丸通丸太町で鹵簿の通過を待つ奉拝者

要するに有資格者も一般拝観人も、何れも陛下の赤《せき》子《し》にして、奉拝希望の至情に至りては、資格の有無の如きは毫《ごう》も関する所にあらざるや言を俟《ま》たず。当局としても警備上支障無き限り成るべく多数の人を奉拝せしめむとの方針を以て諸般の準備を為したり。然るに鹵簿《ろぼ》御通御の際に於ける一般奉拝人の奉拝場所として、最も適当の御道筋に当るは烏丸通を以て第一とし、之《これ》に次ぐは丸太町通なり。故を以て此二大道路は其一小部分を除く外殆《ほとん》ど全部開放して一般奉拝人の奉拝場所に充当したる[58]……（以下略）

「一君万民」思想と大正デモクラシー潮流が結びつき、府当局や宮内省・大隈内閣は、このような拝観方針をとったのであろう。

この他、有資格者奉拝場は、御苑に沿った丸太町通の北側、烏丸通から堺町御門の間（一一月七日）、烏丸通と三哲通（現在の塩小路通）の交差点から七条通の間の西側（京都駅のすぐ北）（一一月二七日）の二つをあて、市町村長・公同組合幹事・衛生組合幹事などの地域の有力者や、市や府の職員が奉拝を許された。これとは別に、地位の高いものは、駅のプラットホームに奉迎送し、それに次ぐ者は駅前奉拝場で奉迎送した[59]。

❖穏やかで柔軟な奉拝規則

大正天皇即位大礼を一般の人々が奉拝する際の規制を、後に述べる昭和天皇即位大礼と比べると、奉拝を待たされる時間が短いのが特色である。大正大礼の場合、六時間前に行幸道への往来を閉鎖することになっていたが、奉拝場への入場時刻は天皇が京都駅に到着する二時間前を限度とされた[60]。これに対し、昭和大礼は、八時間も前に交通が遮断され、それまでに奉拝所に入っていなければならなかった（第四章一節）。

また、昭和の大礼の際は、一般の全奉拝者が「跪坐《きざ》」（正座）することを求められた（第四章一節）。大正大礼にはそのような規制がなく、道路前方の奉拝者は後列のものが奉拝できるよう敷物の上で「跪坐《きざ》」させられたが、後列のものは立って奉拝することができた等、規制は緩やかで柔軟であった[61]。

さらに、行幸道の沿道の家では、自らの家族や親類縁者の奉拝席を設けたり、客を取って奉拝させたりすることまで認められた。祇園祭の山鉾《やまぼこ》巡行を沿道の家が見物させる感覚といえよう。新聞はその様子を、次のように描く。

御苑内奉拝場入場證（大正大礼）

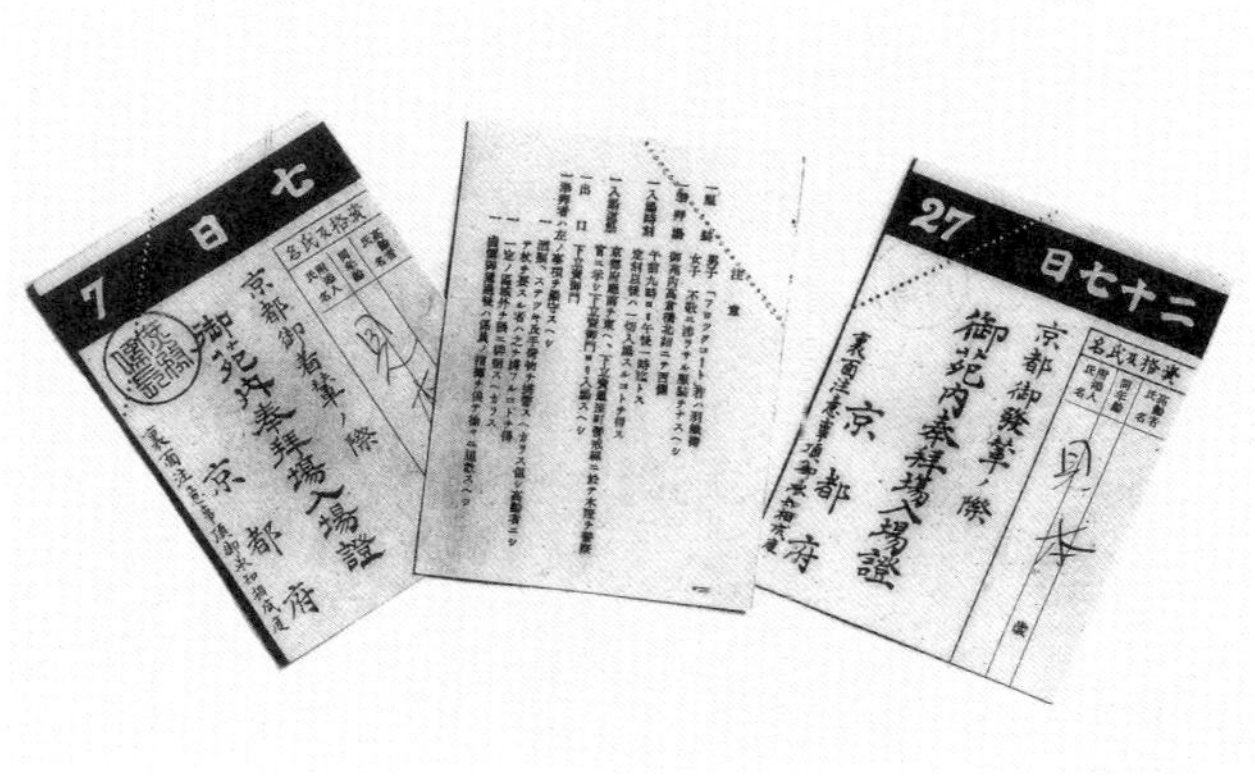

普通の家では家重代の金屏風緋毛氈《ひもうせん》を以て飾り立て、青竹の埒《らち》を張り繞《めぐ》らして、晴装《せいそう》の男女が盛上げられて居る例の一円二円の奉拝所は、入れられるだけ入れたと見えて身動きもならぬ程の人数で、これでよくも床板が折れないかと心配になる、或る家の如きは練塀《ねりべい》を打壊して、俄《にわか》に床張りを張り出し急造のお座敷を作つたのもあり、素晴しい勢ひである[62]

このような自由は、昭和天皇即位大礼では認められなくなった（第四章一節）。

さて、即位の大礼は予定通り一一月一〇日に京都御所紫宸殿で二つの儀式が行われた。儀式は一九〇九年二月一一日に制定された登極礼《とうきょくれい》によって定められたもので、午前の部と午後の部に分かれていた。午前の儀式は、皇室の祖先の霊に天皇の位を継承することを奉告するものだった。この儀式には、高官・有爵者や外国の使節など一七〇〇名が参列した。天皇が祖先の霊に拝礼して、御告文を奏上し、天皇に従った皇太子裕仁《ひろひと》親王以下各人が拝礼し、退出して、午前の儀式は終わった。

午後は、天皇が国民に、皇位を継承したことを宣言する儀式である。午後三時一〇分、天皇は紫宸殿後房《こうぼう》より登場、高御座《たかみくら》に着いて勅語を読んだ。これに対し大隈重信首相は、紫宸殿南面の階段を登り南の軒下に立って奉詞を奏し、三時三〇分、万歳を三唱した。当日、京都御所付近は、御所になるべく近づいて万歳を唱和しようと、御苑内や堺町御門を中心に、丸太町通、烏丸通、寺町通などに約一五万人の人々が充満していた。大隈の万歳に半秒も遅れず、遠くの群衆も万歳を絶叫し、それが市街に伝わって、市街から形容し難いほどの大きな万歳が、御所・御苑に押し寄せてきた。興奮した御苑外の群衆は、万歳、万歳と連呼して憲兵・巡査の警戒線を突破、堺町御門内に侵入し、そこに参列者が退出してきて、大混乱となった。四時三〇分、二条離宮(二条城)に戻る皇太子裕仁の馬車が堺町御門から現れると、群集の興奮はさらに高潮し、万歳が雷のように起こった。この間約二時間、数十両の市街電車が丸太町通に立ち往生した[63]。

このように、大正天皇即位大礼は、群衆の興奮のため、場外では秩序ある形で実行できなかった。しかし、天皇や皇室、国家への国民の愛着が自然に発露され、群衆がそれを楽しんだという点で、大正デモクラシーの時代にふさわしい大礼であったともいえる。

✣奉祝踊で「踊り狂ふ」

また、一一月一〇日の即位大礼の儀式、一四日から一五日暁の大嘗《だいじょうさい》祭の儀式が終わっていないにもかかわらず、京都市の大礼奉祝行事として、七日、一〇日と提灯《ちょうちん》行列が行われた。一六日、一七日、二〇日にも同行列がなされた[64]。

たとえば、大正天皇が京都に行幸した七日は、鹵簿《ろぼ》が建礼門内に入ると、同門前から堺町御門に至る御苑内で奉迎した各種団体代表者八万人は、午後六時までに御苑から退出することになっていた。七日はあいにく午後五時半頃から雨になった。京都市主催の全市民提灯行列は、全市六〇余の小学校に集まった人々が、午後六時を期して御苑内に集まることになっていた。雨傘に紅提灯を持った人々の団体は御苑内各門より「山麗《うるわ》しく水清く」という市の奉祝歌を歌いつつ、各区の高張提灯を先頭に繰り込んだ。全員一万数千人を三組に分け、「粛々《しゅくしゅく》」建礼門外に進んで最敬礼を行い、上田市視学・尾形上京区長の発声にて陛下万歳を三唱、東に進んで清和院門を通って寺町通に出て、梨木《なしのき》神社前で解散した[65]。

また、一〇日の提灯行列の日には、それに合わせ、五山送り火の山の一つである市北部松ヶ崎の妙法山に、夜七時、祝の火文字が現れ、三〇分ほど燃え続けた[66]。

次いで一二日には、市内の各高等小学校・中等学校生徒約二万人は、朝に東宮(皇太子)裕仁親王の還啓を見送った後、それぞれ校旗を先頭に隊を整え、御苑内に繰り込み、建礼門前に集まった。京都府立第二中学は全国野球大会の優勝旗をはじめ、いろいろな種類の優勝旗を立てた。午前一〇時一五分、最敬礼を終えると、二万の男女生徒は「君が代」の大合唱を行い、次の女学生が奉祝の歌を歌い、終わるとともに大森鐘一知事が壇上で天皇陛下万歳を三唱、その後各校は校旗を先頭に帰途に着いた[67]。

このように、大礼関連の諸行事が続いた期間中でも、御苑を奉拝のために使っていない時は、建礼

大正大礼の奉祝踊

門前などを市民に開放したり、五山の一つで送り火を焚いたりするなど、京都市民・府民や国民の自発的行動によって、大礼や御苑に象徴される天皇・皇室と彼らは結びついていた。

その後二〇日を過ぎると、京都市内では大礼奉祝踊が熱狂を加え、電車の進行や一般通行人を妨げ、「百鬼夜行の凄《すさま》じい光景」とさえなり、「何時まで踊り狂ふか」との批判すら出た[68]。大礼関連行事が一段落すると、このような狂乱の自由すら市民に許されたのだった。後の昭和天皇の大礼の際は、大嘗祭が終わるまで、市民は提灯行列や「送り火」等を自粛させられた（第四章一節）。

さらに、大礼が終わった後、一九一五年一二月一日から翌年四月三〇日まで、拝観人に制限を設けず、紫宸殿など京都御所の南端および大嘗宮、二条離宮を拝観させたこと[69]が、御所の内部への関心を一層高めた。この拝観は、従来の特別拝観と異なり、京都御所の建物の中には入れなかったが、御所の中に庶民が入れたのは、一八八五年の京都博覧会以来、三〇年ぶりのことだった。この期間に、京都御所および大嘗宮には二六六万人もの、二条離宮には二五三万人もの拝観者があった。

✣天皇の奉迎送秩序がゆるやかになる

大礼奉拝や御所の一般拝観で見られたことは、京都市民や国民の天皇や皇室への自然な敬愛と心の交流だった。明治天皇や伊藤博文が理想としながら[70]、実現できなかったものが、大正新天皇の下で少しずつ実現し始めたのであった。

京都府当局は拝観を許可する効果について、「大礼御式場跡」を開放して「一般臣民」に拝観させることは「国民教化」の上に多大の効果がある、とりわけ「生徒児童」に及ぼす感化は「偉大」である、と述べている。拝観人については、①服装が整っておらず外観が不都合と思われる者、②酒気を帯びて「狂態」を演じる恐れがあると思われる者の他は、一切の制限を設けず、事前の申し込みも必要なかった。拝観人は京都御所の西の宜秋《ぎしゅうもん》門の南にある築地門から御所に入り、三列になって御車寄の前を通って右掖門《えきもん》を入り、紫宸殿の前に進んで、屋外から高御座《たかみくら》を拝観した。拝観人の中には感極まって涙を流す者もあったという[71]。

しかし、京都御所の拝観者や大礼の際の御苑での奉拝者は、「国民教化」としてよりも、後述するように、娯楽や観光も兼ねた行事としてそれらをとらえ、自由に参加して楽しんだと思われる。

大正デモクラシー潮流の中で、天皇や皇室の奉迎送の行事を余りに重々しく行い、国民に負担や圧迫を感じさせると、それが宮内省のみならず、皇室への反感につながる恐れすらあった。少なくとも、天皇・皇室への国民の心からの敬愛や愛着が育つことを妨げる。

そこで一九一七年六月一日、行幸啓または御成の時における奉迎送や交通取り締まりについて、簡素にして官民の労苦や費用を少なくするようにと、波多野敬直宮相から訓示が出された[72]。こうして奉祝空間は、さらにのびやかなものになっていった。

そのことは、大正天皇と皇后が同年一一月六日から一三日まで(皇后は一八日まで)、京都に行幸啓した際にもみられる。奉迎を前に、一一月一日に各学校長宛に府市立学校連合当番校から出された通知によると、①天皇・皇后が京都駅に到着する三〇分前、駅から出発する四五分前に指定された場所に整列する、②雨天の場合は雨具を用いること、等が決められていた[73]。大礼と一般の奉迎送とは異なるとはいえ、昭和大礼の際の奉迎は、八時間前に交通が止められるほど、ものものしいものになっていく(第四章一節)。

今回も京都市は、大礼前と同じように烏丸通と三哲通の交差点と七条間の東側歩道に市民代表者奉迎送場を設け、三五〇〇個の徽章を作って配布した[74]。

一一月六日の奉迎は、京都駅に近い塩小路《しおこうじ》通から万寿寺に至る烏丸通の両側には、府市および各学区名誉職員・赤十字社員・愛国婦人会員など、中産階級を中心とした地域のリーダーの他、在郷軍人会員・尚武義会員など庶民も含まれる各団体員が、十六師団の兵と共に整列した。

その北の、万寿寺以北四条通間の烏丸通東西両側には、京都帝国大学・第三高等学校・高等工芸学校等の各官立学校をはじめ、第五中学校・第一中学校・男子師範学校等や、平安女学校・精華女学校・同志社女学校・立命館大中学校・同志社大中学校などの学生・生徒が整列した。また、四条通以北から丸太町通り堺町御門までは、市立高等女学校や市立高等小学校・尋常小学校等、中等学校以下の生徒らが整列した。その総数「三万余に及びて盛観を極めた」。

建礼門前にも、最も近い所に在京華族や旧女官たちが整列して奉迎したが、少し離れた西側一帯は、「一般の庶民が十重《とえ》二十重《はたえ》に堵列して赤子の誠心を捧けつゝ拝観して居た」。取り締まりの警官は極めて「寛大」であまりやかましく言わなかったが、それでも何等の事故もなく「極めて謹粛」のうちに「奉迎の誠」を示した。

また、従来の行幸では先駆の騎乗警部の後に、天皇旗を先頭に近衛騎兵が数十騎槍旗を持って続いたが、今回は近衛騎兵に代わり、十六師団の兵が普通の軍装で槍旗を持たずに騎乗して登場した[75]。これは、わざわざ東京から近衛騎兵を連れてくる手間を省いたのであろう。

一一月一〇日には京都全市学生・生徒の「大提灯行列」も行われた。参加学校は、全市の高等小学校以上から京都帝大までの各学校で、約五万人が集まった。参加者は定刻の午後五時半前後にかけ、紅提灯をかざして御苑内に入り、建礼門前広場前で、木内重四郎京都府知事の発声で、「天皇陛下万歳」「皇后陛下万歳」を三唱する等した。次いで、楽隊を先頭に、一同は京都市の奉祝歌「山美《うる》はしく水清き…」を歌いながら、「皇宮」(御所)を一周した。「灯の流れは森厳なる御苑の樹立《こだち》の間に照り映へて、美しきこと限りなく、全く退散したるは八時過ぎなりき」という[76]

権威のある明治天皇に代わって、大正天皇が践祚（即位）したため、奉送迎の空間秩序がゆるやかになったのみならず、行幸の行列も簡略化されたのである。大正天皇が即位したことにより生じてきた変化によって、大正デモクラシーの潮流は促進されていった[77]。

❖歴史都市・京都への理想

即位大礼を経てしばらく経ち興奮も収まってくると、京都には単に近代化や商工業振興を目指すに留まらない何かがある、それを生かして京都はどのような都市になるべきか、といった問いが出てくるようになってくる。

たとえば、一九一七年（大正六）五月に京都帝大法科の佐々木惣一《そういち》教授（憲法学）は、以下のように京都の特色を論じている。①都市の中でも、東京は東京、大阪は大阪とそれぞれ特色を持っており、京都は京都の特色を発揮するよう努めなければならぬ、②一体京都は何をもって特有とするか、これを断定するのに苦しむところである、③京都の特有として断定しようとするのは京都の地方的使命でなく、工業でもなく産業でもない。ある意味において、「京都は日本を代表せなければならぬ、即ちそれである」、④長年の間、「日本の文明の中心として、将《は》た又政治の中心として他都市と異なつた歴史的事情を有する京都には、特に即位の大典を行はせられる栄誉が与えられて居る」、⑤「東都」（京都の誤り）の御所というものは、二条離宮とか芝離宮とかいう性質のものでなく、「京都皇宮として東京の宮城と同じ意味に取扱」われている、⑥ここにおいて、京都はどうしても「日本の中心とならなければならぬ」、「京都の市民は地方的性質でなく、日本の代表的市民たるの考をもたなければならぬ」ということにならないか[78]。佐々木は民本主義の立場から政党内閣制を唱えた吉野作造東京帝大法科教授と親しく、思想的にも共鳴するところが多い。佐々木の述べた京都が皇宮のある歴史都市として日本の代表となるべきとの論は、のびやかな奉祝空間を前提としていたのであろう。

六節　娯楽性の強い奉祝行事

✣大礼の先駆け、青島陥落奉祝

第一次世界大戦が起きると、一九一四年（大正三）八月、日本はドイツに宣戦布告し、連合国側に立って参戦した。日本陸軍はドイツの極東根拠地である青島《チンタオ》要塞を攻撃し、同年一一月七日に陥落させた。京都市はこの報を聞き、かねての決議にもとづいて、一一月八日に平安神宮前広場で官民合同の大奉祝会を催すことになった。しかし次の日を待ちきれず、七日午後七時半を過ぎると、仏教大学・平安中学の学生・生徒・職員（約一〇〇〇名、角行燈《あんどん》を先頭）、京都洋服商組合員（約五〇〇名）、鐘ヶ淵紡績会社支店・工場の社員と工員（二〇〇〇余名）らが、御苑の建礼門前広場に繰り出し、「天皇陛下万歳、青島陥落万歳」と、次々に万歳を唱えた[79]。

八日午後六時過ぎから平安神宮前広場で奉祝会が始まった。井上密《ひそか》市長が神前に額《ぬか》づき玉串を捧げた後、祝電を出征海陸軍両司令官に発した旨を報告すると、広場の群衆は熱狂的に万歳を浴びせかけた。六時三〇分になると、楽隊を先頭に提灯行列で円山公園へと行進した。

また、平安神宮前広場を含む岡崎公園では、午後六時から八時前後になると、提灯を持った人々が多数押し寄せ、見渡す限り「火の海」となった。日清紡績会社の女工隊数百名、職工団、白衣の赤十字看護婦団など、さまざまな集団がやってきた。

円山公園でも、ガス燈が灯る午後六時過ぎになると、「火の海」の波立つ騒ぎとなった。仕掛け花火が点火されて拍手喝采が起こった。群衆は誰もが浮かれていたという。八時前になっても円山公園から出てくる行列は尽きず、公園道・八坂神社西門・神宮道と東山通（東大路通）の四筋から（祇園《ぎおん》）石段下へと集中する人々は、その「幾万」なるかはわからない程であった。その群衆は、四条通を西へ向かい、さらに歓楽街である宮川町・先斗《ぽんと》町や新京極へと進んでいった。

他方、京都御苑内は、当夜は昨日とは比べ物にならないくらいの人出であった。午後六時三〇分頃より、上京各学区各町などから五〇〇人、一〇〇〇人、あるいは二〇〇〇人といった団体が建礼門前で万歳三唱した後、東に向かって岡崎公園を目指した。また、円山公園や岡崎からの帰りに再び御苑を通行する人も多く、建礼門前はもちろん、堺町御門、寺町御門・富小路《とみのこうじ》口《ぐち》（堺町御門の東にある御苑の南側の出入り口）等、広い御苑のいずれの方面も人と提灯で「火の海」かと思われる状況だった[80]。

日露戦争と今回の青島陥落との戦勝行事の共通点は、式場となった平安神宮前広場と京都御所・御苑が、国威発揚イベントの焦点として結びついていたことである。しかし、今回は七日にも非公式で自発的な行列があったのみならず、八日の公式な提灯行列ですら、出発地と目的地が確固とした形でつながっていたわけではない。人々は提灯を持って自発的に御苑内を通過したり、御苑内にやってきたりして、そこが一つの焦点となったのであった。

先に述べた大正天皇即位の大礼は、青島陥落の奉祝行事の約一年後に行われた。即位の大礼がハプニングすら伴うのびやかな秩序の下で実施されたのは、こうした奉祝行事の記憶も影響していた。

❖講和記念「京都市民デー」、皇太子成年式

次いで、一九一九年（大正八）七月三日と四日（一日から三日間の予定が雨で一日延長）、第一次世界大戦講和記念の「京都市民デー」においても、青島陥落の戦勝行事と同様の現象が生じた[81]。すなわち、平安神宮前広場の式場から円山公園への提灯行列という公式な行事を取り巻くように、御所・御苑、岡崎公園、円山公園などが国威発揚のセンターとなった。以上のような、あまり秩序立っていない、おおらかで娯楽性の強い奉祝行事のあり方は、大正デモクラシーの風潮を反映していた。

他方、一九一九年四月二九日に皇太子裕仁親王は満一八歳の誕生日を迎え、五月七日には成年式が行われた。京都市ではこれを奉祝するため、御所の建礼門前広場に向け、全市小学校児童の国旗行列を行った。

まず、朝から市内各地で煙火《はなび》が打ち上げられた。小学生たちの一団は、二〇〇、五〇〇、七〇〇と手に小旗を打ち振りながら、東より南より西より北より御苑内を目指した。午前九時四〇分に四〇〇有

余人の集団が堺町御門をくぐり抜けたのを始めとして、御苑の各門より繰り込んだ。こうして、建礼門前広場には小学児童約二万五〇〇〇人が整列し、安藤市長の賀詞の後、市長の音頭に続き、「天皇陛下万歳」「皇太子殿下万歳」を唱和した。

また当日は市動物園が無料開放となったため、開園時から老若男女が引きもきらず、一〇時半頃には旗行列を終わった小学生たちが押しかけた[82]。

皇太子成年式奉祝の旗行列は、皇室との関連行事ということで御所の建礼門前広場が選ばれた。また小学生が対象であったので、旗行列はそれなりに秩序立っていた。しかし解散の後、小学生たちが無料開放の動物園に繰り込んだように、娯楽性の強い奉祝行事だった。

七節　宮内省批判と海外からの御所拝観

✤御苑の公園化と「御所開放」を求める声

大正天皇の大礼後、一九一五年（大正四）一二月から五ヵ月にわたって、宮内省は京都御所と二条離宮を、制限を設けず拝観させた。この期間、御所には二六六万人もの拝観者があったように、制限なしの拝観は非常な好評だった（本章五節）。

その後、大礼で撤去した樹木の植え付けなど、御苑の復旧工事のため、御所・大宮御所・二条離宮等の拝観は停止された。八ヵ月半たって、一九一七年一月一六日からは従来どおり、高等官や同待遇者、従六位勲六等功六級以上の位階勲等功級を持つ者などに拝観が許された[83]。

すでに大正天皇・皇后が一九一三年一〇月一九日から二一日まで京都に行幸する際、京都御所で奏任官待遇以上の者らが「天機伺」(拝謁)をする資格があると、府から市に通達されていた[84]。この資格は中学校・女学校・実業学校など中等学校の校長や幹部教員、小学校校長で特に選ばれた者が拝謁できることを意味する。

天皇・皇后は、一九一七年一一月六日から一三日(皇后は一八日)まで京都に滞在した(本章五節)。この間、一一月八日に御所で、奏任官待遇等以上のものが拝謁を許されることが、京都府を通じて京都市に通達された。内容は、京都市長は単独拝謁で、京都に在勤する奏任官待遇の者や京都市会議長・副議長は、並んで列をなしているところを天皇が通り過ぎる列立《れつりつ》拝謁であった[85]。

実際に拝謁に出かけた小学校教員によると、蛤御門《はまぐりごもん》から御苑に、さらに宜秋門《ぎしゅうもん》から御所に入って、案内された廊下に両壁を背に二層の列を作った。天皇の出御を待つ者が何百人もいたが、堂内は森閑として、わずかに足音が聞こえるだけだった。先払いの声がすると、天皇が来るのを察し、皆首《こうべ》を垂れた。侍従武官長に続いて、天皇・皇后、洋装女官らが現れ、宮相・侍従長・大夫・侍従らと続いた。天皇・皇后は桃山御陵に参拝に行く途次で、そのまま建礼門から御所を出発した。その頃、拝謁者たちは退出を許され、宜秋門から外に出た[86]。このように中堅クラスの官吏にまで「拝謁」と「御所参拝」が許されるようになったのである。

しかし、大礼後に資格制限を設けずに御所を拝観させながら、再びもとの制限に戻したことに対し、御苑の管理のあり方も含め、大正デモクラシー潮流が高まる中、一般国民は反感を募らせていく。

このことを示す例が、宮内官僚の経歴を持つ清岡長言《ながこと》子爵(旧公家、大礼使典儀官等を歴任、貴族院子爵議員)が一九二〇年頃に出した、「京都御所開放」の建白書である。

また、武盛中立《なかだち》警察署長は、主殿寮《とのもりょう》京都出張所を訪問し、御苑内の仙洞御所南方の一区画を公園とし、清楚な共同椅子ないし茶店くらいは設置することを許可し、「一般市民の便利」を図って欲しいと要求した。ところが、当時の出張所長は、現在でさえ子供や大人ですら御苑を遊び場のように考え、ややもすれば〔弁当を入れる〕「折箱や竹の皮」を散乱させ、取り締まりに困っているので、茶店の許可などはとんでもない、と断ったという。

清岡の建白と武盛署長の主張とはだいぶ違っているが、京都の有力紙は、「宮内省あたりに居る人と、警察官其他一般国民との思想には其間に大分隔たりがある様に思はれる」とみた[87]。

❖外国と内地以外の観光団の御所拝観

即位大礼後は、日露戦争後と異なり、外国や内地以外からの観光団であっても、京都観光日程に御所の拝観が組み込まれていないものが、かなり多くなった。

たとえば、一九一六年(大正五)八月二九日に京都に着く「南洋土人の一行約五〇名」は、桃山両御陵(明治天皇と照憲皇太后の陵)参拝・桃山農事試験場・西陣織物工場・商品陳列所・動物園見学、清水寺・

知恩院や平安神宮参拝等、水道・発電所・疏水インクライン見学、東西両本願寺参拝・高島屋見学等を、二日間にわたって行うことになっていた。しかし、御所参拝は予定に入っていなかった。

またロシア人のハバロフスク観光団（婦人、約一五名）は、一九一七年六月二五日から約三週間日本を訪れ、京都に三日間滞在する予定であった。商品陳列所・陶器製造工場・象嵌《ぞうがん》七宝焼・清水寺・金閣寺・東西両本願寺参拝は日程に入っていたが、やはり京都御所は含まれていなかった[88]。

一九二〇年九月二〇日に入洛した朝鮮公立普通学校の朝鮮人女教員一行も、岡崎公園・平安神宮・疏水インクライン・知恩院・円山公園・清水寺・三十三間堂・博物館を訪れ、桃山御陵も参拝する予定であった。しかし、京都御所は「外部より拝観」しただけであった[89]。

これに対し、一九一六年一月二三日に京都駅に着いた、ゲオルギー・ミハイロヴィチ太公（ロシア皇帝ニコライ二世の名代）一行は、二三日朝から二六日午前まで三日余り滞在し、そのうち一日は奈良へ旅行したにもかかわらず、桃山御陵の他、御所・二条離宮を拝観した[90]。

一九二〇年五月六日から八日まで京都を訪れた米国ヴァンダーリップ一行の日程にも、二日目に京都御所・二条離宮拝観が組み込まれていた。保津川下りを除けば、他は、東西本願寺・知恩院・商品陳列所・平安神宮など、御所を拝観できない観光団と類似した所を訪れた。ヴァンダーリップは米国国際協会幹事長で、夫人と娘を同伴した来日だった。一行は他に、前財務長官、ニューヨーク生命保険社長、著名な弁護士で前大統領タフトの兄弟、アイビーリーグの一つであるコーネル大学総長等、米国の名士からなっていた[91]。

同年八月三一日に京都に到着した米国議員団一行も、京都御所を訪れ、主殿寮出張所長の案内で、紫宸殿・清涼殿を拝観、二条離宮・東西本願寺・清水寺等をまわった[92]。

このように、大正天皇即位の大礼後、地位の高い外国人には京都御所拝観を認め、そうでない外国人や朝鮮人女教員には御所の拝観を組み込まないという区別をするようになった。これは、案内を企画する京都市というより、御所拝観の認可の権限を持つ宮内省の意向を反映したものであろう。一般の日本人から、制限を設けずに御所拝観させるべきであるとの声が強まる中で、一般の日本人が同格だと思うような外国人らに御所の拝観を認めていない。こうして宮内省は、一般日本人の拝観を求める声が拡大しないようにしたのである。おそらく宮内省は、通常は、一般の日本人に御所の拝観を認めないような制約を設けるほうが、「皇室の尊厳」を維持できると考えていたのであろう。

補節　出入り自由な京都御苑——男女「密会」の場

「はじめに」の註5で簡単に触れたように、高木博志氏は著書『近代天皇制と古都』の中で、一八九〇年代に京都御苑は「庶民からは閉じた清浄な空間になってゆく」としている。しかし、以下の史料が示すように、天皇即位の大礼など、特別な儀式の期間を除いて、京都御苑は常に出入り自由な空間であった。また、次章で述べるように、御所や御苑の空間をめぐって、奉祝・奉迎行事への規制を強めようとする宮内省等と、皇室への親愛の情を持ち強い規制を好まない京都市民らとの間で、激しい綱引きがあった。本節では、御苑が日常的にも出入り自由な空間であったことを、明治天皇の権威の問題と関連付けて改めて考えたい。

明治天皇は、一八八〇年代の半ばまでは十分な政治の実権がなかったが、一八八九年(明治二二)の大日本帝国憲法(明治天皇)制定の頃までに、政治の実権を持つようになった。ただしそれは、日常は政治関与を抑制し、必要な場合は調停的に政治に関与する君主機関説的な、調停君主としての実権であった。明治天皇の威信は、大津事件という国家の危機に際会し、誠意を持って毅然と対応したことをきっかけに強まり、日清戦争・日露戦争の勝利で比類なく高まった[93]。

このように明治天皇の権威が高まった中での京都御苑の空間は、どのようなものであったか。日露戦争後の一九〇六年八月八日の新聞記事は、興味深い実態を示してくれる。それによると、「上京区間《あい》の町竹屋町下《さが》る竹間《ちくかん》学校下隣」(京都御苑の南)に住む五〇代半ばの女性は、「自営自活の精神病者」で、毎日仕事に取り掛かる前に、京都御苑内の宗像《むなかた》神社(御苑内の南西)に参詣して社前の掃除をする等している。この女性の「任務は昨年暮に至りて一層拡張せられ」、例の宗像神社の掃除を終わった後、さらに「御所」(正確には京都御苑を指す)の掃除を始めるようになった。

これはまったくその女性の新たに企てた「勤王事業」であって、毎朝五時半より六時頃までには堺町御門より宗像神社に詣で、それより「御所紫宸殿前なる建礼門」に行き、掃除をする。雨の日も一日も欠かしたことはない。建礼門前の掃除が終わると、門に向かって両手を左右に広げ極めて満足の顔色で、

「天皇陛下万歳」と大声で二言を続ける。その後、落ち着いた顔で中立売御門《なかだちうりごもん》の方面に御苑内を歩いていく。「昨日の如きは、此辺に涼を取り居る女小供《ママ》等物珍らし気に婆さん〔その女性を指す〕の身辺に集りたれば」、女性はいつもよりも一層喜ばし気に「天皇陛下万歳」を唱え、「手振身振りおかしく一さしの万歳踊りを舞ふて」立ち去った[94]。

この記事から、精神疾患者とみなされている女性が京都御苑内に自由に立ち入れることや、毎朝五時半より六時頃までには彼女が宗像神社に詣でていることから、早朝にも立ち入りが自由であったことがわかる。

このことは、先に取り上げたイギリスのリーズデール卿に関する、京都観についての記事にもうかがえる。それによると、「御所」は今公園になっている地区の中央にある。公園には主に松の木が植えられ、「四周に塀を繞《めぐ》らされて居るが、公衆には開放されて居る」という[95]。

自由に出入りできる京都御苑は、男女学生の「密会」の場となり、風俗を乱すとして、日露戦争後から問題にされていた。一九〇六年八月二三日付の『京都日出新聞』(「京都の闇黒面(一)男女学生(上)」)は、次のように論じている。

彼等青年男女が青春燃ゆるが如き恋を語る箇所は席貸ならず、小料理店ならず、彼等は自然の待合を使用するなり。先づ学校多き付近に勿体《もったい》なくも御苑内あり。千古の喬木《きょうぼく》空を覆ふて日光を洩らさぬ辺り、白雲・宗像両社に参詣を装ひて此処《ここ》に待合す徒尠《すくな》からず。夜は九時頃より午前一時頃迄

> は俗塵に隔りたる此仙境に両々相携へて喃々《なんなん》（男女が仲良く話し続ける）する者多く、甚しきに至つては原始時代の動物となつて人なきを幸ひ地上にて如何はしき所業を演ずるは、本紙の屢々《しばしば》報ずる所、庇髪《ひはつ》と麦藁帽が長く黒き影を一にして落すは毎夜幾組もあり、人の足音に驚きて駆け出す者あるは敢て珍しき事にあらず[96]

京都御苑が男女の「密会」に利用されたことは、一九二〇年頃や一九二〇年代後半になっても確認される。一九二六年四月の『京都日出新聞』は、「毎年春から夏の時季になると、御所の御苑内で男女が密会し風紀を乱すので」、所轄の中立売署では過日来警戒中であったが、六日夜に二組の男女を連行し、訓戒の上で放免したという記事を載せた[97]。

また、御苑内には人が住んでいた。一九一六年八月には、御苑内宗像神社境内に住む岩橋某方の野村某は、赤痢にかかって府立病院に入院したとの報道があった[98]。春から夏にかけて京都御苑が男女の「密会」の場となるのは、このように御苑には人が住んでおり、夜間ですら御苑が門や築地塀で閉ざされた空間でなかったからである。

一九二〇年一月の地図によると、御苑には、今出川御門などの九門があった。しかし、北の今出川御門と御苑北東の角との間（現在の今出川口）、南の堺町御門と御苑の南東角との間（現在の富小路《とみのこうじ》口《ぐち》）および御苑の南西角との間（現在の間ノ《あいの》町口《まちぐち》）の三カ所に、門も塀も石塁もない出入り自由な開口部分があることがわかる（一二三ページの図2参照）[99]。このような開口部分は、時期によってその数は異なるが、少なくとも一八九一年三月の地図から一九三二年九月の地図まで確認できる〔100〕。そうした状況であるので、夜間ですら九門のいくつかは開いていた可能性がある。

後に述べるように満州事変以降、行事の際に御所・御苑空間に過度の秩序と「清浄さ」が求められるようになる(第四章四節)。その結果、京都市民が御苑空間に対してそうした意識を強めていく面もあるが、必ずしも市民の間に徹底したわけではない。一九三四年一一月には、「我が京都にも大阪のそれに劣らない変態性欲者の残滓《ざんし》的な一団が存在して、而《しか》も七十余名の大グループを結成、巧みに連絡をとつて京極、円山公園、御所御苑内に出没しては歪められた性の取引を行つたり」しているという。彼らは、「商人、店員、労働者、有閑男、サラリーマン等あらゆる階級を網羅して」いるとも報じられた〔101〕。

一九三七年一月になっても、「京都御所(御苑のこと)の聖域にある宮内省営繕課の倉庫」に忍び込んで、避雷針銅線を盗んだ人物が、警察の取調べに自供したことが話題になった〔102〕。御苑を「聖域」と表現する一方で、このような記事を掲載する自由も新聞に残っていたのだった。

註

1——小林丈広『明治維新と京都——公家社会の解体』(臨川書店、一九九八年)一七五〜一七七頁。
2——小林丈広「平安遷都千百年紀念祭と平安神宮の創建」(『日本史研究』五三八号、二〇〇七年六月)。
3——同右。

4――天皇は、広島から一八九五年四月二七日に京都に着き、京都御所に滞在していたが、京都に行幸の汽車の中から「御風気」で紀念祭に臨幸しないので、紀念祭は延期された、しかし「差したる御容体には」ない、と報道された(『東京日日新聞』一八九五年四月二九日、三〇日)。また、五月九日に天皇は侍従の供奉《ぐぶ》で御所の庭を隅々まで散歩したと「御風気」の「快癒」も報じられた。しかし五月一一日、京都市参事会は、紀念祭への天皇臨幸は当分難しいとの御沙汰で、紀念祭を秋まで延期すると決議した(同前、一八九五年五月一二日)。このように、天皇は病気のため紀念祭への行幸を延期したのでなく、他の理由があったのである。

5――京都市政史編さん委員会編『京都市政史　第1巻　資料・市政の形成』(京都市、二〇〇九年)一八二～一八四(秋元せき執筆)、三三二(鈴木栄樹執筆)頁。

6――『日出新聞』一八九五年二月二七日、三月二日。一八九四年九月の平壌占領や黄海海戦の勝利に対しては、各地で祝賀会が開かれたが、大きな祝賀会は行われなかったようである(同前、一八九四年九月二五日)。近世においても、建礼門(南門)前は、京都市中の人々に特別な場所とみなされていた。たとえば、天明の飢饉の最後のピークにあたる天明七年(一七八七)六月初め頃から、御所の築地塀の周囲をぐるぐる廻り、建礼門などで拝礼し何事かを祈願する、「千度参り」と称された行動が始まった。この行動は、最初は自然発生的で、一〇～二〇人程度の人々が参加するに過ぎなかった。しかし、町レベルの集団的な行動が行われるようになったり、御所千度参りを訴える「張札」が貼られたりし、それらの効果もあってピーク時には、一日に五万人を越える人々が御所千度参りに加わったようである。御所千度参りは、天皇を神仏に見立て、紫宸殿に面した建礼門前に賽銭を供えるなど、米価引き下げ、救済策が実施されることを祈るものだった。これは、京都市民の歎願・要求行動の一環である。幕府による救済策も実施され、一〇月初旬には完全に終息したようである(藤田覚『近世政治史と天皇』吉川弘文館、一九九九年、第二章)。

7――『日出新聞』一八九五年五月二三日、二六日。

8――『京都日出新聞』一九〇四年五月六日。

9――同右、一九〇四年五月九日。

10――同右、一九〇五年一月五日、三月一五日、一七日、五月三一日、六月二日(欄外)。

11――同右、一九〇五年九月五日~七日。

12――『朝日新聞京都付録』一九一〇年八月三一日、九月一日。

13――同右、一九一〇年九月二日。

14――同右。

15――伊藤之雄『明治天皇』(ミネルヴァ書房、二〇〇六年)三七一~三七五頁。

16――「京都御所及離宮拝観者取扱内規」(主殿寮「例規録」(一八八七~一八八九年)、宮内庁書陵部所蔵)。

17――「御所離宮拝観者取扱内規」(主殿寮「例規録」(一九〇五年~一九一一年)宮内庁書陵部所蔵)。

18――明治天皇は、日露戦争中に旅順要塞攻撃に、たびたび多数の戦死者が出たことに、非常に心を痛めていた。日露戦争後、八万八〇〇〇人もの戦没者の名前を残らず眺め、名前で読めないものがあると侍従に調べさせるほどであった。また、日比谷焼打事件で、憲兵がピストルを発射する音を、皇居の表の御座所で聞いてひどく動揺した(前掲、伊藤之雄『明治天皇』三九三、四〇六、四一五~四一六頁)。このように明治天皇は、天皇と国民の「和協」を何よりも気にかけていた。

19――『京都日出新聞』一九〇六年九月二四日、二六日「リ卿の京都観」(三)・(四)。

20――同右、一九一〇年四月一八日「未曾有の京都」(社説)。

21――同右、一九一〇年四月一九日「花の都」(十一)、「入洛客二十万」。

22――「京都新地図」(一九〇四年三月大訂正、筆者所蔵)。

23――『大阪朝日新聞』一九一〇年一月四日、五日「米国観光団」。『京都日出新聞』一九一〇年三月七日「米国大観光団」。

24――『京都日出新聞』一九一〇年四月二六日「満韓両観光団歓迎」、同四月二七日「観光団の御所離宮拝観」。

25――同右、一九一〇年四月二八日「韓国観光団」。
26――「蕃人内地観光日割」、「観光場所」、第十六師団司令部等宛京都市長代理大野盛郁の礼状、一九一一年八月二八日(「交際に関する書類」一九一〇年度～一九一三年度、京都市永年保存文書マイクロフィルム)。
27――「シヤートル在留邦人観光団接待ニ関スル件」、「シアトル母国観光団観光順序予定」一九一二年(同右)。
28――「皇室と国民」(『大阪朝日新聞』一九〇九年一二月七日)。
29――京都市市政史編さん委員会編『京都市政史　第4巻　資料・市政の形成』(京都市、二〇〇三年)資料264、三〇八頁。
30――同右、資料264、三〇七頁。
31――同右、資料261・263、三〇五～三〇七頁。
32――同右、資料264、三〇八頁。
33――伊藤之雄「都市経営と京都市の改造事業の形成」(伊藤之雄編著『近代京都の改造』ミネルヴァ書房、二〇〇六年)、京都市市政史編さん委員会編『京都市政史』第一巻、第一章第一節(1)、三節(4)(いずれも伊藤之雄執筆)。
34――持田信樹「都市行財政システムの受容と変容」(今井勝人・馬場哲編『都市化の比較史』日本経済評論社、二〇〇四年)。
35――前掲、伊藤之雄「都市経営と京都市の改造事業の形成」、同「日露戦後の都市改造事業の展開」(『法学論叢』一六〇巻五号・六号、二〇〇七年三月)、前掲、京都市市政史編さん委員会編『京都市政史』第一巻、第一章一節(1)、三節(4)。
36――同右。一九一一年九月に御苑にアーク灯と白熱灯を増設する工事が始まり、一二月に竣工する(「京都御苑電気・機械之部」、内匠寮「京都皇宮沿革誌」二、成立年未詳、宮内庁書陵部所蔵)。これも、第二疏水のおかげであり、御苑の夜も少し明るくなった。

37――苅谷勇雅「都市景観の形成と保全に関する研究」(京都大学工学研究科博士学位論文、一九九三年)一六一～一六二頁。
38――鈴木栄樹「京都市の都市改造と道路拡築事業――烏丸通・四条通を例として」(前掲、伊藤之雄編著『近代京都の改造』一四六～一四七頁)。
39――前掲、伊藤之雄『明治天皇』三七一、四二九頁。
40――京都市長川上親晴「奉迎送者注意書」一九一二年一〇月一二日(「行幸啓に関する件」一九一〇年度～一九一二年度、京都市永年保存文書マイクロフィルム)。
41――『大阪朝日新聞』一九一二年一〇月一六日。
42――京都市長川上親晴宛京都府知事官房よりの通達、一九一二年一〇月三〇日(前掲、「行幸啓に関する件」)。
43――『大阪朝日新聞』一九一二年一一月七日。
44――「皇太后陛下行啓ニ付奉迎送ニ関スル件」、京都市長井上密「注意書」一九一三年九月二七日(前掲、「行幸啓に関する件」)。三哲通は烏丸通から西側へ、塩小路通は烏丸通から東側へ走る異なった道路であったが、塩小路通が拡築され、同一の道路となり、すべて塩小路通となった。
45――『大阪朝日新聞』一九一三年九月三〇日。
46――『大阪朝日新聞』一九一三年一〇月二〇日、二一日。『京都日出新聞』一九一三年一〇月二〇日。
47――同右。
48――同右、一九一三年一〇月二二日。
49――同右。
50――前掲、伊藤之雄『明治天皇』三七一～三七五頁。
51――森忠文「明治期およびそれ以降における京都御苑の改良について」(『造園雑誌』四六巻五号、一九八三年三月)。

52――同右。
53――『大阪朝日新聞』一九一五年一一月一日。
54――同右、一九一五年一一月一日、五日夕刊(四日発行)。
55――同右、一九一五年一一月一日。京都府『大正大礼京都府記事』上(京都府、一九一七年)の「京都皇居幷御苑沿革概略」に続く写真中から。
56――京都市編纂『新撰京都名勝誌』(京都市役所、一九一五年一〇月三〇日)二〇～二六頁。
57――京都府『大正大礼京都府記事』下(京都府、一九一七年)三六～九九頁。
58――同右、二一頁。
59――同右、八～一九、二二～三六頁。
60――同右。『大阪朝日新聞』一九一五年一一月六日。
61――同右。
62――同右、一九一五年一一月八日。
63――伊藤之雄『政党政治と天皇』(講談社、二〇〇二年)七八～八〇頁。
64――前掲、京都府『大正大礼京都府記事』下、二八七～二八八頁。
65――『大阪朝日新聞』一九一五年一一月七日、八日。
66――同右、一九一五年一一月一一日。
67――同右、一九一五年一一月一三日。
68――同右、一九一五年一一月二三日夕刊、二四日夕刊。
69――前掲、京都府『大正大礼京都府記事』下、二四〇～二四三頁。
70――伊藤博文は、天皇は日本をまとめる象徴的存在として重要であると考えており、明治天皇に敬愛の念を抱いていたことや、大磯町民との交流等に見られるように、形式に力点を置いた権威よりも、自然な心の交流を重視する、きさくな人柄である(伊藤之雄『伊藤博文――近代日本を創った男』講談社、二〇〇九年)。

71――前掲、京都府『大正大礼京都府記事』下、二四〇～二四三頁。京都府が期待した「国民教化」の効果とみられるものは、皇太子の立太子礼を奉祝するため、一九一六年一一月三日、帝国在郷軍人会上京区連合会が建礼門前に参集し、皇居遥拝式を行い万歳を奉唱する計画を立てたことくらいであった(内匠寮京都派出所宛帝国在郷軍人会上京区連合分会長岡吉長「御願」(写)一九一六年一一月一日、内匠寮「京都皇宮沿革誌」五、宮内庁書陵部所蔵)。

72――「宮内大臣訓示」一九一七年六月一日(「牧野伸顕関係文書」三八-一、国立国会図書館憲政資料室所蔵)。

73――学校長宛京都府市立学校連合当番学校京都第一高等小学校通知、一九一七年一一月一日(「行幸啓一件」一九一七年一一月、京都府庁文書、大6-18-2、京都府立総合資料館所蔵)。

74――「両陛下行幸ニ付奉迎送ニ関スル件」(「行幸啓皇族御出入に関する一件」一九一七年度、京都市永年保存文書マイクロフィルム)。

75――『京都日出新聞』一九一七年一一月七日夕刊(一一月六日夕方発行)、七日。

76――同右、一九一七年一一月一一日。「山麗しく」か「山美はしく」かは、史料の違いによる。

77――すでに、フレドリック・R・ディキンソン『大正天皇』(ミネルヴァ書房、二〇〇九年)は、明治天皇の時代と異なり、大正期は皇室が権威的性格を弱め、国民全体に開放的になることや、大正天皇がそれを象徴する存在として、デモクラシーや政党政治を促進する役割を果たしたと指摘している。

78――『京都日出新聞』一九一七年五月一八日。

79――同右、一九一四年一一月八日。

80――同右付録、一九一四年一一月九日。一九一六年七月二〇日には、日露協約成立奉祝提灯行列が行われた。この行列も平安神宮応天門前に参集し、市長の音頭で両国陛下万歳を唱和し、楽隊を先頭に円山公園まで行進するものであった(「日露協約成立祝賀提灯行列次第書」一九一六年七月、「日露協約成立祝賀式一件」京都市永年保存文書マイクロフィルム、『京都日出新聞』一九一六年七月二二日)。

81――『京都日出新聞』一九一九年七月四日、五日。同年二月一一日にも、建礼門前において憲法発布三〇年記念祝賀式が京都市小学校長会によって計画された。これは、二月一一日に、市立尋常小学校五・六年と同高等小学校二年の児童・各校職員の計一万五〇〇〇人ほどが、各自小国旗を持って集まり、式典を行うものであった。しかし、朝鮮の李太王(高宗《コジョン》)が亡くなったので、式典は中止された(宮内省経理課宛内匠寮京都派出所進達(写)一九一九年一月二九日、三一日、宮内省内匠寮宛京都市小学校長会代表者幹事京都市立立誠《りっせい》尋常小学校長加地鯉之助「御願」(写)一九一九年一月二九日、同「取消願」(写)一九一九年一月三一日、いずれも、内匠寮「京都皇宮沿革誌」五(宮内庁書陵部所蔵)所収)。おそらく、小学校児童の国旗行列が行われる予定だったのだろう。

82――『京都日出新聞』一九一九年五月八日。

83――同右、一九一六年一二月一一日、一九一七年一月一一日。

84――「京都市長法学博士井上密宛京都府知事官房通牒」一九一三年一〇月一七日、「天機伺ヲ為ス資格アル者」(「行幸啓に関する書類」一九一三年度、京都市永年保存文書マイクロフィルム)。

85――京都市役所宛京都府通達、一九一七年一一月四日(「行幸啓皇族出入に関する一件」一九一七年度、京都市永年保存文書マイクロフィルム)。

86――『京都日出新聞』一九一七年一一月九日「拝謁記」。

87――同右、一九二〇年八月五日「天地玄黄」。正倉院の拝観にも、京都御所の拝観と類似した条件がつけられていた。山県有朋と親しい茶人の高橋義雄は、一九一九年九月二九日、高橋のような無位無官者でも正倉院の虫干の際に御物が拝観できるようになるべきだ、と山県に話し、山県の共感を得ている(高橋義雄『万象録』(思文閣出版、一九九〇年)七巻、一九一九年九月二九日)。このように、宮内省の拝観制限に対する不満は、御所以外でも噴出していた。

88――「南洋土人ノ一行約五拾名入洛ニ付府市案内順序」、「露国観光団歓迎の件」(「観光遊覧に関する重要書類」

一九一六年・一九一七年度、京都市永年保存文書マイクロフィルム)。
89――『京都日出新聞』一九二〇年九月二一日。
90――同右、一九一六年一月二三日、「露国太公殿下日程」(「露国太子殿下歓迎一件」一九一六年度、京都市永年保存文書マイクロフィルム)。
91――「ヴァンダーリップ氏一行氏名表」、「ヴァンダーリップ氏一行京都滞在日程」(「交際に関する書類」一九一八・一九二〇年度、京都市永年保存文書マイクロフィルム)。
92――『京都日出新聞』一九二〇年九月一日。
93――前掲、伊藤之雄『明治天皇』。
94――『京都日出新聞』一九〇六年八月八日「御苑内の勤王婆」。
95――同右、一九〇六年九月二四日「リ卿の京都観」(三)。その後も、京都御苑内に人々が自由に出入りできたことは、午前九時頃に御苑内の祐《さち》の井《い》東方(御苑の北部)に大鹿が出現し、巡回中の皇宮警守がたまたま所持していた猟銃で撃ったが、命中しなかった、「折柄通行の人々も珍しき儘、大声を挙げて追ひたるより」、大鹿は大いに驚いて人々の囲みを破って北方相国寺《しょうこくじ》境内に逃げ込んで行方をくらましたとの記事(同前、一九一〇年三月九日「御苑内の大鹿―行方を失す」)で確認される。
96――京都御苑に次ぐ男女の「密会」の場所として、岡崎町、黒谷《くろだに》辺、神楽《かぐら》岡《おか》、円山公園、東福寺等の境内を挙げている。
97――『京都日出新聞』一九二〇年八月五日「天地玄黄」、一九二六年四月八日「木の芽立ちの頃、御苑などで密会する男女」。
98――同右、一九一六年八月二六日
99――「実地踏測京都市街全図」(一九二〇年一月)(京都市歴史資料館所蔵「大塚コレクション」〇七九八)。一九〇四年の地図では、他に現在の出水口《でみずぐち》・椹木口《さわらぎぐち》(いずれも烏丸通に面す)にあたる開口部分も示されている

(「京都新地図」一九〇四年三月大訂正)(筆者所蔵)。

100――「京都明細図」(一八九一年三月)(「大塚コレクション」〇一七七)、「大日本職業明細図之内 京都」(一九三二年九月)(同前、〇七八九)。

101――『京都日出新聞』、一九三四年一一月二七日。

102――同右、一九三七年一月二三日。

第二章

御所・御苑と市民の新しい関係

――大正デモクラシーと都市計画事業の展開

一節

観光名所としての御所・御苑

一九一五年（大正四）に発行された京都の観光案内書は、京都御苑に関する案内が従来よりも詳しくなり、「近年益々《ますます》道路を拡げ、花樹を植え青松絳桃《せいしょうこうとう》、桜花等増殖ありて、朝夕の観、四時の興尽くる時なく、内外の子民ともに皇沢に浴し偕《とも》に行楽し得る処とす」と紹介している[1]。大正天皇即位の大礼のため、道が広げられ、積極的に花樹が植えられ（第二章五節）、御苑の観光スポットとしての魅力が増したからである。

また、明治天皇の墓所である「伏見桃山陵」と皇后であった昭憲《しょうけん》皇太后の墓所の「伏見桃山東陵」が観光スポットとして案内に登場した[2]。

その後、京都御所を御苑とともに詳しく説明した観光案内は、少なくとも一九二三年に一つ、一九二八年には二つ発行されている[3]。そのうち一つの観光案内は、京都御所と御苑の説明を冒頭に持ってきていない。京都市内を東北部・東南部・西北部・西南部などに分けて叙述し、京都御所・御苑を「西北部」または「東北部」に区分して叙述している。

数少ない観光案内からの推定であるが、京都の観光案内は、大正デモクラシーの潮流の中で、天皇関連施設を特別視する傾向が薄れ、エリア別観光地を中心とした実用的なものになったといえる。

また、すでに述べた一九一五年の観光案内にあるように、京都御苑は年々、松・桃・桜などを植樹していた。一九二六年四月には、京都の桜が咲く順として、清水寺をはじめとし、博物館・豊国神社境内が比較的早く、平安神宮・動物園・京都御苑内、次いで植物園・平野神社・嵐山・御室《おむろ》などが順を追って咲き、その他にも多数の桜の名所があると報じられている[4]。すなわち、明治期には桜の名所に入っていなかった京都御苑が一九二〇年代半ばには桜の名所の一つになったのである。これは大正天皇即位の大礼以後に植えた桜が育ったというのみならず、京都市民や国民が、御苑空間を特別な区域と

表1　京都市内3駅の官営鉄道乗客人員数の増減

年	乗客人員(人)
1912	2,370,638
1913	2,268,643
1914	2,156,340
1915	2,988,897
1916	1,782,101
1917	2,894,846
1918	3,394,510
1919	4,059,435
1920	4,433,229
1921	4,967,540
1922	5,525,526
1923	6,139,399
1924	6,591,207
1925	6,773,748
1926	7,094,805
1927	7,162,479
1928	8,350,909
1929	7,162,033
1930	7,079,913

備考：
(1) 各年度『京都市統計書』(京都市役所)より作成。
(2) 市内3駅とは、京都駅・二条駅・丹波口駅。ただし、1914年7月までは、廃止される前の東寺駅を含む。

いうよりも、一般の公園に近い形でとらえるようになったからである。

御所・御苑とも関連する京都への観光客の増減の変化を推定するため、官営鉄道の京都市内各駅の年間乗客人員を考察してみる(表1)。まず注目されるのは、一九一〇年代前半と一九二〇年代とを比べると、乗客が三倍以上に増加したことである。すなわち、一九一五年の大正天皇の即位の大礼が京都で行われた時は、三〇〇万に近い市内乗客人員があったものの、それ以外は一九一〇年代半ばまでは一八〇万人から二四〇万人ほどしか乗客がない。しかし、一九二〇年代になると、乗客は四四〇万人から昭和天皇即位の大礼の年にあたる一九二八年には八四〇万人にまで増加している。

二節 奉祝空間をめぐる綱引き

✣奉祝行事の規制と市民の「気勢」

一九二〇年代になると、京都において青年団・在郷軍人会・学生団体が、戦争の勝利奉祝や天皇・皇室の奉迎送行事とは別に、皇室関係の祝日等に、京都御所の建礼門前で、これまで以上に奉祝の行事を行うようになる。京都市民は、天皇・皇太子や皇室への敬愛を自発的に発露し、皇室との絆を確認しようとしたものである。これらの行事は、大正天皇や皇太子裕仁親王の行幸啓下のものではないので、一九二〇年代半ば以降も、宮内省や官憲の奉祝空間を制約する動きと対抗し合い、最終的に京都市民が主導権を握る勢いをみせる。

皇室関係の祝日等に、建礼門前で行う奉祝行事の早い例は、一九一九年(大正八)五月七日の皇太子の成年式であった(第二章六節)。その翌年、一九二〇年一一月一日に東京で明治神宮の鎮座祭が行われるのも、京都で奉祝した。明治神宮は、明治天皇と照憲皇太后を祭神とする神社で、一九一五年に起工され、一九二〇年に竣工し、鎮座祭で神宮として完成する。

京都市連合青年団は、提灯《ちょうちん》行列を計画した。その内容は、一一月一日午後七時を期して御所建礼門前に全団員二万五〇〇〇人が紅提灯を持って集合し、万歳を三唱、次いで御苑の蛤御門《はまぐりごもん》を出て烏丸通《からすまどおり》を南進し三条通へ、三条通を東進して寺町通へ、寺町通を南進して四条通へ、四条通を東進して円山《まるやま》公園の池畔で再び万歳を三唱して解散する、という予定だった。また、市内各中等学校では、御苑内に集合し、建礼門前で遥拝《ようはい》式および分列行進を行うことを予定していた。この他、株式取引関係者が桃山御陵に参拝するなど、市内各方面でも奉祝計画を立てているようであった。

これに対し府警察部は、行事の規制を発表した。その内容は、①団体で奉祝をするものでは監督者を定めて指揮監督を行わせる、②期間は一一月一日より三日間、③時間は日の出より午後一〇時まで、④踊り屋台の曳《ひ》きだし、道路上での手踊り、「異常の扮装」等、風俗を乱す行動は禁止すること、である[5]。このような、かなり厳しい規制は、明治神宮の鎮座祭当日の奉祝行事ということや、青年団・学校関係以外からの奉祝行事への参加が見込まれるからだろう。

一一月一日はあいにくの雨であり、京都株式取引所主催の明治神宮鎮座祭奉祝提灯行列は順延され、翌二日午後三時より「華々しく」行われた〔6〕京都株式取引所主催の提灯行列は、次に述べるように、派手な服装をし、酒も飲んで「大噪《さわ》」ぎし、奉祝と共に行列を楽しむという点で、府警察部の規制に対抗するものであった。

取引所関係の若衆八百の意気はトテツもなく素晴らしいもので、白赤緑ダンダラ染の袢天《はんてん》の下に丸に株と染抜いた腹当てパッチも赤白段々染と云ふ揃への着付、顔の作りはヒヨツトコ、盤若《はんにゃ》と思ひ〳〵の趣向を凝《こ》らし、…〔中略〕…〔午後三時になると〕一同集合、万歳三唱の後、御神酒斗樽《とだる》二本の鏡を破つて酌《く》み交《か》わし、取引所の大安灯《あんどん》を先頭に澤の鶴斗樽五本を積んだ屋台、桜飾りの祇園囃、紅葉飾りの太平楽の屋台音楽隊、さては数百基の大提灯、千余の蜜柑《みかん》提灯と云ふドエライ大行列を編成して…〔後略〕。

行列は四条通から取引所の周りを一周し、四条烏丸から烏丸通を北進、御池通を東へ、堺町通りを北進し、堺町御門から御苑に入り、午後六時に建礼門前に着き、提灯の「光の海」を作り、「声も渇《か》れよと万歳を三唱し」、堺町御門から、丸太町通を東進、寺町通を南進、三条通を東進、縄手通を南進して四条通に出て、四条通を東進して円山公園に入り、積んできた御神酒を開いて「痛飲し万歳を歓呼」し、夜一〇時半に散会した〔7〕。

その後も、一九二三年一〇月三一日の天長節《てんちょうせつ》の祝日（大正天皇の誕生日、実際は八月三一日であるが、夏季であるため、一〇月三一日を祝日とする）に、京都在郷軍人上京連合分会は、御所建礼門前に整列し、奉賀式を行う予定であった[8]。

❖大正天皇の最後の京都

大正天皇の心身は、一九一六年、一七年頃から悪くなり、一九一八年（大正七）一二月、または、さらに一年前の同年一月頃には状態がより悪化した。これは、即位後の大礼などの儀式や公務の負担と、第二次大隈重信内閣期に大隈首相と元老山県有朋とが天皇を巻き込んで対立を繰り広げた結果、天皇のストレスが蓄積したことによるものであろう。とりわけ内閣最末期の一九一六年六月から一〇月にかけての、大隈首相と山県ら元老の後継内閣をめぐる対立は、天皇の心身に負担をかけたと思われる[9]。このため、大正天皇は、一九一七年一一月六日から一三日に京都行幸をした後（第二章六節）、二年後の一九一九年一一月一五日より一八日まで京都に行幸し、これが京都を訪れた最後となってしまった。天皇は一一月一五日に大阪城東練兵場で陸軍の観兵式に出席、将校慰労の大饗宴にも臨御した後、京都駅に向かった。

京都駅の近くには、京都帝大・旧制第三高等学校、旧制専門学校、旧制中学校等の学生・生徒が烏丸七条以北に参集し、小学生は西側に、第十六師団将兵約七〇〇名は塩小路通を右翼に東本願寺東南隅に堵列《とれつ》していた。一般市民の奉迎者は「幾重の人垣」を作り、道筋に充満していた。

御所建礼門内の両側には、賀陽宮《かやのみや》大妃をはじめ、在京華族・旧女官・東京と京都の主殿寮《とのもりょう》各係員が整列し、門外には赤十字社京都支部・愛国婦人会・宮内官家族・京都神職会の各団体の他、一般の拝観者が堵列していた[10]。このように、最後となった大正天皇への奉迎も、大正大礼や一九一七年一一月の行幸の奉迎と同様に、のびやかなものであった。

大正天皇は一一月一六日に桃山御陵を、次いで孝明天皇の後月輪東山陵等三陵を参拝し、一八日に還幸した[11]。

その後大正天皇の病状はさらに悪くなり、国民に伏せることが困難になってきたので、一九二〇年三月と七月の二回にわたって病状発表がなされた。

✣皇太子をめぐるのびやかな奉祝空間

そこで、京都市民は皇太子裕仁親王の行啓を期待した。一九二〇年(大正九)一一月四日、裕仁親王は陸軍大演習に向かう途中で、夕方に京都駅に着き、二条離宮に一泊し、翌朝に出発するという忙しい日程で京都に立ち寄った。市では駅前に奉祝門を作り、各学校生徒らが奉迎する中を、裕仁親王は二条離宮に向かった[12]。

その四ヵ月後の一九二一年三月三日から九月三日まで、裕仁親王は御召《おめし》艦香取《かとり》で渡欧し、イギリス・フランス・ベルギー・オランダ・イタリアを巡遊した。その様子は、連日のように日本のジャーナリズムに詳細に報じられ、皇太子の人気は高まっていった。

九月五日には、京都市の他、大阪市・神戸市で、大阪朝日新聞社主催で皇太子の渡欧の「活動写真」

が上映された。京都市では会場となった円山公園の西手広場に約三万人もの群衆が集まる盛況で、二回も映写が行われたほどだった[13]。

皇太子は帰国後、九月一一日から一四日まで京都に行啓、御苑内の大宮御所に滞在した。京都市は皇太子を奉迎する提灯行列を、九月一一日夜七時半に御苑内に集合して行うことになった。①行列は学校団体（高等小学校、工業学校・商業学校など、市立の実業学校）と上京区・下京区の学区団体（青年団員および在郷軍人を含む）に分かれ、それぞれ大提灯を先頭に、一列縦隊に整列集合する、②皇太子の滞在する大宮御所門前で、市長の発生のもと、「皇太子殿下万歳」を三唱する、③その後、行列に移り、大宮御所門前を西進、建礼門前で南進、御苑の堺町御門から丸太町通に出て西進、烏丸通で南進、四条通で東進し、円山公園に至って各団体が随意解散する、という計画が立てられた[14]。

この他、皇太子滞在中の夜に提灯行列を行う、と市内の数個の有志団体が一〇日までに中立売《なかだちうり》警察署に許可願いを申し入れた[15]。

皇太子が入洛した一一日は、予定通り提灯行列が行われた。ところが、在郷軍人会および青年団は各関係学校に集合して、「祝酒を酌み交《かわ》し」、夕方に隊伍を組んで御苑内に集った。他に各高等小学校・絵画専門学校・工業学校・商業学校等も集合し、すでに七時には皇太子の滞在する大宮御所正面前および、南方・北方の三方より約五万の群衆が提灯を片手に「雪崩《なだれ》」のように押し寄せてくる状況になった。

そこで予定より早い七時一〇分過ぎには、皇太子はモーニング姿で侍従長らを従え、大宮御所門前に登場した。群衆は皇太子の近くまでひしめき合い、約一〇分で皇太子が退出すると、万歳を連呼しながら門に殺到した。そこで皇太子は、群衆を門内に入れることを命じ、群衆は大宮御所玄関前の広場を埋めつくした。皇太子は約三五分間、玄関上に直立不動の姿勢で立って、万歳の連呼に会釈で応じた。

その後、憲兵と在郷軍人らがいったん群衆を大宮御所の門外に出した。次いで在郷軍人らによって、再び「拝顔を得る」準備がなされ、八時四〇分に二回目の開門が行われた。すると、群衆は一斉になだれ込み、重傷者六名、軽傷者多数を出す大混乱となった[16]。

このように、京都市側の計画や警官・憲兵・関係者等の警備にもかかわらず、酒が入っていたこともあり、熱狂した提灯行列参加者は群衆となり、重傷者まで出す結果となった。皇太子が門内に群衆を入れることを認めたことも加わり、当局は秩序を保てなかった。

九月一二日は雨にもかかわらず、午後七時に府庁正門前に集合した府民代表者ならびに府庁職員の提灯行列が行われた。参加者は約一五〇〇名で、フロックコート・紋付羽織袴の礼装、あるいは詰襟服で、手に手に「奉迎」と白く染め抜いた紅提灯を携えて、下立売《しもだちうり》通を東へ、烏丸《からすま》通を北へ、御苑の蛤御門から、御所の建礼門を経て、大宮御所前まで行進した。皇太子は、侍従長その他を従えて、モーニング姿で車寄せまで出ており、若林賚蔵《らいぞう》知事の発声で「皇太子殿下万歳」を三唱すると、会釈をして入御した。一隊は元のように列を整えて、南進し富小路《とみのこうじ》に出て随時散会した[17]。前日と異なり、この日の行列は人数も少なく、混乱がなかった。

提灯行列は、京都では日露戦争中の戦勝奉祝行事として始まり、その後も韓国併合や第一次世界大戦中の戦勝などの行事で実施された（第二章二節、六節）が、皇太子の行幸という奉迎行事で行われたのは、これが初めてであった。

なお、東京市では、九月八日に青年団らが皇太子帰国の奉祝提灯行列を行い、皇居の高輪御門をくぐり、大玄関前に整列して皇太子を拝謁し、万歳を唱えた[18]。このように、皇太子裕仁親王は、市民の奉祝・奉迎に対し、市民との距離を少なくしようとした。

❖イギリス皇太子をのびやかに奉祝する

大正天皇が儀礼的な政務すら行えない状況が続いたので、一九二一年(大正一〇)一一月二五日、皇太子裕仁親王は摂政となった。

その後、一九二二年四月二七日から五月四日まで、イギリス皇太子エドワード(後のエドワード八世)が、京都の大宮御所に滞在するが、この日本訪問は、皇太子裕仁親王が前年にイギリスを訪問した答礼の意味もあった。皇族といえども、外国人が大宮御所に滞在するのは初めてである。前年一二月にワシントン会議で日英同盟が事実上破棄されており、高橋是清内閣や宮内省は日英関係の絆をすこしでも維持しようとしたのであろう。

エドワードの来日前、四月一日から各部屋の改修が行われ、二六日に記者たちに公開された[19]。エドワードは、四月二七日午前九時半に京都駅に到着した。駅前には平安時代の建物に模した朱丹の大奉迎門が作られており、その下を自動車で通った。烏丸通の沿道では、日英の国旗を手にした「幾万の小学生徒」の左右から万歳の声を浴び、各学校職員生徒、各種団体等も加わって沿道を埋めつくす中を通過、丸太町通の堺町御門から御苑内に入った。大宮御所正門前には、多数の市民が押しかけた。エドワードは一旦宿舎の大宮御所に入った後、午後二時半に自動車で桃山御陵に参拝した[20]。

その日の夜、奉迎の提灯行列が行われた。京都市は前もって皇太子エドワードの歓迎次第覚書を作り、その中で提灯行列の集合場所や時刻、進行経路、提灯や日英両国国旗の購入数、「大宮御所御苑内」に高台を設け、そこからエドワードが行列を見物すること、等の計画を立てた[21]。外国の皇族に提灯行列が行われるのも、初めてであった。

京都市の最初の予定では、提灯行列の集合は、各自が学区の学校に集合の上、午後七時に一般市民は御苑内堺町御門より御所の建礼門までの間の指定場所に集まり、学生・生徒は紫宸殿《ししいでん》南面の「第一通り」(紫宸殿東南角より以西)の指定場所に集まることとなっていた[22]。

学生・生徒が御所内を集合場所としているように、奉迎行事に関し市当局は、御所の一部を解放することすら考えていたのである。このように、大正天皇の即位の大礼の後、御所・御苑を開放的にし、京都市民と皇室とをさらに融和させようとする空気が、市民のみならず、市当局に広がっていた。

ところが、御苑と御所の一部になるはずだった集合場所は、岡崎公園になり、行列も「京都府市連合大提灯行列」となった[23]。

二七日は午後七時頃より市内の旧制第三高等学校・旧制中学校等や、市連合青年団・在郷軍人会員らは、手に手に赤い提灯を携えて岡崎公園に集まってきた。公園の運動場では、皇太子エドワードを東京・横浜で歓迎した時の様子を写した活動写真も上映されていたので、それらを見ようと市民が押しかけた。数万人にもなった群衆を、巡査や憲兵が整理し、警戒に当った。

八時頃、全部の整列が終わり、第三高等学校を先頭に八列縦隊で進み始め、平安神宮の応天門前から疏水に出て、東山通りを北進、熊野神社前から丸太町通を西進し、寺町通で北進して、寺町第一御門より大宮御所脇に整列した。全部の整列が終わるのに、五〇分もかかった。行列の沿道は、「市民の老若男女」が垣をなし、「時ならぬ地上の偉観」であった。

「総勢三万有余」の整列を終え、待つこと約三〇分、九時に〔大宮〕御所正門右脇庭内に設けられた高台に、エドワードが登場する。燕尾服を着て右手に提灯を左手に日の丸の小旗を持ち、供奉員数名を従えていた。行列の先頭より学務課長の音頭で万歳が唱えられると、エドワードは提灯と旗を振って答礼した。こうして、「追々繰来る提灯の数増し来るや」、エドワードは高台より大宮御所の高塀の屋上に登り、タバコに火をつけ、最後尾の集団が通り過ぎるまでの約五五分間、元気に答礼していた。当夜のいずれの参加者も、エドワードの「龍顔」を拝し、その「御平民振りに」感動したという[24]。

以上、京都駅から大宮御所まで、英国皇太子エドワードを奉迎する市民の様子や、その夜の提灯行列の様子から、前年九月の皇太子裕仁親王奉迎の際に数名の重傷者が出たにもかかわらず、過度の秩序は強制されず、参加者も見学者も行列を楽しんでいた姿がみてとれる。

なおエドワードは、四月二九日に二条離宮〔二条城〕と御所を拝観、五月一日には両本願寺を見学し、次いで保津川下りと嵐山を楽しむ等した後、四日に奈良へ向かった[25]。

以上にみられるのは、大正天皇が病気になる前以上に、その代理として京都市民・国民から期待される皇太子裕仁を市民・国民に近づけようとする姿勢である。それに対し、京都市民は熱狂し、奉祝空間の秩序は混乱することもあった。イギリス皇太子エドワードが京都を訪れた時も類似したことが起こった。

❖原首相と牧野宮相の改革

前項までの変化は、第一次世界大戦後の世界の思潮の変化に対応し、皇室と国民が相互の意識において離れることのないよう、旧弊を改め国民に近づくという意味において、時の首相、原敬の考えの影響が大きい。

原は内務大臣時代の一九一三年(大正二)から「皇室は道理上尊崇せよと云ふ丈けにては妙ならず、感情の上に於《おい》ても難有《ありがたく》感じてこそ妙なり[26]」と日記に書いたように、国民に天皇・皇室への自然な敬愛の感情が生ずるようにすることを重視していた。一九二一年九月にも、原首相は閑院宮《かんいんのみや》を訪れ、日本の「皇室と国民との間は、英国の比にあらざれ共、理窟《りくつ》上のみを以て其円満を期するは誤りなり、必ず感情に依らざるべからず」と、皇太子の渡欧の成功を、「上下融和」の上において、極めて有効であったと述べた[27]。この時期、原首相は皇太子の渡欧問題など宮中に関することにまで大きな影響力を持っていた[28]。

原首相の打ち出した枠組みに同調して、具体的に奉祝空間を改革したのは、裕仁が渡欧する約半月前、一九二一年二月一九日に宮内大臣に就任した牧野伸顕(薩摩出身、前外相など)だった。

同年五月九日、牧野宮相は各道府県の長官や知事を招待して、次のような演説をしている。①維新の初めに君側《くんそく》の人々がどのように「君徳輔養《ほよう》」のために尽したかということも、すでに記憶を去ろうとする時期に達している、②そのため、諸般の事を処理するにあたり「取扱上必要の注意を欠くこと」も有りがちであり、「聖旨のある所」を十分に徹底することができないばかりか、「聖旨のある所」とは反対の印象を国民に残した形式がないとはいえない、③また、従来からやっていたことでも、「時勢の進行、人心の変遷」によって、適当に改めなければならないことも必ずある、④第一次世界大戦がもたらした世界的な思潮の変動によって、「一般臣民就中《なかんずく》有識階級にも多少の感化」を与えられ、その「根本の尊王心には変る所なきも、帝室の事に就いて御心配申上る者が著しく増加し来りたるは顕著の事実で誠に結構なこと」であるが、帝室に対する期待も種々起こった、⑤また、当今のように思潮が代わり、「思想上の秩序が弛《たゆ》みたるは実に痛歎の至りで」あり、政府においても対策を講じ、各位においても配慮していると信じる、⑥宮内省の所管事項で地方に関係する重大な事項は、行幸啓、山陵、御墓、御料地、離宮等に関することや、救恤《きゅうじゅつ》、慈善、公共事業等についての御下賜金に関する事である。これらについて現在行われて居る取扱方法、手続等において、地方民が皇室に接近し、「聖恩」がますます広く行き渡ることを妨げるものは、「事情の許す限り改め若《も》くは排除したい[29]」。

牧野宮相は地方長官に訓示した演説原稿を原首相に送ったので、原は差し支えないと返事した。原は、これは多分印刷して配布されるのであろう、宮相が地方官にこのような訓示をしたのは初めてのことであるが、宮中の事についての演説であるので、先例を作ったのは「無益」でない[30]と、好意的にみた。

この牧野宮相の構想は、一九二一年一一月までか、遅くとも関東大震災が起きる一九二三年九月前に、二五項目に及ぶ地方行幸啓または御成《おなり》の場合の注意事項として具体化されたと推定される[31]。

その主な内容は、①行幸啓の道筋においては、通御前に長時間にわたって交通を停止することがあるが、通行停止は取り締まり上の必要に応じ、つとめて時間を短縮し、通行人に迷惑を与えないように注意する、②両陛下行幸の際、道筋沿線の電車の運転を停止する時は、停止期間をなるべく短縮する、③「東宮殿下」の行啓の際は、道路が狭い場合の他、道筋沿線の電車の運転は停止せず、「御通過」の節に一時進行を停止するだけでよい、④鹵簿《ろぼ》が鉄道線路の踏み切りまたは高架下を通過する節、たまたま列車の進行と出会ったときは、行幸啓・鹵簿の通過するまで列車の進行を停止する、しかし皇子やその他各宮の場合は列車の進行を停止せず列車が通過するまで一時待っていただく、⑤皇子が「御成」の際は、道筋の交通を停止しなくてもよい、⑥従来は、鹵簿通過後に長時間にわたって交通停止を解除しない実例が少なくないようだが、通過後はなるべく速やかに交通停止を解除する、⑦市街地外へ行幸啓の際、道筋付近の田畑に肥料の使用を厳禁して農事に支障を生じさせることがないようにする、⑧「道筋」の道路は、馬車・車・徒歩の場合等に応じ、通過に差しつかえない程度において手入れや修繕を行えば十分である、「多少の凸凹」があっても、通過に妨げがない時は修理の必要がない、⑨「御道筋」は「相当清掃するを要するも」、必要の程度を越えて、路面に砂を撒布し箒目《ほうきめ》を立てるようなことはする必要がない、⑩行在所または御泊所の所在地に「奉迎緑門」を設けるのは、場合によってあえて差し止めないが、途中の通過地・演習地または休憩所等には設けないこと、⑪学校生徒に奉送迎のため長時間「御道筋」に整列させないようにする、⑫学校生徒やその他の奉拝者には、降雨または炎暑の節、傘その他の防具を使用させる等である。

摂政宮《せっしょうのみや》(皇太子)は、一九二二年七月三〇日に桃山御陵での明治天皇没後の十周年式年祭に参列するため、七月二九日に京都に行啓、大宮御所に二泊し、三一日に還啓した。京都では駅前に奉迎門を作り、駅前広場から烏丸通にかけて、在郷軍人・市民各代表者・各学校生徒が堵列して奉迎した。還啓の際も、同様の奉送があった[32]。特に厳しい奉拝規制はなかったようである。

しかし、大正天皇即位の大礼以降の流れを受け、さらに奉祝空間を開放し、平等でのびやかなものにしていくという牧野宮相の構想は、あくまで試行だった。次項で見るように、それは一九二三年一二月の摂政宮(皇太子)狙撃事件(虎の門事件)などを発端に、別の方向に向かい。昭和天皇即位の大礼を機に、右に挙げた注意事項とは、反対の方針になっていく(①・②・⑥・⑪・⑫など)。

✤虎の門事件の衝撃

一九二四年(大正一三)一月二六日、裕仁親王は久邇宮良子《くにのみやながこ》女王と結婚した。京都市では、結婚の前から、結婚後に皇太子夫妻が御陵に結婚を奉告するため行啓する際に、奉迎の提灯行列を御苑内で行う等の計画を立てた。しかし一九二四年一月一一日、馬淵鋭太郎市長が奉迎行事の打ち合わせを宮内省に持ちかけたところ、皇太子夫妻が京都御所滞在中に御苑内で市民の提灯行列を行うことは、警備の立場から不可能との回答を得たという[33]。これには、前年末、一二月二七日に東京市虎の門で摂政宮(皇太子)

行啓の行列が無政府主義者の青年に狙撃された虎の門事件が影響していた。

皇太子裕仁親王と良子女王の結婚奉祝式は、結婚式当日、一月二六日に岡崎公園内の市公会堂で馬淵市長ら約三五〇〇人が参列して盛大に行われた[34]。皇太子夫妻は、諸陵に奉告するため、二月二五日午後から二八日朝まで大宮御所に滞在した。

皇太子夫妻を歓迎しようとする市民の熱意は強く、駅前には奉迎緑門が作られ、道路は未舗装だったが、数日前から砂利を敷き詰めて平らにした。鹵簿《ろぼ》の道筋である京都駅から烏丸通の烏丸丸太町までと、そこを東進した丸太町通の堺町御門前までは、どの民家も定紋を染め抜いた幔幕《まんまく》を張り巡らし、紅提灯と国旗・小旗が飾ってある。行啓路に面しない家にも、全市各戸の軒に「奉迎提灯」が吊るされていた[35]。

右に述べたように、警備上の理由から御苑内での提灯行列は行われなかった。さらに、警備当局の禁止によって、万歳を唱えることもできなかった[36]。これらは、万歳などの歓声の中に、狙撃者がまぎれこんで、再び事件が起きることを恐れたからであろう。

また奉迎の際に御苑内で鹵簿を拝観できるのは、許可を受けた団体に限られた。団体はいずれも幹部が引率する形になった。目立ったのは、神道各派の教導職、日蓮宗の団体二〇〇〇人、新聞記者団、京都在住華族・高等女学校生徒・大宮御所の門前の京都在住華族の令嬢の振袖姿等であった。また行啓の沿道は、警官・憲兵の他、十六師団の兵士も警備に加わった[37]。御苑内の鹵簿拝観は、許可を受けた団体だけに許されているが、日蓮宗の一隊二〇〇〇人もが拝観を許されているように、皇室との関係の深い者や高位・高官の者に限定されたわけではない。

また、京都駅から堺町御門への沿道にも、「老若男女」が通路の両側に列を作り、特に東側は各中等学校以上の学生で埋まり、西側は全部市内小学校生徒が教師に率いられて並んで拝観した。

今回は、京都駅から大宮御所までは自動車による公式鹵簿となった[38]。鹵簿が来着する約四五分前、御苑の外の堺町御門前においても、「奉拝の群衆は」電車通行のために混雑を極めていた。午後二時になると電車が停められ、十重二十重《とえはたえ》の拝観者は押すな押すなの勢いであったが、前列は在郷軍人錦林《きんりん》分会(御苑の東方の京都市吉田地区内錦林分会)によって警衛され、皇太子夫妻の来着を待っている、という状況だった[39]。

このように、以前にあったような、駅頭と堺町御門に近い所を、高官や上級の官公立学校の学生が占めるといった、空間における上下の秩序はなく、空間の平等化が進んだ。

また御苑に入る堺町御門においても、警備の必要上、最小限の秩序はあるが、良い拝観場所を求めて群衆は勝手に押し合い移動しており、御苑空間が空間秩序上で特に地位を持ったものになっているわけではない。

皇太子夫妻が京都に行啓する二五日前に衆議院が解散となり、護憲三派と清浦奎吾内閣および与党政友本党との間で、選挙戦が争われており、その重要な争点は、即時普選実施か否かであった。このような大正デモクラシー潮流の高まりの中において、地位や身分等を基本にした拝観秩序を維持できないのみならず、過度に統制した秩序の下で拝観を行わせることも不可能だったのである。

✣「程度を過ぎた狂態・痴態」への規制強化

三ヵ月後、一九二四年（大正一三）五月三一日から六月四日まで、東京で皇太子御成婚の披露の大饗宴が行われることとなり、全国各地でも奉祝行事の動きが起こった。

五月二八日段階で、京都市内でも、証券取引所を始め各団体が旗行列や提灯行列を行って、大いに「気勢を上げ」ようと準備していた。

また、松竹キネマ（松竹映画）が男女の俳優の大団体で屋台を引っ張り出す計画をしたり、寺町通の二条三条間の商店組合である五盛会《ごせい》でも、六月一日午後五時に天性寺（寺町）に集合し祝杯を挙げ、午後六時から五百余名の団体員が提灯を携え、「紅白ダンダラの帽子」をかぶり、行列する計画を立てた。行列は寺町通を北へ、丸太町通を西へ、堺町御門から御苑に入り、御所の建礼門前に並んで、皇太子殿下・同妃殿下万歳を三唱し、仙洞御所前を北進し、今出川通に出て云々（以下略）、と伝えられた。このように、建礼門前を中心に、自らの商店街から出発して一周し、またそこに帰るというルートだった。五盛会は、翌二日も妙満寺に集合して祝杯を挙げ、同様の行列を行うという。この他、各町の各組合でも色々協議しているので、いずれ当日までに幾十組かの奉祝行列があるらしい[40]。

以上、東京での大饗宴に応じる形で、京都市民は御成婚の奉祝行事を、皇室への親しみと、酒も入った自らの娯楽を兼ねて行おうとしていた。そうすることで、御苑空間、とりわけ建礼門前広場を取り戻し、もっと規制の緩やかな空間に作り変えようとしたのである。

京都市当局は、その動きにどのように対応したのだろうか。京都市は皇太子の結婚の当日に市民代表の奉祝式を挙行し、さらに博覧会を開催して慶事を記念したので、全市を挙げて「奉祝の赤誠」を表すには自然と適当な機会があるとして、市主催の特別な行事を行おうとしなかった。これに対し、地元の有力紙は、「京都市当局は奉祝に風馬牛《ふうばぎゆう》」と、次のように批判した。

〔東京市をはじめ各都市で奉祝の催しをすることになっているのに〕皇室と最も関係深く率先して抃舞欣躍《べんぶきんやく》すべき京都市は鳴りを静めて一切催しをせない、尤《もつと》も各学区や組合、公共団体で自発的に行ふ事は差支ないと云つてゐるが、肝腎《かんじん》の市役所が素知らぬ顔の冷淡振りだから一向気乗りがせなく、一般市民は何が故に京都が奉祝をやらないかと奇異の感に打たれてゐる[41]。

京都市が奉祝行事を主催しないことを批判している以外に、皇室と京都との関係は最も深いと主張していることが、注目される。

さて、京都市で六月一日から予定された皇太子御成婚の奉祝行事は、二日から始まった。二日夜は各町の青年団や個人商店あるいは組合団体等、思い思いの趣向を凝らした屋台を曳き出し、揃《そろ》いの衣裳で「エライヤツチヤ、エライヤツチヤ」と踊りまわった。また、楽隊入りの提灯行列も加わり、四条通から円山公園、寺町通から御苑内等は、おびただしい人出で、近来になく賑《にぎ》わった[42]。

六月四日夜はさらに市民の「酔狂」が強まった。このため、次のような事態が起きた。

御苑内、四条通り円山公園等の目貫《めぬき》の場所、其他各遊郭内は遅くまで踊り狂ふて醜態を演じたるもの数知れず、且《かつ》小競合《せりあい》や怪我《けが》人も中々多かつたが、マーお祭気分の奉祝踊りからとて官憲でも幾分大目に見て居たが、奉祝団も或る制限の程度を超えて禁制の男子の女装と婦人の男装等も随分多く、且つ成るべく飲酒して繰り出すなとの御布令《おふれ》に反《そむ》いて、ヘヾレケになつたものが多かつたから、府保安課では五日限り禁止しやうかとの説もあつたが、折角《せつかく》市民の奉祝を禁ずるのも如何《どう》かと、結局六日夜迄許可する事になつた[43]

四日夜は御苑内で、屋台が人を轢《ひ》いたり、泥酔した仮装者が鈍刀を振り回して見物人に傷を負わせる事件すら起きた。府保安課は、五日からは男子の女装と女子の男装を絶対に禁じ、夜一二時以後に踊り騒ぐ者は警官が直ちに検束し、また「御苑内へは怪しい風態の仮装者は一切入れしめぬ事とした[44]」のである。

✣秩序立てられた奉祝行事

その後、一九二五年(大正一四)五月一〇日には大正天皇・貞明皇后の銀婚式の奉祝が行われたが、それは、どのように展開したのであろうか。

一〇日の銀婚式に関し、七日頃には、市民が各種の催しを行い、御苑内に繰り込むこともあると見られた。そこで、皇宮警察は府保安課と協議の上、①御苑内は昼間六時まで各種の行列・屋台の通行は自由であるが、単に行進または建礼門前において万歳を唱える程度にとどめ、長時間御苑内に停止したり、はなはだしい喧騒になるような行為をさせない、②夜間は提灯行列のほか、一切催し物の御苑内随行を許さない、③屋台の類でも、長大なものまたは長い曳き綱をつけたもの、あるいは運動の自由でないものは御苑内に入らせない、ことを決めた[45]。

皇宮警察、すなわち宮内省は、京都市民などが皇室や京都御苑・御所に親しみを感じるあまり、御苑が円山公園のような娯楽・観光スポットになってしまうことを恐れたのである。こうした規制から、皇宮警察や府保安課が、京都市民の中に御苑を市民の娯楽空間としていこうとする動きがあるのを察知していた、と推定される。これは一九二〇年ごろに、武盛中立売《なかだちうり》警察署長が、京都市民の声を代弁し、御苑内の仙洞御所南方の一区画を開放し、公園としてベンチを設置し、茶店を置くことを許可するよう主《との》殿《も》寮《りょう》出張所長に申し出たところ、強く否定されたのと同様のことである(第二章七節)。おそらく、宮内省は京都御苑が円山公園のようになっていくと、皇室の尊厳が失われると考えたのであろう。また、京都府警察部が、一九二〇年一一月一日の明治神宮鎮座祭奉祝の団体行列に、踊り屋台を引き出すことを禁じたのも、同趣旨であるといえる。

このような規制を強めようとする動きの下で、まず一九二五年五月一〇日午前八時頃より、御苑内建礼門前に、市内中等学校生徒約二万人が、各学校の校長以下職員に引率されて集合した。八時二〇分には「一糸乱れず整列し」終わり、挙式の合同ラッパで、「一同は直立不動の姿勢を取り最敬礼を行」った。次いで、楽隊の奏楽に合わせて君が代を歌い、森岡二朗内務部長（知事に次ぐポスト、池田宏知事は東京出張中）が壇上で「奉祝の辞」を述べた。「広き場内は荘厳の気満ち、粛として声なく」奉祝の辞の後、同部長の発声で、「両陛下並に皇太子同妃殿下の万歳」を三唱し、最敬礼を行って後、順次解散した。また岡崎公会堂で午前一〇時から奉祝式が行われ、在京の貴衆両院議員・学校長・新聞社社長と支局長・市会議員・府会議員（市部）・在郷軍人分会長・青年団代表者・実業団体代表者など官民代表一五〇〇名が参集した[46]。安田耕之助京都市長が奉祝辞を捧読し、同市長の発声で「両陛下並に皇太子同妃両殿下」の万歳を三唱した。このように、一〇日午前中の行事は秩序立って行われた。宮内省が期待する奉祝のあり方に近いものが、実施されたといえる。

❖規制不可能なほどの盛り上がり

ところが五月一〇日夕方から奉祝行事の様相は一変する。たとえば、下京区七条方面の屋台の踊り子は「卑猥極まる風態」をなし、甚だしきは「電車内で踊り狂ひ婦女子に対し怪しい振舞」に及ぶものまで出た[47]。

一一日、奉祝の二日目は、夜七時から京都市主催の奉祝提灯行列が行われた[48]。この提灯行列は秩序的でなく、むしろ市民の皇室への親しみを娯楽と結びつけて自然に発散させるものであった。

第一に、市民の提灯行列の順序が自発的に変わってしまったことである。一一日発行の一二日付夕刊（一一日昼段階の予定と推定）では、行列は午後七時より各町民は各学校に集合、学校の高張（提灯）を先頭に御所の建礼門前にて万歳を三唱し、それから岡崎公園グラウンドに集まり、「同七時三〇分《ママ》」に安田市長の発声で万歳を三唱散会、各自都大路をねり歩くはずであった。ところが、人々は各学校に集合し、建礼門前ではなく、「赤地に白の日の丸を染め抜いた提灯に火を点じ、高張提灯を先頭に」岡崎公園グラウンドに練り寄せた。

第二に、行列の参加者は、人数や行動も含め規制に沿っていなかったことである。行列の当日に市役所より各学区に対し提灯二〇〇個ずつを交付したが、「有志は更に各自持ち出して参加」した。岡崎グラウンドでは仮装行列が思い思いの奇抜な趣向をこらして、「エライヤツヤ、エライヤツヤ、万歳万歳」を口に唱え、西に東に南に北に往来し、提灯行列と行きかう毎に互いに万歳をかわす状況になった。七時半過には提灯の火は約二万にもなり、広いグラウンドも「紅い灯の海」と化した。

七時五〇分に君が代の奏楽に続いて、安田市長の奉祝の辞、次いで仕掛け花火が「銀婚奉祝」の四字をくっきりと現した。市長発声で万歳三唱と同時に、仕掛け花火は「バンザイ」の四字を紅く輝かし、火の海は岡崎より繰り出した。

第三に、建礼門前ですら規制は不可能となり、当局は市民の奉祝の行動をなすがままにさせるしかなかったことである。岡崎公園から西進し、北に曲がって進んで御苑内に練り入る者、南に進んで円山公園から四条通に出る者、思い思いに趣向をこらした「美々《びび》しい行列は心から御盛典を寿《ことほ》ぐものゝ如く、沿道又至る所見物人を以て山をなし、踊る阿呆《あほう》に見る阿呆と共に声を和して狂舞乱踏盛を極めた」という。〔御苑の南西角にあたる〕烏丸丸太町の交差点では、「東から西からさては南や北からと押し寄せる奉祝踊や屋台の行列を見んとて集ふ群集も夥《おびただ》しく、御所（御苑のこと）へ御所へと押しては寄せ、建礼門前で万歳を三唱して各町へと志して帰り行く人の流れは物すごい有様である」。

第四に、提灯行列など二日目の夜の奉祝行事が、このように盛り上がるとは誰も予想していなかったことである。

> 鉦《かね》や大鼓、三味線《しやみせん》拍子木《ひようしぎ》さては笛混りで出来るだけエライヤツチヤ、エライヤツチヤと賑々《にぎにぎ》しく、至る所火の海人の波ならざるなく、変装異飾、歓喜に満ちて踊りに踊つて狂ひ廻り踊好きの本性を表し、昨夜は斯《か》く迄はづむものとは予期しなかつただ、此踊の勢ひを見てはヂツとして居られず、第二日の夜は出るは出るは、全市を挙げて総出でもしたかと思はれるばかりの混雑だ。

人出は夜九時一〇時頃には最も甚だしく、一一時になってようやく人の影を薄くしたが、勢いを得た踊り子は一二時を過ぎてもなお悦びの声を収めず踊り抜いた。次第に夜は更けて疲労が極度に達し、ようやく帰宅した模様であった。

一九二五年五月一一日夜の、天皇・皇后の銀婚を祝う京都市の行事は、一九一四年一一月の青島要塞陥落を記念する「大奉祝会」（第二章六節）以上の盛り上がりであった。一九二四年に押さえられた市民の感情が一挙に噴出したのだった。

しかし結果的に、皇太子奉迎のため、六日後の五月一七日に行われた「市民提灯行列」や翌日の男子中等学校生徒による提灯行列が、次項で述べるように厳しい規制を受けることとなった。

✣強い規制に市民の不満がつのる

皇太子裕仁親王は、一九二五年(大正一四)五月一五日から二一日まで京都に行啓し、御所に滞在することになった。

五月一五日午後六時過ぎ、皇太子裕仁が京都駅に着くと、駅前から堺町御門までの奉迎は、警備が重々しくなったものの、特に新しい変化はなかった[49]。

すでに、皇太子が京都に到着する一日前、一四日には奉迎行事や注意が発表された。奉迎行事は一七日午前中の平安神宮内における「皇太子殿下御成婚奉祝奉迎会」(市主催)や、同日夕方七時半からの、京都御苑内の「市民提灯行列」、および一八日夕方六時からの市内男子中等学校生による京都御苑内に向けての「連合大提灯行列」などである。

今回は、前回の行啓の際にできなかった提灯行列が復活した。これは後述するように、数日前の五月一〇日、一一日の天皇・皇后の銀婚を祝う行事で、かなり自由な形で提灯行列を許可していたので、行列自体を許可しないことは困難だったからであろう。しかし一方で、これまでにない、かなり厳しい規制が通達された。「市民提灯行列」を例にとると、それは以下のようである。①奉迎提灯行列は一七日晴雨にかかわらず挙行する〔従来は、雨天順延であったので、行列の娯楽性が減退する〕、②各学区は代表者二〇〇人を選抜して一隊を編成する〔従来は自由参加で人数制限はない〕、③行列員は絶対に変装をしない、④学区表示以外の高張〔提灯〕は決して使用しない、⑤「御苑内は勿論《もちろん》行列途中と雖《いえど》も秩序を重んじ、万一にも騒擾等を惹起して奉迎の意義を汚す」ようなことがないよう特に注意する、⑥各区はその行列の順路および指揮者名を別に添付し用紙に記入し、一六日までに所轄警察署および区役所へ届け出る、⑦指揮者はなるべく「公同幹事」〔京都市の地域の自治組織である公同組合の幹事〕が自らその任に当たる、⑧その他はすべて奉迎事務委員の指揮に従う、等である。

この他、各隊は当日午後七時半までに御苑堺町御門より入り、御所の建礼門通広場に集合し、定刻に遅れた時は御苑内に入ることができないこともある、と時間等を厳しく規制した。また行列行進についても、行進開始の後は絶対に停止しない、等の厳しい規制を課した[50]。

このように、皇太子奉迎行事で再開された提灯行列の規制は、娯楽的要素の強い奉迎奉祝の行事というよりも、大衆動員行事としての性格を強めるものだった。五月一一日の提灯行列があまりにも統制不能になってしまったことを、当局が反省したからであろう。

五月一七日の「市民提灯行列」は、各学区代表二〇〇名ずつが指揮者の高張提灯を先頭にそれぞれ堺町御門より御苑内に入り、建礼門前通の広場に集合した。その数は約一万四〇〇〇余人に達した。夜八時過ぎに市の奉祝高張提灯を先頭に、行列隊は五列縦隊となり各自提灯を振りかざしながら、建礼門前を東に折れ、大宮御所前を経て、仙洞御所前に進んだ。そこには皇太子が同門の中央に設けられた櫓《やぐら》の上に立っており、安田耕之助市長が万歳を叫び、行列隊が万歳と呼応すると、皇太子は右手の紅提灯をかざして市民の奉迎を受けた[51]。

翌一八日の男子中等学校生による提灯行列は、学校ごとに人数が異なっていること、二条離宮前に一万二〇〇〇人余が集合し、二班に分かれて御苑に着いたところで提灯に火を付けたことを除けば、一七日の「市民提灯行列」と類似し[52]、二つとも秩序を保った行列であった。

一七日の「市民提灯行列」について、京都の有力紙は、皇太子が櫓の上で自ら紅提灯を振りかざして市民の奉迎に応えたことを感謝しつつも、「憲兵、衛兵、警察等の取締振り厳重に至つては、只驚愕《ただきょうがく》するの外なく、我々良民の想像も及ばざる程度のもので」、行列に参加した一人は、衛兵の銃剣を擬《ぎ》した姿など「只もう恐ろしいといふ感じが胸一ぱいであった」と言っている等、当局の態度を批判した[53]。京都市民は、以前ののびやかな楽しい提灯行列を懐かしんでいるのである。

五月一八日夜の皇太子奉迎提灯行列第二夜（京都市内中等学校二〇校参加）も秩序ある形で行われ、仙洞御所門前の高台に立った皇太子に対し、各学校長の発声で「万歳」が唱えられた[54]。

❖再び規制がゆるむ

同年一二月一二日には、皇孫誕生奉祝の提灯行列が午後六時半に建礼門前広場に集合して行われた。この特色は第一に、行列の人数をはじめとして、銀婚式の提灯行列以上に規制されて秩序があったが、前項で取り上げた皇太子奉迎の提灯行列のような厳しい規制ではなく、一般市民の御苑への立ち入りも自由であり、銃剣付の小銃を構えた憲兵の警戒もなかった。

その様子を簡単に眺めてみよう。当日は好天気であった。早い市民団体は午後五時頃から、各学区名を記し、赤地に白で「奉祝」の二字を染め抜いた高張提灯を先頭に、一学区約二〇〇人は各自に紅提灯を高くかかげ、打ち振り打ち振り御苑内堺町御門前へと参集、所轄の中立売署の警官が警戒・整理にあたる中、五列縦隊となり建礼門前通広場に集合した。午後七時頃には、広い御苑内も「火の海、真紅の世界と化し」、その数はおよそ三万と数えられた。

やがて七時半、安田市長が臨時に設けた壇上から「万歳」を発声すれば、提灯を高く掲げた市民は大声で唱和した。その後、再び五列縦隊となり、「繰り返し繰り返し万歳の声高らかに叫びつつ」、(御苑の東の寺町通に出る)清和御門へ、または(御苑の西の烏丸通りに出る)蛤御門へと出て行った。なおも続いて来る市民があり、御苑の周囲一隊は「火焔」の陣となり、行きかう度にいっそう声高く「万歳」を唱えかわした。「この壮観」を見ようと参集した「群衆」は、「苑内に人山を築き」、「万歳」ごとに思わず歓呼の声を挙げた[55]。

✣奉祝空間制約の理由

一九二五年(大正一四)五月の皇太子奉迎のように奉祝空間への制約が強まり、京都市民の反発すら受けるようになったのには、すでに述べた一九二〇年代に入って明治天皇や明治期を過度に理想化する潮流が強まった影響がある。また摂政宮(皇太子)狙撃事件である虎の門事件の影響も大きかった。それらに加え、牧野伸顕内大臣(前宮内大臣)が宮相になってしばらくの時期とは逆に、奉祝空間の制約を積極的に支持したことが、重要な理由である。一九二一年二月に宮相に就任して以来、牧野は着々と宮内省の実権を掌握して実力ある宮相になっていた[56]。

牧野内大臣は花田仲之助中佐(薩摩出身、日露戦争後報徳会の活動に従事)を気に入り、一九二〇年代半ばには摂政宮(皇太子)に同会運営事業の移り変わりと現状を進講させていた。また、一九二六年五月三一日に、山口県宇部市に摂政宮が行啓した際、「市民の奉迎振《ぶり》は特に目立ち」、牧野らの「心底に徹し」たので、山口県知事と宇部市長にその話をしたところ、市民はおおむね花田中佐の報徳会員であるとの答えがあった。牧野は沿道両側に並んだ人々は、老若男女その職業の違いにかかわりなく、「容を改め赤誠を表し謹直なる態度」で奉迎していたとも書いている[57]。

宇部市では、奉迎費は全部市民の寄付によることとし、摂政宮の行啓を前に、三万二〇〇〇円(現在の一億一〇〇〇万円程)を集めようとしたところ、四万八〇〇〇円を越える寄付が集まった。市当局は、市庁舎前に御車寄を建設、行幸道の修理と大拡張、家屋の整頓、臨時種痘・チフスの予防注射、健康診断、清潔掃除などを行い、日夜全力で奉迎準備を整えた。また宇部市の各中・小学校生徒、市内一七二組の報徳会員は、市の入口と親閲場に大アーチを建設し、奉迎を待ち構えた[58]。このような状況なので、同市の奉迎送はきわめて秩序立って行われたようである。

この五年後であるが、花田は次のように書いたものを牧野内大臣に送っている。

陛下を奉迎する心得を摘記すれば、陛下を拝むには目で拝まず心で拝んで最敬礼をした儘《まま》、御通輦《ごつうれん》後も其儘の姿勢で御随行車が皆通り過ぐるまで誠心誠意の態度を変へぬことである[59]。

すなわち、花田は、天皇を奉迎する際に最敬礼して天皇を見ずに心で拝むべきだというような極端な精神的な礼儀(秩序)を要求している。牧野は、この花田に共鳴するところが少なくなく、また職業の区別なく謹直な態度であったことに感動していた。このエピソードや牧野の地位から考え、牧野が、天皇・皇室の奉迎の際に平等性のみならず秩序を要求し、奉祝空間を制約していった中心人物だったといえよう。

なお、皇太子から天皇になっていく裕仁は、当時の男性のほとんどが好んだ酒もタバコもたしなまなかった。また、大変生真面目な性格だった。一九一六年九月、一五歳で佐渡へ行啓した際、大雨が降っていたが、「道に並んでゐる沢山の人々はこの雨の降るのも厭《いと》はず余を出迎へてゐる」と述べ、前もって掛けてあった人力車の幌を取り除かせた。摂政になると、枢密院議長が、本日の枢密院では重要案件がかからないので、慣例によって臨御は結構ですと奏上しても、枢密院本会議は御前会議となっている、として軽い案件でもかならず臨御した[60]。

明治天皇は逆に、傘もささずに奉迎送して雨に濡れる小学生を見て、傘を用いさせるように宮内官僚に意向を示した(第一章四節)。また、国民が雨具を使いやすいよう配慮し、車の幌を取らせることもなかった。

裕仁は思いやりがあるが、きわめて几帳面で真面目すぎた。反面、あまり柔軟性がなく、形式を過度に重視する結果、本当に重要な問題を十分に考え抜く余裕を失う危うさを同居させていた。一九二〇年代の時代潮流と虎の門事件、側近の牧野内大臣（前宮相）らの秩序を求める志向と、裕仁の性格が共振し、奉祝空間の制約を強めようとする空気が増幅されていったのである。

牧野宮内大臣（のち内大臣）や摂政を務める皇太子裕仁親王は明治天皇を理想視していたが、このような形式を過度に重視し、奉祝空間の制約を強めようとする姿勢は、明治天皇や伊藤博文が本来求めていたものではなかった。

✣普選運動と御苑

奉迎や奉祝行事をめぐって、御苑、とりわけ建礼門前通広場空間をどのように使うかの綱引きが、当局、とりわけ宮内省と市民との間にあったことを、これまで述べてきた。それのみならず、普選運動家たちも、建礼門前通広場の空間を重要とみなし、運動とかかわらせようとした。

一九二二年（大正一一）二月一一日、日本の建国を記念する紀元節の日に、京都普選即行同盟会主催の第二回普選宣伝大演説会が正午から岡崎運動場で開かれた。これは東京市や大阪市での普選即行同盟会と呼応したものだった[61]。

普選運動は、一九一九年・二〇年と東京・大阪・京都など大都市部を中心に大きく盛り上がった。しかし、普選即行に反対する原敬内閣が衆議院を解散、一九二〇年五月の総選挙で、農村部の支持を得て圧勝し、一時的に普選運動を沈滞させていた。普選即行同盟会の運動は、沈静化した普選運動を再び盛り上げようとするものだった[62]。

京都での普選宣伝大演説会は、片岡直温（実業家、のちに蔵相）らの演説、普選即行の決議があり、聴衆一万人を集めた。その後、自動車に「普選即行」と大書した旗を押し立て、楽隊が普選歌の音頭を取り、何隊にも分かれて行進に移った。

各隊は、「普選と自由」・「万機公論主義」などの文字を書いた大旗を掲げ、参加者たちは「普選デー」の小旗を手にしていた。行列は岡崎から東山通に出て北進、丸太町通を西進して堺町御門から御苑内に入り、紀元節当日ということで午前八時から午後三時まで開門された建礼門前に着いた。次いで縦列を作り、紫宸殿に最敬礼するとともに、うやうやしく「君が代」を合唱し、片岡の発声で「天皇皇后両陛下並《ならび》に摂政宮殿下の万歳」を三唱し、気勢を挙げた。

その後、再び行進を始め、蛤御門から烏丸通に出て南下、四条烏丸で四条通を東進、普選歌を高唱しつつ円山公園に練りこんで、万歳を唱え、解散した[63]。

この普選運動の行進のルートは、ほとんど皇室関係の奉迎・奉祝行事の行進ルートと変わらない。普選は無産者が有産者に対し自分たちの権利を主張するシンボルであり、京都御所・御苑は普選のシンボルとなった。これは、京都市民が御苑、とりわけ建礼門前通の空間での、宮内省当局等による強い規制を嫌ったことと、広い意味で類似した感覚であった。

✣日本文化への誇りの源

外国の有力者が来京した時に、京都御所や二条離宮を見せるというのは、一九二〇年代も継続する。

すでに述べたように、英皇太子エドワードを初めて大宮御所に滞在させ、京都御所や二条離宮に案内したのは、その最も重要な行事の一つだった。

フランスからはジョッフル元帥一行が裕仁親王のフランス訪問の答礼として来日し、一九二二年(大正一一)二月六日から一五日まで京都に滞在した。ジョッフル元帥一行は、元帥と夫人・令嬢や付き添いの将校らや、フランス駐日大使夫妻らで、京都ホテルに宿泊した。一行は二月七日に桃山御陵に参拝、八日は京都帝大と同志社を訪れ、九日に京都御所を拝観した。この他、二条離宮・修学院離宮、織物場(川島工場)・陶磁器(錦光山)等の伝統産業関係、京都帝室博物館、および上賀茂《かみがも》神社・下鴨《しもがも》神社・平安神宮・東西本願寺・清水寺・知恩院・金閣寺等を訪れたらしい[64]。

二月一〇日に行われた京都市主催の歓迎宴で、ジョッフル元帥は、三五年前に京都を訪れたことを述べた後、「京都市民の温情と風光の閑雅明媚《かんがめいび》、名所旧蹟、歴史的建造物並に美術品の豊富を以て全世界に知られたる京都」を再訪することができたのは「歓喜措《お》く能《あた》はざる所」であると、世界的に知られた「美的都市」を称讃した[65]。

一九二六年一一月になると、四日から、米国赤十字会長ジョン・バートン・ペイン一行と、暹羅《シャム》国(今のタイ国)のダーニ親王(同国文相)一行が入洛した。ペインらは五日午後に京都御所を、六日午後に二条離宮を、ダーニ親王らは一〇日午後に京都御所を見学したようである[66]。

さらに汎太平洋学術会議代表員一行(太平洋沿岸諸国の有名な科学者と一部はその夫人)三百余名も京都を訪れ、京都ホテルと都ホテルに宿泊した。一行は一一日朝に到着すると、その日の午前にさっそく二組に分かれ、京都御所と二条離宮を後先の順序を入れ替えて拝観した。御所を先にしたグループは、秋深まる「御苑内の風光を賞しつつ建春門前で下車し、一同打ち連れ紫宸殿、清涼殿並に御庭園など拝観して純日本式の古雅な風物に見とれ」、約四〇分で二条離宮へ向かった。

彼らは午後と次の日には、金閣寺から御室、広沢の池から嵐山等や、修学院離宮を拝観し、ケーブルカーで比叡山に登ったりしている[67]。

このように、日本は日露戦争に勝利して、さらに第一次世界大戦後、米・英についで世界の三大有力国になったので注目を集め、京都も西欧世界の有力者や文化人を中心に広く知られるようになってきた。これは、(第一)琵琶湖疏水事業、三大事業と都市改造・改良事業を成し遂げ、都市計画事業を進めていることと合わせ、京都市民の自信と誇りにつながっていったと思われる。

三節　地域有力者の御所拝観

✣市連合青年団幹部

前節までに述べたような、御苑の空間、とりわけ建礼門前通広場空間を京都市民の空間としたいとの思いは、その奥にある御所内の紫宸殿等の拝観を求める声につながる。

一九二一年頃になると、京都市連合青年団は幹部講習として京都御所並に二条離宮を拝観したいと願い出、許可されたので、三月一九日に市公会堂で宮内省主殿《とのも》寮《りょう》出張所太田庶務課長、文学士江馬務の二人から拝観の予備講習を受け、二〇日に拝観を行う予定になった[68]。

御所拝観を求める一般市民の声が高まるにつれ、宮内省は少しずつそれに対応せざるを得ないと判断したのだろう。京都市連合青年団幹部であるなら、秩序ある行動を取り「皇室の尊厳」を維持できるので、その最初の対象としてふさわしいと判断したと思われる。

三月二〇日の拝観の当日は、あいにくの雨であった。あらかじめ決められた順番に従い、上京区四五団体幹部二百余名は、御所を拝観するため午前九時に二人の理事が付き添って御苑の中立売《なかだちうり》門前に集まった。他方、下京区四〇団幹部百五十余名は、同じ時刻に二人の理事に付き添われて二条離宮の門前に集合した。

御所を拝観する上京区青年団幹部たちは、九時三〇分より御所の宜秋《ぎしゅう》門《もん》に入り、御車《みくるま》寄《よせ》より、御廊下をまわって清涼殿〔天皇の常の御殿〕の東庭に出て、「先帝陛下の御遺徳」をしのんだ〔孝明天皇が攘夷祈願のためこの庭で連夜祈り、五歳の祐宮《さちのみや》、後の明治天皇も父に従って祈っている〕。さらに、殿上《てんじょう》の間《ま》〔天皇の御座所がある〕の拝観を許され、歴代の天皇がいかにつつましい日常を送っていたかを「今更ながら恐察し」た。約一時間で拝観を終わり、下京区青年団幹部と入れ替わって二条離宮を拝観するため御所を出た[69]。

市連合青年団幹部には、御所の奥の天皇の御座所まで拝観を許したことが特色である。すでに述べたように、一九二〇年の市連合青年団員は約二万五〇〇〇人である。今回選ばれた幹部が約三五〇名であることから、彼らは七〇名に一人の幹部であり、青年団の有力者だった。いずれにしても、彼らは位階・官等や財産といった社会的地位を越えた扱いに感銘を深め、地域の中堅以上の幹部として活動を続ける誇りと意欲を新たにしたことであろう。

しかし大正デモクラシーの潮流が高まる時代に、京都市民は、連合青年団幹部の御所拝観のみでは納得しなかったようである。一九二二年二月一一日の紀元節の祝日には、午前八時から午後三時まで「南門」(建礼門の俗称)が開放され、一般人の拝観が許された[70]。これは、大正天皇の即位の大礼後に行われたことと類似していた。

✤国勢調査員

その後、国勢調査員にも拝観が許可されるようになった。

日本の国勢調査は一九二〇年一〇月一日に始まり、その後五年ごとに実施された。第一回の国勢調査員に対しては、「宮城」(皇居)・新宿御苑・京都御所・二条離宮の拝観が許された。これは、宮内省が許可したとの、一九二三年五月二五日の内閣統計局長よりの「通牒《つうちょう》」にもとづいていた[71]。一九二五年の二回目の国勢調査についても、国勢調査員に対し拝観を許すとの通達が、宮内省からの移牒《いちょう》として、一九二六年三月三日付で内閣統計局から出された。それは、一九二六年四月二八日に京都市助役から上・下京両区長宛に伝達された[72]。一般に一九二〇年代よりも一九三〇年代には階級の上下による秩序が緩和されるにもかかわらず、一九三五年の国勢調査員は有産者や専門職従事者が任命された(第四章五節）。このことから、当然一九二〇年代の国勢調査員も地域の有力者だったといえる。

この他、一九二四年三月、開催中の記念博覧会に参加府県の官公吏ならびに出品関係役員に対し、四月初旬および下旬の数回にわたり、京都御所・二条離宮・修学院離宮の拝観が認められた。毎回の拝観予定人員は、三五〇人という[73]。彼らも地域の有力者であった。

残念ながら、この特別拝観が京都御所の殿上まで昇ることを許したのかどうかはわからない。またこの結果、どれくらいの人々が特別の拝観を許されたのかも、今のところ史料で確認できない。しかし、大正天皇即位の大礼の後の無制限の拝観が、大礼の行われた紫宸殿などの御所の南端を中心に、建物の外から見せているので、少なくとも御所の中のより広い部分を拝観させたのであろう。一九二三年に刊行された案内書が御所の内部を詳細に説明していることは、その傍証となる。

四節　都市計画事業と奉祝ルート

❖都市計画事業

すでに述べたように、明治天皇は京都御所の保存と御苑の創出、京都の振興を提起した。これは京都の街全体の伝統の保存と都市改良・改造という革新のトーンとして定着していった。（第一）琵琶湖疏水事業・内国勧業博覧会開催・平安神宮創建と鴨東開発、三大事業は、京都の都市改良・改造という革新であった。他方、御所や神社仏閣の空間は、京都の伝統の保存を意味した。また、新しく創出された御苑や平安神宮空間も、時間が経つにつれて、京都の伝統を象徴する空間に変わっていく。

これに対し、三大事業に引き続き、一九一九年夏以降、都市改良事業構想が本格的に検討されていく。この事業は、三大事業でできなかった京都市街の道路や一九一八年に編入された周辺地域の道路を拡築、市電軌道を敷設し、上水道を拡張、新たに下水道等も建設しようというものである。発端は、一九一八年四月に、東京の都市改造事業を推進する法律である東京市区改正条例と付属命令が、京都市・大阪市および内務大臣の指定した市の市区改正に準用されるようになったことである。次いで一九一九年四月に都市計画法・市街地建築物法が公布された。市区改正法には土木・衛生に関する工事の設計規定はあるが、住居・商業・工業などの地域規定がないなど、不十分さがあった。都市計画法は、本格的な都市計画事業を推進しようというものだった[74]。

京都市の都市計画事業の基礎となる案は、一九一九年（大正八）一二月一九日に新聞で公表された京都市区改正案である。これは永田兵三郎工務課長ら京都市当局が作成したものである。すでに都市計画法はできていたが、その前にできた市区改正法にもとづく、市区改正委員会が一度も開かれていないので、内務省はまず市区改正案として都市改良案を作らせたのである。この改良案の特色は、一号線から一四号線の道路までの一四線を一二間（約二一・六メートル）～一五間の幅で拡築し、市電を走らせることである。その主なものは、この線によって、既存の東山通（東大路通、熊野神社前～東山七条）を北へ伸ばすほか、現在の北大路通・九条通という東西の幹線を拡築すること、さらに千本通・大宮通という三大事業でできた南北の幹線の西に西大路通を拡築し、加えて、千本通・大宮通、東山通を北大路通・九条通りまで引き伸ばし、京都の外周線を完成させることにある。また、三大事業でできた南北の幹線烏丸通と京阪電車線の中間に近いところに、新しい南北の幹線河原《かわら》町通《まちどおり》を拡築することも柱であった。さらに京都帝大・第三高等学校のある吉田地区を囲むように、吉田山の周囲に外周を広げる道路拡築も計画された。吉田山外周線は、東山通の百万遍から今出川通を東に伸ばし、銀閣寺道（銀閣寺の門前につながる場所）から白川通を南下、天王町から丸太町通を西に拡築して熊野神社前で東山通りに接続するものである。この他、河原町通を北進させて下鴨本通を拡築することや、三条通を河原町通から東へ蹴上《けあげ》の都ホテルまで拡築すること等も含まれていた（九三ページの図4参照）。

これらによって、一九一八年に京都市に編入された白川・田中・下鴨・衣笠・朱雀野《すざくの》・西院《さいいん》・七条・東九条など、市の周囲の旧村地域に、道路拡築と市電の恩恵が及ぶことになった。鴨東《おうとう》地区にある京都帝大・第三高等学校・京都市立絵画専門学校等や、南禅寺・銀閣寺（慈照寺）等や、外国人観光客等の宿泊する都ホテルへの交通の便も良くなる。下鴨や紫野《むらさきの》地区など北大路通の南北に住宅地を開発することも可能となる[75]。

都市計画事業は、各都市を改良するために全国的に展開していたが、以上のように、京都市においては、明治期の（第一）琵琶湖疏水事業に始まる、京都の革新事業の一環だったといえる。御所・御苑空間との関連では、河原町通が完成すれば、御所建礼門前から、御苑の堺町御門、丸太町通を東進し、河原町通を三条通まで南下し、三条通を東進して岡崎公園（または平安神宮前）へ行くか、四条通まで南下して円山公園まで行く奉祝ルートができる。

❖都市計画の合理性・景観保存か住民負担軽減か

ところが南北の幹線として河原町通を拡築するという、市当局が作成した案が公表されると、河原町通拡築で立ち退きを求められることになる下京区第一四学区（永松《ながまつ》）や第六学区（立誠《りっせい》）の住民たちは、直ちに反対運動を起こした。このため、一九一九年（大正八）一二月二五日に開催された第一回京都市区改正委員会では、河原町通をすべて拡築するのでなく、北は二条から南は下寺町《しもてらまち》七条までの大部分は、東に並んで走る木屋町通《きやまちどおり》を拡げて利用することが、賛成多数で決まった。これは、京都市会出身の委員たちが、河原町通拡築反対派の市民の意見を大枠で代弁し、その意向が通ったのである。

ところが、京都市区改正委員会で新たに決まった木屋町通利用（拡築）案には、二つの大きな問題があった。その一つは、木屋町通は河原町通より東山通に近いので、もう一つの南北幹線を、烏丸通と東山通の中間に近いところに作るという、都市計画の合理性に合致しないことである、また、木屋町通北端の二条通より北を、木屋町通りより少し西を南北に走っている河原町通につなげるため、屈曲が甚だしくなり、京都の幹線としても適当でなかった。

他の一つは、木屋町通は狭いので、幹線道路として広軌で複線の市電を走らせようとすれば、二条から七条まで高瀬川を暗渠《あんきょ》にして、その上を道路の一部として利用せざるを得ないことである。高瀬川は江戸時代の角倉了以《すみのくらりょうい》が開削したものである。それを暗渠にすることは、史跡を損なうのみならず、木屋町通の景観（「風致《ふうち》」）に著しい打撃を与え、料亭や旅館の営業に悪影響を及ぼす。

木屋町通利用策の利点は、拡築する部分が少なくなり、河原町通を全面的に拡築するのに比べ、移転家屋も少ないので住民の負担も相対的に小さく、費用が安いことであった。

思いがけず、市区改正員会で木屋町通利用策に修正されてしまったことに対し、翌一九二〇年になると、木屋町通周辺の居住者たちは、高瀬川保存同盟会を結成し、木屋町通利用策反対を唱えた。高瀬川保存同盟会は、二月三日に開催された市民大会（座長は高田繁太郎、参加者「千数百名」）で、「史蹟名勝」と「風致」の保存を全面に出した。京都市の都市改造・改良事業の中で、景観の保存が市民によって本格的に取り上げられたのは、これが初めてである。また同じ二月には、堀川通を拡築するため堀川を暗渠にする構想に対し、反対する市民大会が開かれている。

このような動きに、京都市会も二月一九日から木屋町通利用策の可否や河原町通拡築との比較研究などを行うことになった。六月二一日の市会では、木屋町通利用策を改め、木屋町通以西において適当な路線を選ぶ（河原町通か、その西の寺町通）という意見書が、それに反対する旧市区改正委員だった市議らが退出する中、満場一致で可決された。その理由の一つは、すでに述べたように、東山線に接近しすぎており、道路の屈曲が甚だしくなり、都市計画の合理性に合致していないことであった。もう一つは、景観を損ない木屋町特有の営業を阻害するというものだった[76]。

九月になると、河原町通拡築反対側も動きを活発にした。市会の意見書に反対する一万一五八〇名以上の署名を添えて、九月二一日付で床次《とこなみ》竹二郎内相に、一〇月五日付で安藤謙介市長に提出するなどした。

翌一九二一年七月八日、第二回都市計画京都地方委員会が開かれた。そこで、木屋町通利用策を改めて河原町通を拡築する建議案が出されたが、賛成一四、反対二六で否決された。一年半前に、市会出身の委員も賛成し、京都市区改正委員会で決定したものを、市会から再び修正も求められても簡単には変えられない、そんなことをすれば勅任された委員会の権威はどうなるのか、また市民の河原町通拡築反対の声もある、こんな気持ちが委員会を支配したからであろう。

それに対し、市会も負けてはいない。九月一七日、「高瀬川名勝史蹟指定意見書」が市議から提出され、二五対一八で可決された。これは、一九一九年にできた史蹟名称天然記念物保存法を利用して高瀬川を保存するとともに、木屋町通利用策を変更しようとするものだった。

❖河原町通を拡築する

結局一九二二年(大正一一)六月九日、第三回都市計画京都地方委員会において、河原町通拡築に変更する建議が再び出され、二四対一三で可決された。こうして、当初の市当局の案通り、河原町通拡築案が決定されたのである。

この河原町通拡築か木屋町通利用策(高瀬川を暗渠にする)かの対立を通し、京都の都市改良(改造)事業において景観の問題が本格的に取り上げられるようになった。こうして京都は観光都市として古い都の景観を残しつつも、南部・西部や伏見方面を工業地帯として発展させていくという方向が定まっていった[77]。明治天皇以来の伝統と革新という二つの課題が、第一次世界大戦後の状況に応じる形で、具体化されたのである。

河原町通拡築の工事は、一九二三年一二月一日から着手され、三年後の一九二六年一二月二五日までに、今出川通から五条まで拡築された。この間、河原町通には鉄筋コンクリートの洋風建物や和洋折衷のビルディング式の建物が激増し、河原町通の景観は一新されていく。また三大事業で拡築された四条通と、新しく拡築された河原町通との交差点付近の地価が上昇し、明治以来の新京極通と並んで、四条通が京都の繁華街となっていった[78]。

第一次世界大戦後の都市計画事業で拡築された河原町通等は、京都の振興に寄与したのみならず、奉祝行事のための広い奉祝空間となったり、行事後に大勢の人々の帰宅をスムースにしたりする役割を果たした。三大事業後、この時期までに京都の旧市街の改良(改造)はかなり進展した。そのため、都市改良(改造)事業の中に、景観という伝統保存の要素が入ってきたことも、注目される。

以上、本章では、京都御所と御苑の空間をめぐって、一九二〇年代になると、京都市民は、娯楽性の強い奉祝行事で皇室への親しみを表し、絆を確認することを求め、宮内省や警備当局は秩序と規制を求め、空間の奪い合いが起こったことを示した。この頃になると、御苑は改革のイメージというよりも、御所と一体化して伝統を保存するイメージを発信するようになっていた。また、日清戦争後に竣工した平安神宮とその前の広場、岡崎公園、日露戦争後の三大事業や第一次世界大戦後の都市計画事業で拡築された道路が、京都の衰退を防いだのみならず、奉祝行事の舞台、奉祝空間を提供した。
こうして、次章以降で述べる昭和天皇即位の大礼において、京都は大正天皇の即位大礼の際と同様に、伝統と革新の空間イメージを発信できるようになった。しかし大正天皇の即位大礼とは異なり、御所・御苑空間を中心に、奉祝空間では平等化が進みながらも、秩序的で窮屈な空間になっていく。

註

1――京都市編纂『新撰京都名勝誌』（京都市役所、一九一五年一〇月）二六～二七頁。
2――同右、四六七～四六九頁。
3――東枝吉兵衛『京都案内』（東枝書店、一九二三年五月五日）、京都府『京都名所』（京都府、一九二八年一〇月二五日）、京都市編纂『京都名勝誌』（京都市役所、一九二八年一一月）。他には、野崎左文編『日本名勝地誌』（第一編）（博文館、一八九三年一一月発行）や辻本治三郎『増補二版・京都案内都百種・全』（同前、一八九四年七月発行）は、「旧内裏」・「御苑」（京都御苑）を冒頭に取り上げている。一九一五年に京都市が編纂した、前掲、『新撰京都名勝誌』も、「皇宮」（京都御所）・「御苑」（京都御苑）を冒頭に出している。もっとも、清水善之助『京都名所図絵』（京都書房、一八九五年二月）では「旧皇居」（京都御苑）を冒頭に取り上げていない。
4――『京都日出新聞』一九二六年四月一二日。この記述の前に、円山公園の枝垂桜・御室「千手叢生」・鞍馬「渦桜」や、古木として京都御所南庭の左近桜・嵐山渡月橋畔の小督の桜・大原野勝持寺の西行桜・深草里の墨染桜などが挙げられている。

5――『京都日出新聞』一九二〇年一〇月二六日、二九日。

6――同右、一九二〇年一一月三日。

7――同右。

8――同右、一九二三年一〇月二八日。

9――伊藤之雄『政党政治と天皇』(講談社、二〇〇二年)八〇~八五、九一~九三頁。

10――『京都日出新聞』一九一九年一一月一六日夕刊(一五日夕方発行)、一一月一六日。

11――同右、一九一九年一一月一七日夕刊(一六日夕方発行)、一九日夕刊(一八日夕方発行)、「京都府の行幸記録」(「天皇陛下行幸一件」一九一九年一一月、京都府庁文書、大8-17、京都府立総合資料館所蔵)。

12――『大阪朝日新聞』一九二〇年一一月五日。一九一六年一一月三日に帝国在郷軍人会上京区聯合会が立太子礼奉祝のため午前九時に建礼門前に参集、遥拝式を行った。この許可を、同在郷軍人会聯合会は一一月一日に求め、二日付で許可されている(内匠寮「京都皇宮沿革誌」五、宮内庁書陵部所蔵)。

13――『大阪朝日新聞』一九二一年九月六日。

14――『京都日出新聞』一九二一年九月九日。

15――同右、一九二一年九月一一日。

16――『大阪朝日新聞』一九二一年九月一二日。重傷者はいずれも九歳から二三歳までの少女と若い女性だった。

17――『京都日出新聞』一九二一年九月一三日。

18――『大阪朝日新聞』一九二一年九月九日。

19――『大阪朝日新聞』一九二三年四月二七日。

20――『大阪朝日新聞』一九二三年四月二八日夕刊(二七日夕方発行)。

21――「英国皇太子殿下歓迎次第覚書」(「英国皇太子殿下奉迎一件」一九二二年度、京都市永年保存文書マイクロフィルム)。

22――同右。
23――『京都日出新聞』一九二三年四月二八日。『大阪朝日新聞』一九二三年四月二八日。
24――同右。
25――同右、一九二三年五月三日夕刊(五月二日夕方発行)、五日夕刊(四日夕方発行)。
26――『原敬日記』一九一三年九月三〇日。
27――同右、一九二一年九月二一日。
28――伊藤之雄「原敬内閣と立憲君主制――近代君主制の日英比較」(三)・(四)(『法学論叢』一四三巻六号、一四四巻一号、一九九八年九月、一〇月)。
29――牧野伸顕「宮内大臣演説」一九二一年五月九日(地方長官招待会席上)(「牧野伸顕関係文書」三一、国立国会図書館憲政資料室所蔵)。
30――『原敬日記』一九二一年五月一一日。
31――「地方行幸啓又ハ御成の場合ニ於ケル注意事項」(前掲、「牧野伸顕文書」三八―一)。四項目に「東宮殿下行啓の際は」とあり「摂政宮」という用語を使っていないので、裕仁が摂政になる一九二一年一一月二五日より前の文書の可能性が強い。また取り締まりを大幅に緩和する内容から、同年二月一九日に牧野が宮相に就任してしばらく経ってからのものと考えられる。
32――『京都日出新聞』一九二三年七月二九日、三〇日、三一日、八月一日夕刊(七月三一日夕方発行)。
33――同右、一九二四年一月一二日。「京都皇宮(御所)前御苑内」において学生・生徒らが集合し奉祝することも、今回の行啓に限って見合わせるように、という方針も、一九二四年一月四日に京都府に伝えられている(京都府内務部長白村竹介宛東宮事務官戸田氏秀通牒、一九二四年一月四日、「行幸啓貴賓」一九二四年、京都府庁文書、大13―14―2、京都府立総合資料館所蔵)。
34――『京都日出新聞』一九二四年一月二七日。

35——同右、一九二四年二月二六日。
36——『大阪朝日新聞』一九二四年二月二九日夕刊(二八日夕方発行)。皇太子が四日間京都に滞在する間、京都市民は一度も万歳を唱えることができなかったが、皇太子の乗った列車が京都駅を離れる際、馬渕京都市長は突然万歳を唱えた。そこにいた奉送者一同も、それまで抑えられていた気持ちを発散するかのように、「駅も割れよと万歳を三唱した」(同前)。
37——『京都日出新聞』一九二四年二月二六日夕刊(二五日夕方発行)、二七日。
38——東宮大夫伯爵珍田捨巳「〔皇太子同妃殿下行啓の〕御日程」一九二四年二月一八日(前掲、「行幸啓貴賓」一九二四年)。
39——『京都日出新聞』一九二四年二月二六日夕刊(二五日夕方発行)。
40——同右、一九二四年五月二九日。
41——同右。
42——同右、一九二四年六月四日。
43——同右、一九二四年六月六日。
44——同右。
45——同右、一九二五年五月八日。
46——同右、一九二五年五月一一日夕刊(一〇日夕方発行)。
47——同右、一九二五年五月一二日夕刊(一一日夕方発行)。
48——同右、一九二五年五月一二日夕刊(一一日夕方発行)、五月一二日。
49——同右、一九二五年五月一六日。
50——同右、一九二五年五月一五日。
51——同右、一九二五年五月一八日。

52――同右、一九二五年五月一九日。
53――同右、一九二五年五月二〇日「喫煙室」。
54――同右、一九二五年五月一九日。
55――同右、一九二五年一二月一三日。
56――伊藤之雄『昭和天皇と立憲君主制の崩壊――睦仁・嘉仁から裕仁へ』(名古屋大学出版会、二〇〇五年)第一部第二章。
57――花田仲之助宛牧野伸顕書状、一九二六年六月五日(花田仲之助「天皇陛下を奉迎する国民の心得と其例話」〔一九三一年六月一八日〕に引用、「牧野伸顕関係文書」五‐一八、国立国会図書館憲政資料室所蔵)。
58――『大阪朝日新聞(広島・山口版)』一九二六年五月三〇日、六月一日。
59――前掲、花田仲之助「天皇陛下を奉迎する国民の心得と其例話」一九三一年六月一八日。
60――「今上天皇の聖徳」(未定稿)(一九四三年から敗戦までに書かれたものと推定)九、一七~一九、四七頁(前掲、「牧野伸顕文書」一二‐六)。一九二二年七月の北海道行啓においても、函館で人々が雨にもかかわらず傘もささずに奉迎していたので、裕仁親王は自動車の幌を外させて徐行させ、雨に濡れながら左右にかわるがわる挙手の礼をしたので、「感泣せぬものはなかった」と伝えられた(『京都日出新聞』一九二二年七月二九日)。
61――『京都日出新聞』一九二二年二月一二日。
62――松尾尊兊『普通選挙制度成立史の研究』(岩波書店、一九八九年)Ⅱ部。
63――『京都日出新聞』一九二二年二月一一日、一二日。一九二〇年二月一一日には、東京の皇居前広場(宮城前広場)でも、普選実施を求めて日比谷公園や芝公園・上野公園に集まった人々が移動して来て最終的に合流し、万歳を叫んだ(原武史『増補・皇居前広場』ちくま学芸文庫、二〇〇七年、五三頁)。京都と片岡直温の関わりについては、奈良岡聰智「片岡直温と京都」(一)~(三)(『京都市政史編さん通信』三六号~三八号、二〇〇九年一一月、二〇一〇年三月、七月)に詳しい。

64――『京都日出新聞』一九二二年二月七日、八日夕刊(七日夕方発行)。八日、九日夕刊(八日夕方発行)、九日、一〇日夕刊(九日夕方発行)、一一日夕刊(一〇日夕方発行)。「ジョッフル元帥一行氏名」「ジョッフル元帥歓迎次第大要」(「ジョッフル元帥歓迎一件」一九二二年度、京都市永年保存文書マイクロフィルム)。

65――『京都日出新聞』一九二二年二月一一日。

66――「米国赤十字中央委員会長判事ジョン・バートン・ペイン氏接待要領」、「ダーニ親王殿下御滞在日程」(「褒賞、復命書、行幸啓・貴賓・官制」一九二六年、京都府庁文書、大15-3、京都府立総合資料館所蔵)。

67――『京都日出新聞』一九二六年一一月一三日夕刊(一二日夕方発行)、一四日夕刊(一三日夕方発行)。

68――同右、一九二二年三月一〇日。

69――同右、一九二二年三月二一日。

70――同右、一九二二年二月一一日。

71――京都府内務部長「昭和四年農業調査員新宿御苑其他拝観に関する件」一九二九年一二月二〇日、京都市助役村田武「昭和五年国勢調査員の新宿御苑其他拝観方に関する件」(いずれも、「京都御所新宿御苑二条離宮拝観一件」(一九三一~三六年度)京都市永年保存文書マイクロフィルム)。

72――前掲、「昭和四年農業調査員新宿御苑其他拝観に関する件」、「国勢調査員に対し京都御所並に二条離宮拝観に関する件」(同右)。

73――『京都日出新聞』一九二四年三月二七日。

74――京都市市政史編さん委員会編『京都市政史　第1巻　市政の形成』(京都市、二〇〇九年)四七五~四七八頁(伊藤之雄執筆)。

75――伊藤之雄「第一次世界大戦後の都市計画事業の形成――京都市を事例に　一九一八~一九一九」(『法学論叢』一六六巻六号、二〇一〇年三月)、前掲、京都市市政史編さん委員会編『京都市政史』第一巻、四七八~四八〇頁(伊藤之雄執筆)。

76――京都市市政史編さん委員会編『京都市政史』第一巻、四八〇～四八三頁(伊藤之雄執筆)。
77――同右、四八三～四八九、四九八～五〇一頁(同右)。
78――同右、四九〇～四九二頁(同右)。

第四章

窮屈になってゆく奉祝行事

――昭和天皇即位の大礼から太平洋戦争

一節　大礼の秩序と「清浄さ」の強制

✣奉祝催物への規制方針

一九二八年（昭和三）一一月一〇日、昭和天皇即位の大礼が、大正天皇と同様に京都御所紫宸殿《ししいでん》で行われた。このため昭和天皇は、同年一一月七日午後、京都に行幸した。京都入りは一九二五年（大正一四）五月以来約三年半ぶり、天皇としての行幸はこれが初めてである。

一九二〇年代に入って強まった、明治天皇や明治期を過度に理想化する潮流や、摂政宮《せっしょうのみや》（皇太子）狙撃事件である虎の門事件等の影響、牧野《まきの》伸顕《のぶあき》内大臣（前宮内大臣）の方針等もあって、一九二五年頃から、宮内省や警備当局は、天皇や皇室を奉祝する空間に強い制約を課そうとするようになった。また、皇太子（摂政）から天皇になる裕仁《ひろひと》親王の生真面目な個性も、奉祝空間から娯楽性を弱める意味で、牧野の方針と共振し、それを増幅させることになった。皇太子時代も含め、昭和天皇や牧野は、「一君万民」という思想にもとづいて、天皇・皇室と国民とのつながりを深めることを望んでいた。しかし、結果として、天皇・皇室と国民の絆は、深い感情からのものというより形式的な形に流れ始めた（第三章）。それは、昭和天皇の即位大礼ではどのように表れただろうか。

大礼警備本部参謀の土肥米之府保安課長は、本部長の池田清京都府警察部長と大礼奉祝催物の取り締まり方針の統一について協議し、大礼の約二ヵ月前、九月一二日に発表した。それによると、①旗行列および提灯《ちょうちん》行列を行うことは許可する、②屋外における踊は許可しない、③仮装行列は許可しない。ただし時代祭における時代行列は認める、④屋台は認めるが、一町内一団体を限度とし、引き綱に付随するものに限る。会社・工場において行う屋台も同様。屋台の人数は六〇名以下（乗車するものを含まず）とし、引き綱は長さ五間（約九メートル）のもの二本以内とする、⑤仕掛け花火、打ち上げ煙火《はなび》等は市内人家密集の場所では許可しない等である。男子の女装、女子の男装、鬘《かつら》、仮面その他「卑猥の扮装《ふんそう》や言行」も許可しない方針だった［1］。

すでに一九二〇年一一月の明治神宮鎮座祭を奉祝する京都市内の行事に対し、京都府警察本部は右と類似した規制を発表していた。しかし奉祝の提灯行列において、京都市民は必ずしもその規制を守らず、酒も入った娯楽的要素の強い行事にしてしまった（第三章二節）。

次いで一九二五年五月、大正天皇・貞明《ていめい》皇后の銀婚式を奉祝する京都市主催の行事に合わせ、各市民集団が勝手に仮装行列や屋外の踊りを行った。奉祝行事は大きく盛り上がったが、一九二〇年一一月に出た警察当局の規制は、またもや無視された形になった（第三章二節）。そこで今回、天皇が京都に滞在する即位大礼という最重要儀式に際し、警察当局は改めて催物への強い規制方針を打ち出したのだった。

このような警察当局の規制方針に、市民は不満であった。九月二一日、京都府会の警務常置委員会が開かれ、大礼を奉祝する市民の気分を殺《そ》がずに発露するため、奉祝踊の期間を四日よりも長くすることを決め、警察側と協議することになった[2]。

✣奉拝空間の平等化と規制

今回の京都行幸では奉迎送者に対しても、これまでにない強い規制が行われたことが特色である。京都府大礼警衛本部は、一九二八年(昭和三)一〇月三〇日に天皇の行幸行列である鹵簿《ろぼ》通過前の交通遮断について、一一月一日には、鹵簿奉拝者の心得を決定し、公表した。

その内容は、①警察官の指図がある場合のほかは必ず「跪坐《きざ》」(正座)する、②特に許可されている者の他は、鹵簿の撮影を禁じ、行幸の道筋で酒は飲めない、天皇が通過する間際は「特に物静かにして、決して騒々しい振舞《ふるまい》または不敬な行為があつてはならず、戸・障子・あきなどから覗《のぞ》き、または屋根上、階上(二階・三階)階段、車上もしくは樹木などに上り奉拝」してはいけない。

③行幸の道付近は、通過の一定時間前に、通行を禁止するから、その後奉拝所に入ってはいけない(一〇月三〇日、京都府大礼警衛本部では、一一月七日に天皇が京都駅に到着して御所に行幸する際と、東京へ還幸するため、御所から京都駅に向かう二六日は、行幸道路である烏丸通の南端の京都駅より丸太町通の堺町御門に至るまで、八時間前に一般の交通を止める決定をした。そのため、たとえば七日の拝観者は、天皇が午後二時に京都駅に着く予定だったので、午前六時までに烏丸通に入らなければならなくなった)。④鹵簿通過後も、警察官の指図

があるまで、その場を動いてはならない、退散する時は鹵簿進行と反対の方か、または横道に順序良く解散すること。

さらに、⑤行幸路沿道で、「精神病者、白痴、泥酔者、伝染病疾患」がある者や、その疑いのある者、あるいは凶器その他危険物を携帯している者を発見したら、すぐに警察官にとどけよ、と拝観者相互の監視も明記した。

この他、⑥服装は清潔なものを用い、「不体裁」にならないよう心がけ、持ち物は必要品のほか持参しないこと、ステッキ・旗・カメラなどは持参しないこと、⑦沿道には便所をたくさん作ってあるが、雑踏のため用便困難と思われるから、前日から飲み物を少なくしておく必要がある等、個人生活に関わるようなところまで、規制・指導した[3]。

大正天皇の大礼が終わった時には、御苑の出口の堺町御門付近や丸太町通では、万歳三唱で感動した一般奉拝者たちが万歳を連呼して混乱した（第二章五節）。これは警備が緩やかだったことを示している。このような大正天皇の大礼と比べ、今回は大きく異なっていた。

また一一月一〇日という寒くなる時期だったにも関わらず、八時間以上も前に奉拝席に着かせ、跪坐の体勢で奉拝させるというのも、前回の大礼にはなかった異常に強い規制だったといえる。跪坐で行幸を参拝するのは、五年後の一九三三年一〇月、天皇が陸軍大演習の途中、京都に行幸し、御所に一泊した際にも受け継がれた（本章四節）。

このような強い規制が出てきたのは、第一に、膨大な人数の国民が大礼行事関連の奉拝に参加すると予想されたからである。この背景には、第一次世界大戦以後、都市の膨張が進み、さらに都市部と日本の他地域を結ぶ交通網が整備され、新聞・雑誌等のマスメディアの発達などがあった。田中義一内閣や宮内省は、大礼行事関連の奉拝に参加したいという国民の欲求を秩序ある形で満たす方が、大正デモクラシーの思潮を秩序づけ、国力を発展させられると考えたのであろう。

京都府警衛本部では、一一月七日と二六日に天皇を奉迎・奉送する拝観者について、御苑内の収容能力を五万六〇〇〇人、丸太町通・烏丸通の沿道の収容能力を三〇万人と見積もり、合計で「二百余万」の拝観者があると予想して、警備体制を組んでいた[4]。

第二に、一九二〇年代後半にかけて、明治天皇や明治時代を、実際にあったことを越えて過度に理想化しようとする風潮が強まっていたからである。これは、一九二七年三月三日に明治節を設置し、明治天皇の誕生日である一一月三日を祝日にし、紀元節(二月一一日)・天長節(四月二九日)と同様の祭礼を行うようになったことを、一つの指標とすることができる。この中で、理想化した明治天皇や明治時代を、昭和天皇や昭和の中に見出そうとし[5]、虎ノ門事件のような天皇に危害が及ぶ恐れのあることは起ってはならないのは当然のこと、理想の君主の即位の大礼には混乱すらあってはならないと、規制が強まっていったのであろう。

一一月三日、警備の責任を持つ大海原《おおみ はらしげよし》重義京都府知事は、「不逞《ふてい》の徒は入れるべからず、良民には懇切なれ」と訓示した。翌四日、五日、六日の三日間は、青年団・在郷軍人会・十六師団の合同で、総動員で全市にわたり鹵簿の道筋全線の警衛の実地演習を行う予定であった[6]。

警備は拝観者に強い規制を課すものだったが、拝観者数は過度に制限せず、多くの国民が大礼に参加できることを狙った。

たとえば、男女の一般拝観者たちは、いずれも鹵簿通過の道筋で、冷たい歩道の上に跪坐しなければならない。そこで京都府大礼事務局工営係では、特別念入りに分厚く作った広筵《ひろむしろ》を五万枚ほど用意し、当日沿道の歩道の上に敷く予定であった。また、天皇が六日に皇居を出発し、同日名古屋離宮に宿泊、七日に京都駅に到着し、御所に行幸する様子や、一〇日の大礼後の万歳など奉祝の模様を、初めてAK（東京）・CK（名古屋）・BK（大阪）から全国にラジオ放送することにもなっていた[7]。

❖昭和天皇の東京出発と京都到着

京都に向かう昭和天皇の鹵簿《ろぼ》は、一一月六日午前七時に皇居を出発する予定だった。東京でも行幸路に沿った歩道や芝生の上に跪坐して奉拝することが決められていた。東京駅付近の一般奉拝所には、五日の夕方五時頃から人々が綱に沿って並び始め、夜八時頃には新聞や毛布を敷いて二〇〇〇人余がうずくまっていた。当日朝には、奉拝者は二〇万人近くに膨れ上がり、二万の陸海軍人が並ぶ中、鹵簿は東京駅に着いた[8]。

行幸を迎える京都においては、駅前の奉祝塔や、丸太町・三条・四条・五条・七条の五大橋に飾りつけがされる等、各地に奉祝の飾りおよび電飾が行われた。

注目すべきは、大正天皇の即位大礼の際は、駅前の奉迎門がローマ風であったのに対し、昭和天皇の

京都駅前の奉迎門（昭和大礼）

即位大礼の際の駅前奉迎門は、次のように、東洋風もしくは和風であったことである[9]。門柱の上部に楼を設け、「柱及鈎棟を朱塗に、屋根は金色壁扇棰作《せんすいづくり》とし、頂には更に金色燦《さん》たる鳳凰二羽を飛ばせり(以下略)」。また、駅前を簡易舗装して「白銀色の玉砂利」を敷いた。

これに加え、市電気局と土木局では、滋賀県近江舞子の琵琶湖岸と疏水から浚《さら》えた白砂を、行幸の四時間前に道路に撒布《さんぷ》して、「路面を清める」ことになっていた。白砂撒布作業は実施され、それを担当した京都市の公式刊行物は、「この白砂撒布は行還幸御道筋の御平安を祈る我国風の伝はれる所にして、所謂《いわゆる》御清めの作業たり」と、白砂撒布作業をとらえている。さらに新聞は、「御所内外」も、「清浄、森厳の気に包まれた」と表現した[10]。

このように、明治天皇や明治時代を過度に理想化する潮流によって、昭和天皇の大礼においては東洋風もしくは和風が強調されるようになり、これまで以上に「清浄さ」が求められるようになっていった。このなかで、白砂撒布が、「我国風の伝はれる所」、と事実とは異なる言説まで登場し始めたのである[11]。

昭和天皇が京都駅に到着する一日前、六日の午後二時になると、歩道の拝観所中でプラタナスの街路樹の葉陰になって秋陽を避けられる辺りに、弁当持参で座り込む人もちらほら現れてきた。夜一一時半ごろから、時雨《しぐれ》が降り出したが、一〇余万の拝観者の四分の三は雨傘を開くなどして、その場を動こうとしなかった。一時間余りで雨は降り止み、軒下に雨を避けた人々も戻ってきた[12]。

七日の夜明け頃には、京都駅前烏丸《からすま》通から丸太町通を経て御苑の堺町御門に至る間の筵《むしろ》に座り込んだ人は約三〇万人にも達した[13]。警備当局の予想通り拝観席は満杯になった。このように拝観者が多いばかりでなく、拝観席には特に序列は設けられず、平等が追及されたのが特色であった。

特別待遇を受けているものは、京都駅のプラットホームに奉迎した東郷平八郎元帥らや国務大臣・朝鮮総督等の高官たちや、駅正面入り口の両側に並んだ、勅任官・同待遇以下従六位勲六等以上の有資格者たちぐらいであった。彼らは八時間以上も拝観所で待つことなく、天皇の到着前に決められた位置に立った[14]。

堺町御門内外、御苑の垣に沿って烏丸丸太町の交差点までの間には、府市職員・府市名誉職その他関係者が並んだ。特別扱いされているようにも見えるが、そうではなく、彼らは「いずれも礼装または制服に身を清め、むしろの上に坐つて時の来るのを待ち奉」っていた。

御苑の中も、特別扱いされたのは、建礼門を入った正面で起立して奉迎した外交団外人一五〇名くらいである。御所の建礼門に向かって右側には、愛国婦人会を先頭に各宗仏教婦人会、全関西婦人連

御苑内で奉拝を待つ小学生

合会などの婦人団体、済生会その他公共団体、赤十字社員、京都連合青年団、全国在郷軍人、傷痍軍人などの代表者が奉迎した。建礼門に向かって左側には、京都在住華族、宮内官ならびにその家族の一団を先頭に、帝国大学を中心として、建礼門近くには小学校生徒、次いで堺町御門に向けて各種専門学校・中学校ならびに女学校生徒が奉迎した。日本の各団体の奉迎者たちは、いずれも「筵上に畳表を重ねて」敷き詰め、そこに「跪坐」した[15]。御苑内では、愛国婦人会と京都在住華族や帝国大学生が建礼門の近くで奉拝できたので、上下の秩序が少しはあるように見えるが、誰もが入学できる小学校生も建礼門の近くで拝観できたように、むしろ平等原則が中心だった。

また社会的地位にかかわりなく、「九十歳以上の高齢者」は建礼門近くで跪坐して奉迎できた[16]。これも平等原則を示している。

御苑入り口の堺町御門から建礼門までの御苑内の奉拝

御苑内で奉拝を待つ高齢者

者は約五万六〇〇〇人にも達した。

さて、御召列車は予定通り、七日の午後二時に京都駅に着いた。軍楽隊が「君が代」を演奏する中、鹵簿《ろぼ》は京都駅から烏丸通を北へ進み、午後三時一九分に御所に入った。それと同時に、沿道その他、付近の交通禁止が解除された。奉拝者たちは帰途に着くべく、いっせいに街路に出たので、烏丸通・河原町通・四条通付近は大混雑となったが、四時半ごろには緩和された[17]。大混雑であるが混乱が生じなかったのは、警備当局の規制[18]のみならず、三大事業・都市計画事業で幹線道路が拡築整備されていたからであった。

昭和天皇の京都駅からの行幸路になる烏丸通(塩小路‐丸太町間)は、一九二八年一〇月三一日に舗装が竣工、また、丸太町通の烏丸から堺町御門までの行幸道をにらんだ、丸太町通(烏丸‐河原町間)は、同年一一月五日に舗装が竣工した。この他、河原町通(丸太町‐七条間)も同年一〇月二〇日に舗装が竣成した。河原町通は大礼に参列する外国使節の宿泊先である京都ホテル・都ホテルに向かう京都駅からの路線であった。さらに、桃山御陵への参道としての師《し》団街道《だんかいどう》に接続する、七条《しちじょう》大橋東《おおはしひがし》詰《づめ》から疏水運河東岸に沿い、塩小路《しおこうじ》通《どおり》疏水橋西詰までの道路の、拡張(一〇月一五日竣工)工事などが行われた[19]。夜は提灯行列などの華やかな行事はなく[20]、「清浄な静けさ」のうちに更けていった。行幸一日目は混乱なく過ぎた。

❖あまりにも秩序立てられた大礼

一一月一〇日の即位の大礼の際、京都市民や京都市にやって来た人々の状況は、どのようなものだったのだろうか。

今回も、即位大礼は登極礼《とうきょくれい》にのっとって、午前の賢所《かしこどころ》大前の儀と午後の紫《し》宸殿《しいでん》の儀に分けて実施された。大正天皇のときと今回の両方に参列した三上参次(東京帝大名誉教授)は、大正天皇の即位大礼よりも今回の儀式は「一層整つたものであつて、すなわちわが国有史以来はじめての最も荘厳にして雄大、典雅にして意義の最も深い御儀であると有がたく心強く感じた」とみた[21]。三上は、『明治天皇紀』を編纂する責任者である臨時帝室編修官長であり、昭和天皇(皇太子裕仁親王)にもたびたび進講している宮中関係の有力者である[22]。

午後の紫宸殿の行事は一時二〇分からJOBKでラジオ放送された[23]。もちろん、大礼のラジオ放送は初めてであった。ここにも、できる限り多くの国民が平等に即位大礼に参加できるようにという、牧野伸顕内相ら宮内省の意向が反映されている。

放送は、「〔午後〕二時四十一分天皇・皇后両陛下出御、続いて〔田中義一〕総理大臣が南庭に立ち、勅語を賜はり総理大臣寿詞を奏する有様など、恰《あたか》も儀式を拝するが如く」なされた。三時になると田中首相の発声に続き、諸員の万歳奉唱の大声が「破れるばかり放送受信され」、「君が代の奏楽、皇礼砲のひびき…」が続いた。京都演奏所と大阪上本町放送所の間の中継線の状態は非常に良く、全国中継も大成功であった。また、全国各地でラジオの声に合わせるなどして、「万歳」が奉唱された。大正天皇の即位大礼の際と同様に、御所・御苑の周りでは、田中首相の「万歳」の唱声に合わせた御所内の「万歳」に、少し遅れて「市民の高唱」がなされ、それが「轟く波音の如く」御所の中に響いてきた[24]。

即位大礼の紫宸殿の儀式が終わると、鴨川河川敷から号砲が鳴った。すると、人力車五〇〇台と自動車一〇五〇台が「大波」のように街へ押し出して行き、この「洪水」が引くのに約二時間かかった。こういった「壮観」を見ようとする人々が各御門の前に群がり、自動車の窓から見える白毛・黒毛の帽子、国ごとに異なる外国使節の美しい礼装を眺め、大礼の「奉祝気分」を満たした[25]。このように、大正天皇の大礼以上に多くの人々が参加したにもかかわらず、秩序だっており、ほとんど混乱が起きなかったことが特色である。逆に言えば、祭礼につきもののハプニングはなく、大正天皇の大礼ほどの盛り上がりに欠けたといえる。

大礼に参加した多くの京都市民や国民に印象を残したのは、夜の奉祝イルミネーションである。京都駅前の大奉祝門、府庁前の高燈籠《たかとうろう》・春日燈籠、市庁前の奉祝高塔、「御所」前の奉祝アーチ、烏丸通の三井・三菱各銀行京都支店、東西南の大礼博会場等のイルミネーションは、みな意匠を凝らしておもしろく、烏丸通・河原町通の軒に続く五彩の板幕の蔭の大電飾も、眼を楽しませた[26]。

夕方から、四万人に近い中等学校生徒・各学区団体や市民たちは提灯行列を組織して、二条離宮（二条城）の辺りに集まり、丸太町通を東に向かって進み、御苑の堺町御門を入って、御所の建礼門前へ、さらに御苑の下立売《しもだちうり》御門を抜けて京都府庁前で解散した[27]。このように、大礼後の提灯行列も、秩序立っていた。

❖京都の少し窮屈な奉祝行事

京都市民は、このようなあまりにも秩序だった奉祝行事を、心から喜んだのであろうか。京都市ほど規制の厳しくなかった大阪市の状況と比べ、推定してみよう。

一一月一〇日に大阪でも、ラジオから皇礼砲が轟くと、全市を揺るがせて「万歳」の声が響きわたった。その後、大阪城大手前、中之島公園からあふれ出た三〇万の学校生徒、青年団、各有志団体の旗行列が、奉祝歌の楽隊を先頭に、「万歳々々」を連呼して、市内の街路に流れ出た。七彩に飾った花電車は、運転手と車掌は烏帽子《えぼし》装束で、神楽を奏しながら走っていた。次いで、舞姫人形・富士に鶴を飾った電車が続き、群衆は刻々とその数を増し、花バス、奉祝自動車もやってきた。

夜になると、花バス・花電車の光は目をくらますばかりで、その縦横を紅提灯を持った幾万とも知れない団体行列が歩き、「歓声の響音を地響きにこもらせた」。「四つ竹、太鼓、三味線の高調子が来たぞ、陣笠《じんちょうかさ》に奉祝模様の長襦袢《ながじゅばん》、元禄髷《まげ》に手古舞《てこまい》姿のいきな女が、群衆の波にもまれて動揺する屋台の中から『イーヤ、ホー』の声もにぎやかである」[28]。

このように一〇日の三時以降夜にかけて、大阪市はまったくのお祭り騒ぎである。大正天皇の即位の大礼の際の京都や、第一次大戦中の青島《チンタオ》陥落、講和記念の「京都市民デー」の京都の状況と同様である。昭和天皇即位の大礼において、京都市民も大阪のようなお祭り騒ぎをしたかっただろうと推定できる。

一四日夕方から一五日早暁にかけて、仙洞御所《せんとうごしょ》に設けられた大嘗宮《だいじょうぐう》で大嘗祭が行われる。このため、陸軍大元帥の正装の天皇、皇后は鹵簿を作って夕方に御所の建礼門を出門、仙洞御所に行幸啓した[29]。

大嘗祭が行われている一四日夜、京都では特に行事がなく、市民は静かに夜を過ごした。他方、大阪市民は「夜に入って刻々人出が増し」、中心街では電車も自動車も立往生、その間を「千姿万態《せんしばんたい》の行列、屋台が囃子《はやし》、鳴物を乱して出」てきて、「万歳万歳」の歓声も聞こえてくる等、「わき立」った[30]。京都市民は、大嘗祭が終わるまで、催し物を自粛させられた形になったのである。

大嘗祭の夜が空けた一五日は、ようやく京都市民の奉祝催しが盛大に挙行できるようになった。旗行列、提灯行列、屋台の曳《ひ》き出しなど、五四団体、約五万人が催し物を計画していたが、あいにく前夜来の雨がいよいよ激しくなった。このため、府・私立女学校合同の一万三〇〇〇余名の旗行列、錦林《きんりん》地区の三小学校が大文字山で催すことになっていた「大」の字形の旗行列、京都市男女小中学校・青年団連合運動会(秩父宮台臨)等は中止となった。

それでも夕方には秋雨をついて、両洋専門学校および中学生徒三〇〇余名は、校長に引率され、蹴上《けあげ》から疏水に沿い、東山通、丸太町通を経て、堺町御門から御苑に入り、御所の建礼門前で奉拝する等、建礼門前に向かうグループがいくつか現れ、夜に入ると「ドンチャン囃子《はやし》の屋台」も曳き出された[31]。

翌一六日は、即位大礼と大嘗祭の終了を祝い二日間行われる大饗《だいきょう》第一日目である。東郷平八郎元帥や田中首相等の高官一〇五〇人が、御苑内の大饗宴場に参集した。大正天皇即位の大礼の大饗宴は二条離宮を会場として行われたが、今回は召される人員が著しく増加したために、離宮ではできなくなった。御苑内の御所建春門東側の芝生の空地に仮建物を新設して行った。今回も京都のメイン会場以外に、京都の「平安神宮神苑」、東京・大阪などで大正天皇の即位大礼の際と同様、地方賜饌《しせん》も行われた。地方名望家・各町村長など、合わせて二〇万人余りが神酒饗饌《しんしゆきょうせん》を賜った[32]。大饗・地方賜饌に関しても、多くの人が参加するという意味で平等化が進んだのである。

一六日は京都市の奉祝催しの二日目でもあった。午後から晴れたので、京都市立小学校男女高学年児童・学区民一万九〇〇人が、平安神宮前からと、二条離宮前から学校ごとに校旗を押し立て、国旗を打ち振りつつ、奉祝歌を歌って行進し、建礼門前で旗行列を行って万歳を奉唱した。午後六時からは、京都府主催で、各男子中等学校以上大学生まで一万五〇〇〇人の提灯行列が行われた。「全市は赤い提灯の灯の海」となり、「万歳」の叫びと屋台の囃子の「一大奉祝交響楽」となった。洛北の金閣寺裏の衣笠山には「天」の字が点灯される等の催しもなされた[33]。

以上のように、一一月一五日・一六日と京都で市民の参加した本格的な奉祝の催しが行われたが、大阪と比べると余りにも秩序立てられたもので、京都市民にとっては少し窮屈な娯楽となったようである。

✣天皇が留守の間に発散

一一月一九日から天皇・皇后は伊勢神宮（宇治山田市）に行幸し、二二日に京都に還御した。京都市民は、燃焼しきれない奉祝気分・娯楽気分を覚えていたようであるが、天皇が伊勢神宮に行幸して留守の間に、それを爆発させた。警察当局も当初の規制方針を捨て、市民の感情の発露を黙認したのであろう。その様子を、地元の有力紙の記事によって眺めよう。この記事の見出しは、『躍れや踊れ!!』我を忘れて狂ひ抜く、高踏乱舞の夜の京は、囃子と太鼓《たいこ》の交響楽、此処絶頂の悦楽郷」というセンセーショナルなものである。

（一一月二〇日）午後一時と言ふに、早くも（お茶屋街の）宮川町大和家の屋台が美しい鉦《かね》と太鼓の宮川町芸妓を満載し、白く塗り凝つた引手婆や子供などに曳かれ、後には三味線持つた若い芸者五十余名を従へて、どんちやん〳〵と京洛の街々を練り出したのを手始めに、これに刺激された各町の屋台も居たゝまらずと派手な衣裳に身をこしらへ、手は三味太鼓笛に賑《にぎわ》ひつゝ、烏丸通り・四条通り・丸太町通りなぞの大通りに繰り出し、これがため午後六時には提灯行列とがち合つて、御苑近くの丸太町通りは見物人と共に五万の人出と言はれ、午後八時には十万となつた[34]。

同新聞に、「二十一日（二十日の誤り）夜は聖上御駐《ごちゅう》輦《れん》中最後の歓楽に酔ふ日であり、踊り狂ふ夜であると言ふので、歓喜と奉祝に夢中となる」と予想しているので、天皇が京都にもどってこない間の「踊狂い〔35〕」との了解があったといえる。

昭和の大礼という最重要儀式の下でも、京都市民たちは奉祝気分を自らのやり方で心から発散することを求め、達成したのだった。

昭和天皇は、二四日に泉山の仁孝《にんこう》・孝明両天皇陵に参拝、二五日には明治天皇の桃山陵に参拝し、即位礼終了の奉告を行った。こうして京都での即位大礼関連の行事は終了した。

この行事の間、奉祝の「狂舞」が御苑に面した丸太町通りでも行われたとはいえ、京都・御所・御苑の空間は平等化の反面、過度に「清浄さ」と秩序が基本的に強制された。この意味で、京都市民や国民から少し遠い空間となったといえる。

❖天皇還幸後の「奉祝踊の日」

一一月二六日、天皇は皇后とともに予定通り京都駅から東京へ還幸《かんこう》、還啓《かんけい》した。

京都市民の奉祝踊は、一一月一五日、一六日、一九日、二〇日の四日間催されたが、一五日は雨に阻まれ、残りの三日間は「厳しい取締り」のため、市民は十分に踊れなかった。このため、市民の間から、「何とかしてウンとお祝ひしたい」と、新たな踊りの日を当局に熱望する者が続出した。

そこで大礼警衛本部は、天皇還幸後の二六日から三〇日までの五日間、踊を許可することになった。当局は二五日に「旗行列、提灯行列、屋台及秩序ある奉祝踊は之を認む」、「各種催物は団体的行動のみを認め単独行動は之を認めざること、但し一団体の人数は五十人以上とすること」、「催物はすべて午後十一時限とすること」等の取り締まり方針を発表した。

この取り締まり方針と京都市民の対応について、地元の有力紙は次のように、市民がかなり自由に「奉祝踊」を楽しむだろうと予想した。

個人の踊は認めぬといふても、他の団体に加はり秩序よく踊るならば認めやうとの寛大な取締の意が含まれて居り、待ちに待つた市民はこの五日間徹底的に踊抜くであらう[36]。

還幸啓後の奉祝第一夜、一一月二六日は好天に恵まれた。四条通・河原町通・丸太町通・烏丸通をはじめとして、市内の主な通りは「踊れや踊れ」と、見物人も含め「六十万」人もの驚くほどの人出となった。「それでも踊る方でよく警察当局の命を守り、秩序を紊《みだ》さず、徹底的に踊り抜いたので大した事故もなく」終わった。もっともあまりにも人出が多く、当局は、午後一一時限りという取り締まり方針を徹底させることができず、「全市満街は午前二時、三時頃まで全く踊りの世界と化した」という[37]。

二七日夜は、「十万程の人出」と報じられたように、人出は前日に比べ少なくなった。それでも参加者たちや見物人は、「永代八千代《えいだいやちよ》踊れや踊れ」、「万歳々々」と掛け声を出し、三味線、太鼓、鐘《かね》、拍子木《ぎ》等が交じって「一大交響楽」が奏でられた。市街を走る電車や自動車もあちこちで進行を止められ、「市中は午前二三時頃まで満街見渡す限り、おどり狂ふの呑《の》ん気さに寝るものも少なかつたであらう」

という状況で[38]、秩序が少し乱れ始めた。

翌二八日夜は、「京都市民の奉祝踊の熱狂ぶりは今や最高潮に、毎夜大京都は歓楽の巷《ちまた》と化してゐるが、この奉祝踊に名を藉《か》り、いかゞはしい振舞をする連中多く」という状況になった。当局は、「極めて寛大な取締方針」の主旨を誤信し、どのような行為でも黙認されると勝手な解釈をしているととらえ、取り締まりに乗り出した。一五歳の少年が同じ団体の三〇歳の「人妻」と路上で抱き合っていたのや、路上で女に抱きつこうとした男性、女装して腰巻で「色を使」っていた青年、路上で三輪車に酒の四斗樽を積み数本の柄杓《ひしゃく》で一同と飲んでいた男性、陸軍中将の本物の正装姿に仮装した中年男性、巡査の制服を着て踊っていた中年男性等が取り締まられた。この他、「(酒の)一升壜《びん》を提げて踊る者多く、それらの投げた壜の破片が沿道に飛散」する等、「秩序全く乱れ取締の警官も持て余し」ている状況だった[39]。

二九日夜は、翌日が雨天という天気予報が出ていたので、奉祝踊の「クライマックスの日」とされた。「華かにして又愉快な気分に溢《あふ》れ、歓喜にむせぶ人々の狂ふ踊りを見物せんと目抜きの四条烏丸、河原町、烏丸丸太町等の街角の人道は見物人であふれ、車道の半ばまで占領し[40]」た。

三〇日も、朝からの雨は夕方にはあがったので、夜七時、八時と時の経つにつれて人出は増え、「夜を徹して踊抜くカーニバル祭の乱舞もかくやと思ふ計《ばか》り」になる。祇園囃子《ぎおんばやし》の一群、「ピエロの服装よろしき一行が『ジャズ小曲、沙漠に陽は落ちて』を口吟《くちず》さみ、チヤルストンを踊」る等、思い思いの行列が行き過ぎた。四条通や河原町通には人があふれ、歩道は人が通れないほどになり、なだれ込まれることを恐れて早く占めてしまう店もあった[41]。

二八日夜に当局の取り締まりが強められてから、二九日、三〇日は「怪《け》しからぬ振舞」はなくなり、市民は最後の「狂踏乱舞[42]」を楽しんだようである。すでに述べたように、昭和天皇即位の大礼は、大正天皇の大礼と比べ秩序立てられ、天皇が京都に滞在している間は、奉祝の行事も少し窮屈になった。しかし天皇が伊勢神宮に行幸している間や還幸後には、御苑に入らない形であるが、市民は素朴な奉祝の気持ちや日常の不満を酒も入った形で発散させる機会を認められた。約三年後に起こる満州事変までは、この程度の自由はあった。

✣御所と大嘗宮一般拝観の大人気

その後、大正天皇の大礼の際と同様に、一九二八年(昭和三)一二月一日から二九年四月三〇日まで、京都御所の南端および大嘗宮《だいじょうきゅう》の一般拝観が許された。拝観の受付時間は毎日午前九時から午後三時の間であった。拝観には第一日目からおびただしい人が押し寄せた。早朝五時頃から人々は御苑に集まり、開門時間の午前九時には、車馬部跡の広場も、一〇〇メートル以上にわたって長い列を作って入場の順番を待つ人の群れで埋まった。拝観を求める人は、午前中に数万を越え、正午に御苑への入場所になっている富小路《とみのこうじ》切通《きりどおし》の交通を止めた時には、約一三万人の人が御苑内にひしめきあっていた。このため、午後四時頃になっても、朝の九時頃に来た人々がウロウロして拝観できない有様であった。

拝観は宜秋門《ぎしゅうもん》の南の築地門《つきじもん》から入り、第三朝集所・紫宸殿《ししいでん》前を拝観して建春門《けんしゅんもん》を抜け、第一朝集《ちょうしゅう》所《じょ》、大饗宴場、第二朝集所を拝観して南下、仙洞《せんとう》御所に至り、大嘗宮悠紀《ゆき》・主基《すき》の両殿を拝観して南に出て、東に進み寺町御門を出て解散する、というコースだった[43]。
五ヵ月間の拝観者は大正大礼より二六九万人多い五三四万人にも達した[44]。

二節　観光地としての御所・御苑と御所拝観の拡大

❖御苑が桜の名所となる

一九二七年(昭和二)四月になると、円山《まるやま》公園・岡崎公園・清水・嵐山・御室《おむろ》などと並んで、御苑の桜が次のように注目され始めた。

御苑の桜はあまり人々が口にせぬが、木の数は案外多く、緑濃い松や雛壇に見るやうな御所を背景にしてさき乱れてゐるところは実に優雅で、そゞろ歩きをしても都の真中にあるとは想像出来ないやうな感じがする[45]。

大正天皇の即位の大礼の前、御苑には、京都の有志から松・桜・梅・樫・杉・楠などの献木がなされており[46]、それが育ってきたのであろう。

京都御所拝観内規にもとづいた拝観者や特別に許可された拝観者が即位の大礼の刺激で従来よりも多くなったことも加わり、京都御所を詳しく説明した観光案内が、すでに述べたように一九二八年に少なくとも二つも発行された。

一九二九年一二月になると、外国人の観光客を誘致することが再度話題になってきた。京都の有力新聞は、政府でも最近は外国人の観光客誘致に関心が高くなったと見た。その中で、鉄道省では明年四月から観光局を設け国内事情の海外宣伝に努める方針を掲げたが、日本へ外国人客を誘致するには何といっても京都を中心として宣伝をしなければならず、また京都が中心となって努力せねばならぬ[47]と、国内的にも観光都市としての京都の重要性が改めて注目された。

一九三〇年代になると、官営鉄道の乗客人員は基本的に増加する(一三九ページの表1、表2参照)。つまり、乗客人員は、一九二八年には八三五万人にまで増加し、昭和恐慌などもあり一九三二年まではそれを超えられないが、一九三三年には一九二八年を超え、三六年には一〇六三万人にも達する。

これらの傾向は、京都への観光客の増加傾向と同様であると推定され[48]、それが昭和初期にかけての京都の観光ブームや、京都御

表2　京都市内8駅の
官営鉄道乗客人員数の増減

年	乗客人員(人)
1931	8,033,202
1932	8,231,335
1933	8,570,966
1934	9,159,846
1935	9,686,670
1936	10,633,578
1937	8,665,317
1938	9,536,652

備考:
(1) 各年度『京都市統計書』より作成。
(2) 1931年4月1日の隣接市町村編入にともない、市内は、京都駅・山科駅・丹波口駅・二条駅・花園駅・嵯峨駅・稲荷駅・桃山駅の8駅となった。
　ただし、1936年からは4月15日に開設された保津峡駅(京都市内ではない)も加えた9駅。

所や御苑が観光地として利用されていくことに関連しているのである。

御所・御苑をめぐっては、本章で述べたように、昭和天皇の即位大礼で奉祝空間への強い規制が生じる。さらに後述するように、満州事変を経て盧溝橋《ろこうきょう》事件以降、御所のみならず御苑も「聖域」化されていくが(本章四節~八節)、市民や国民は、それを観光として楽しむしたたかさも持っていた。なお、昭和恐慌で観光客が少し落ち込んでいる中ではあるが、京都市は一九三〇年五月二二日、日本で初めて観光課を設置し、内外観光客の誘致・宣伝や案内・接遇に関すること等に積極的に対応しようとした[49]。

このように観光名所として開かれてきた京都御所・御苑であるが、御所や周辺で特別の事件や行事があった場合には、御苑も一般の人々の自由な立ち入りが禁じられたことはいうまでもない。幕末の八・一八政変(一八六三年)や禁門の変(一八六四年)、王政復古のクーデタ(一八六七年)[50]や、すでに述べた明治維新以後の大正天皇・昭和天皇即位の大礼中の特定の期間など、特殊な場合である[51]。

❖地域中堅層にまで拡大した拝観資格

昭和天皇の即位大礼後の御所一般拝観によって、御所拝観は平常時においても拡大し始める。それは国勢調査員への拝観許可にもみられる。

第三回国勢調査は、一九三〇年(昭和五)一〇月一日に実施された。浜口雄幸内閣は国勢調査員の新宿御苑・京都御所・二条離宮の拝観について宮内省と交渉し、一九三一年一月一七日に許可を得た。なお、すでに国勢調査員のみならず、一九二九年には農業調査員も同様の拝観を許されていた[52]。

今回の一つの特色は、前々回や前回と異なり、国勢調査団体の一部として拝観を許すのではなく、団体として拝観するように制約を強めたことである。また、①拝観人員はなるべく一五人以上の団体とする、②名簿は拝観所ごとに三通作成し、別に一通は当時担当した調査区番号または予備調査員であることを記載した名簿を作成し、決められた書式によって拝観希望日限初日より二〇日前に提出する、③拝観希望日限は一〇日間以上とする（一〇日間のうち一日の特定の時間が指定される）、④服装は「非礼」にならない程度として、履物はなるべく靴または草履を用い、歯のついたものは避ける、⑤許可されたなら晴雨にかかわらず拝観すること、等の規則も示された（服装・履物などを規制する④と⑤は、第一回国勢調査員の拝観許可に関し、一九二三年五月二五日の内閣統計局長よりの各府県知事への通牒にもあった[53]）。

一九三〇年の国勢調査に関し、京都市民が京都御所拝観を申し込んだ最も早い例の一つをみてみよう。それは、中京区教業学区《きょうぎょうがっく》の矢野豊次郎（一九三〇年国勢調査員）外三七名が、一九三一年三月九日に後藤末久区長を介し、「京都御所並に二条離宮拝観」を京都市長土岐嘉平《ときかへい》に申し込んだものである。拝観日限は、一九三一年四月一八日から二七日の一〇日間として願い出ていた。拝観申込者の中には、一九二〇年や二五年の国勢調査員も一三人含まれていた。この願いは、三月一四日発行の文書で京都市長から京都府経由で内閣統計局長宛に出された。

そして、四月二日付の京都府内務部長から京都市長宛の文書で、宮内省が矢野外三七名に拝観を四月一八日に許可したと通知された（ただし、二条離宮拝観に限って雨天の場合は停止との条件つき[54]）。こうして中京区長の拝観申請から二四日で京都御所と二条離宮の拝観許可が出た。

それ以降、一九三一年三月から一一月にかけて京都御所ならびに二条離宮の拝観が申請され許可されていった。京都市域からの拝観者は一八〇二名もあった[55]。

この中で注目すべきは、被差別部落であった下京区の崇仁《すうじん》学区の有力者である松下平三郎（京都市議、一九二五年に初当選）外五一名が、四月二八日に拝観することを許可されていることである[56]。すなわち、被差別部落を含む国勢調査員等、地域中堅層までが御所の拝観を許可されているといえる。すでに述べたように、一九二〇年代半ばから拝観に際し、「非礼」にならない服装や靴または草履を用いるように等の指示が出された。これは、拝観が地域中堅層まで拡大されたことに対応する処置であった。

三節　平等化を求める教化団体の活動

昭和初期までに京都御所・御苑は観光名所としての要素が強くなった。他方、一九二八年（昭和三）頃になると、奉祝行事の際に京都御所・御苑空間を平等化につなげ、精神修養としての教化に結びつけて秩序ある行動を取るよう規制する動きも強まってくる。

たとえば一九二七年一一月、京都市中立売《なかだちうり》警察署管内の在郷軍人分会・青年団・公同組合・衛生組合・中立工業協会はじめ諸営業協会が、「自発的に一致団結して民衆警察の真の意義を発揮し、警察機能を援助する目的で」（傍点は伊藤注記）、中立売自治協会を設立する。その発会式は翌一九二八年一月一五日に、御所建礼門前広場において行われた。同日午前一〇時三〇分までに、会員約三〇〇〇名は在郷軍人服・青年団服・紋付袴《もんつきはかま》姿で建礼門前広場に参集した。君が代吹奏後、池田清京都府警察部長が馬上で閲団式を行う等し、高田連隊区司令官発声のもとに万歳を三唱し、三〇分ほどで散会した。

また同志社においても、同年一月二三日に新島襄の昇天記念日を迎えるにあたり、御苑内東北広場で、「同志社精神の振興統一」を期するため、観閲式を行うことになっていた。総指揮官は倉茂大佐で、午後二時から全学生・生徒の分列式を行い、終了後、海老名弾正《えびなだんじょう》総長の講話がある予定だった[57]。

いずれも、娯楽というより精神修養としての教化に力点を置いた集まりで、秩序立ったものだった。またとりわけ中立売自治協会の場合は、平等化に関連し、一般市民も秩序形成に参加した。彼らは、皇室のつながりを実感できる空間、建礼門前広場で発会式を行うことで一君万民という、平等化意識を高めることができたのである。

さらに同年二月一一日、紀元節の日に京都連合青年団の五〇団体の代表約一〇〇〇名が午前一〇時に京都御所建礼門前に集合し、厳かに遥拝《ようはい》式を行った。その後、円山公園の音楽堂までラッパに合わせて「雪中行軍」し、土岐嘉平新団長（京都市長）を推戴する式を行い解散した。同じ日、東京市では全国二〇万の在郷軍人、青年団代表を集め、「宮城」（皇居）前広場で第三回建国祭が行われた[58]。京都市の動きは、以上のような東京の動きに影響されたものであろう。

この他、京都市青年訓練所で所旗を作り、旗の入魂祈祷を、同年九月一六日に平安神宮神苑において、多数の来賓・千余名の生徒が参加して行われた。土岐市長は市内の各青年訓練所主事に新調の所旗を手交し、参加生徒の分列式を行う等した[59]。桓武天皇を祭神とする平安神宮も皇室とのつながりを実感できる空間であった。

このように、同年一一月の昭和天皇の即位の大礼の前から、平等化と秩序化の動きが始まっていた。京都での連合青年団の同様の動きは、その後も続いた。一九三二年には出席団員が約三〇〇〇名[60]と、参加者が二八年の約三倍になっている。

四節　満州事変後の奉祝行事とその不振

✣ 教化色の強まり

一九三一年(昭和六)九月一八日夜、南満州の日本の利権を守るため駐屯していた日本陸軍部隊(関東軍)の一部が、謀略を起こす。奉天郊外の柳条湖の南満州鉄道線上で爆薬を爆破させ、中国側のしわざとし、満州軍閥張学良の中国軍を攻撃した。満州事変の始まりである。

関東軍は満州に新しい国家を作ろうと、満州全土を占領することを企て、戦線を拡大していった。一二月一一日には民政党の若槻礼次郎内閣が総辞職し、政友会の犬養毅内閣ができ、戦火の拡大を抑えようとしたが成功せず、一九三二年三月一日に関東軍は満州国建国を宣言した。

この間、一九三二年一月一七日に、京都市内の在郷軍人会東山分会は、新春の仮設動員演習を行った。

寒気が強まったが、同日朝八時半より、御所建礼門前において、まず山本鶴一第十六師団長の閲兵に始まり、分列行進に移り、次に国威宣揚祈願を行い、辻分会長や連隊区司令官の挨拶《あいさつ》等があって、二時間で終了した[61]。

満州事変下の一九三二年二月一一日の紀元節でも、御所の建礼門前が奉祝行事の場所となった。二月一一日午前九時から、京都市連合青年団は建礼門前で、紀元節遥拝式並びに団長推戴式を行った。最後に、森田茂団長（京都市長）の発声で「大日本帝国万歳並び聖上、皇后、皇太后陛下万歳」を奉唱して「厳粛」のうちに午前一〇時に解散した。

また同日午前九時から平安神宮前広場に、京都市最初の建国祭ならびに「愛国大行進」のため諸団体が集った。それらは神州報国会・生産党・洛北青年同盟・興国青年同盟・カフェー江戸の女給たち二〇〇名で、在郷軍人京都連合会長の指揮の下に皇居を遥拝、君が代合唱・万歳三唱等の後、市中行進に移った。平安神宮前から、三条通を西進、東山通を四条通に南進、四条通を烏丸通まで西進、烏丸通を北進、御苑に入り建礼門前で万歳三唱して、正午に解散した[62]。

御所の建礼門前広場が、皇室や御所と関連した特別な空間となっていることや、奉祝行事が秩序立てられて、「厳粛」に実施されたことが特色である。そこには、一九二〇年代半ばまで見られたのびやかな娯楽の要素は全くない。また、桓武天皇を祀った平安神宮の前の広場も奉祝行事の重要な中心として再び使われ始めた。日露戦争や第一次世界大戦中以来のことである（第二章二節、七節）。平安神宮前広場から建礼門前広場へのコースは、三大事業と都市計画事業で拡築した道路であったが、第一次世界大戦中や一九二〇年代前半までのような、奉祝行事のためののびやかな空間ではなくなっていた。

その後、海軍青年将校らのクーデターである五・一五事件で、一九三二年五月一六日に犬養毅内閣が倒れると、穏健派の海軍軍人斎藤実《まこと》が組閣した。しかし、内閣は軍部等の圧力に抗しきれず、九月五日、満州国を承認した。九月一六日夜、在郷軍人会京都支部では、日本と満州国の「親交を祝福」するため、在郷軍人・青年訓練所生ら三〇〇〇人の提灯行列を行った。行列は、平安神宮前広場から、東山通・四条通・烏丸通を経て「御所」（おそらく建礼門前広場）に至り、万歳三唱の上で解散した〔63〕。夜の提灯行列という要素は入ったが、秩序立っており、二月一一日午前中の「愛国大行進」と類似している。

一〇月一日には、国際連盟のリットン調査団が満州国建国を認めない報告書を日本に通告した。これに対しても、一九三三年二月六日、在郷軍人会京都支部は、「国威宣揚と連盟脱退」を唱えて、約二〇〇〇名が市中行進した。彼らは、東本願寺前から、烏丸通・四条通・河原町通を経て丸太町通に出て、「御所に向ひ」万歳を三唱した〔64〕。

この年の紀元節にも、午前八時五〇分から、京都市連合青年団が御所の建礼門前広場において、「団長推戴式並に紀元節奉祝式」を挙行し、団員一五〇〇名が「勇壮な分列式」を行った。天皇陛下万歳三唱で式を終えると、「国際聯盟に対する輿論《よろん》喚起のため」、副団長指揮のもとに、楽隊を先頭に、建礼門前から行進した。御苑の堺町御門を経て、東洞院《ひがしのとういん》通から竹屋町通、烏丸通りを南下、四条烏丸から四条通を東進、四条河原町から河原町通を北進、二条通で東進して平安神宮前広場に到着、ここでも万歳を三唱して正午に散会した〔65〕。

また、同日午前九時半から、平安神宮前広場で第二回建国祭が行われた。主催は、神州報国会・大日本生産党・昭和青年団など全京都愛国団体連合で、十数個の団体、二〇〇〇余名が参加し、式は在郷軍人京都連合分会長の指揮で「厳粛に」実行された。午前一一時半から市中行進に移り、東山から祇園四条通・烏丸通・二条通・河原町通と市街を二時間ほどで東西に往復、建礼門前広場に到着、万歳を三唱して解散した[66]。

今回の二つの行事も建礼門前広場から平安神宮前広場が中心となっている。

以上、満州事変後の奉祝行事を検討したが、青年団や在郷軍人会等が関係し、秩序立っている反面、参加者は約二〇〇~三〇〇〇名であり、必ずしも多くない。

すでに述べたように、たとえば第一次世界大戦中の青島要塞陥落を奉祝する提灯行列には、「幾万」とも知れぬ人々が参加した。また、渡欧から帰国した直後に皇太子裕仁親王が京都に行啓した際には、提灯行列を行って約五万の群衆が大宮御所門前に押し寄せている(第二章六節、第三章二節)。右のように多くの人々が参加したのは、行列に過度な秩序が求められず、娯楽性があったからであろう。

京都市民は、一九一〇年代から一九二〇年代半ばにかけて、緩やかな秩序と時にハプニング的に生じる混乱の中で、行列を楽しんでいた。その後も、娯楽性を味わう機会が何度かあった。こうした感覚を覚えている市民にとって、満州事変が始まってからの奉祝行事は、御所・御苑や平安神宮空間を通して、天皇・皇室との絆を感じることができても、あまり魅力のあるものではなかった。

✤五年ぶりの京都行幸

奉祝行事が停滞気味の京都に、一九三三年(昭和八)一〇月二二日、昭和天皇が即位の大礼以来五年ぶりに滞在することになった。前年一一月一五日にも、伏見桃山御陵に参拝するため行幸したが、その際の行在所は大阪に置かれ、京都には滞在せず、市街にも入らなかった[67]。

一九三三年の京都滞在は、北陸で行われる陸軍特別大演習に東京から参加する途中、一〇月二二日に京都御所に一泊するだけのものである。八月三〇日、府庁で斎藤宗宜《むねのり》知事・部長・係長・係主任等が出席し、行幸準備事務打合会議が開かれ、①高齢者奉拝を考慮しても差し支えない、②学生の提灯行列は行わない、等の大枠が府によって実質的に決められた[68]。準戦時体制下に入り、行幸の奉迎送についても、政府・宮内省と直接につながる府の主導性が、市に対して強まったといえる。

御召列車は一〇月二二日午後四時二五分に京都駅に着いた。今回は、京都駅から御所までの往・復路ともに略式自動車鹵簿であった[69]。このように鹵簿は簡略化される一方で、行幸当日にその道筋には白砂が撒布された[70]。昭和の大礼の際と同様に、「清浄さ」が強調されたのである。

駅から御苑までは、「軍人、各学校学生生徒等が堵列《とれつ》してゐる外、遠近の民草は老人や子供を前列にして隙間もなく正座(跪坐)奉迎し」た。また、殊勲会員・傷痍軍人・戦病死者遺族などは、特に「外苑内」(御苑内)で奉迎を許された。「御道筋は人も電車も二時間前に交通を遮断され、京都全市静粛の歓喜に包まれた」。各種団体や小学児童・一般市民など「沿道に跪坐奉拝する」者や鉄道沿線等の奉拝者が合計一七万人にも達した[71]。

五年ぶりの京都への行幸に際しても、即位大礼の時と同様に、奉祝空間には位階勲等や社会的地位による区別をしない平等性の中に、秩序が求められたことがわかる。一般の人が「跪坐」で奉迎することも同様であった。満州事変下ということで、傷痍軍人や戦病死者遺族が御苑内で奉迎できる特権を得たことは新しい特色であるが、これも平等性という枠の内に入る。もっとも、提灯行列などの娯楽性のある行事は府の方針通り行われなかった。

翌二三日の奉送も同様であった。この日は天皇の行幸の前に時折雨が降ったが、「傘なんかさすのはもつたいない」と、ひたすら待つ「民草」も数多くいた。天皇は「沿道一里にむしろを敷き詰めぎつしりと跪坐奉迎する市民、学生、児童、軍人等」に会釈をしつつ、京都駅に到着した[72]。

昭和天皇が沿道の奉迎送者に会釈するのは、生真面目な天皇が、大正天皇の様式を受け継ぎ市民らに見せる様式であった。

次いで天皇は、三〇日に舞鶴の海軍機関学校に行幸した後、御所に再び一泊した。翌朝、奉送のため、「御道筋に正座して奉拝する諸団隊、一般市民に御会釈をたまひつつ」京都駅に着き、御召列車で東京に向かった[73]。

今回の行幸で、京都市連合青年団は警察官を助け警備を行った。一一月一〇日、市連合青年団は、昭和天皇の即位大礼五周年の奉祝式を建礼門前広場で行い、皇居を遥拝して万歳を三唱した。その後、丸太町通を経て平安神宮に参拝した[74]。

この行幸の特色は、京都御所での単独拝謁から、御所で拝謁者が並んでいる所を天皇が通り過ぎる列《れつ》立《りつ》拝謁まで、多数の者に拝謁が許されたことである。単独拝謁を許される者は、勅任官・同待遇者等で、京都帝大教授・有爵者・貴衆両院議員等である。列立拝謁を許される者は、奏任官・同待遇者などで、第三高等学校の教授や判事・検事から公立中等学校教諭・公立小学校長、陸軍少尉、社会事業や小学教育の功労者等にいたる地域の中堅人物までが含まれていた。このため、単独拝謁有資格者は三七六人、列立拝謁有資格者は一二八九人もあった[75]。

❖皇太子誕生奉祝式は珍しく盛況

同一九三三年(昭和八)一二月二三日に皇太子が誕生し、二九日に命名式が行われ明仁《あきひと》親王と名づけられた。現在の天皇(平成天皇)である。この日、午前一〇時から建礼門前広場で奉祝式が行われた。それに先立ち、午前九時には建礼門とその北にある承明門が開かれ、建礼門前広場からは南庭を通して北方に紫宸殿《ししいでん》が見える形になった。奉祝式には、京都市内の男女中等学校生徒二万八〇〇〇人をはじめ、軍人・一般市民や「小学生、外国人の群」れまでが「数万人」参加した。最後に、天皇・皇后両陛下並に皇太子殿下万歳を奉唱し、式は一〇時三〇分に終了した。

午後一時には、建礼門前広場に、「大奉祝旗行列」の「小学生・女学生」の集団が集まった。まず大森吉五郎京都市長が音頭をとり、万歳の奉唱を行い、音楽隊を先頭に「整然と隊伍を整へて」市中への旗行列に出発した。他方、御所以西の「小学校・女学生」の集団は、二条離宮前広場に集まり、建礼門前広場の集団と同様の挙式の後に、旗行列の大行進に入った。建礼門前と二条離宮前と合わせて、

「三万の大行進」となり、沿道の群衆は「歓呼」した[76]。

この皇太子命名式を奉祝する式典と旗行列は、数万人の参加者を得たように、満州事変以降の奉祝行事としては珍しく大盛況である。しかも秩序立っていた。参加者が多かったのは、二ヵ月前に昭和天皇が京都に行幸し、皇太子誕生という慶事も加わり、士気が高まったことが一つの理由である。さらに、男女の中等学校生徒（式典）、「小学校・女学生」（旗行列）といった形で、学校単位で多数の生徒・児童が動員されたことが大きく影響している。生徒や児童たちは、一九二〇年代半ばまでの緩やかな秩序でハプニングも楽しめる行列を体験しておらず、先生の引率のもとで、素直に「大行進」に参加した。また、生徒・児童の秩序ある行進を見て、大人たちも大いに感動したのであろう。

その後も、一九三七年七月に日中戦争が全面化するまで、京都市連合青年団などが種々の奉祝行事や記念式典を建礼門前広場に関連づけて行うが、参加者は数百人から三〇〇〇人ほどであった[77]。例外は、積極的に動員が行われたと推定される場合のみである。たとえば、一九三四年三月一〇日の陸軍記念日に、平安神宮前庭で行われた京都府防護協会の発会式には、同協会に五円以上寄付した人々、市の公同組合や衛生組合の幹事、在郷軍人、青年団、青年訓練所生、婦人会員、府下の町村代表など約一万人が参加した。閉会後、参加者が四条通・烏丸通を経て、建礼門前まで行進し、区ごとに万歳を高唱した[78]。一九三七年五月二三日の帝国在郷軍人会上京連合分会の「仮設動員」も、各二五分会一万人余りが軍服姿で、「御所御苑」に参集し、分列式を行った[79]。

❖都市計画事業の進展

京都市は昭和天皇即位の大礼を前に、一九二七・二八年度と積極的に都市計画事業を実施し、河原町通、東山通（東大路通）が完工した。すでにある烏丸通、千本・大宮通と合わせて、四つの南北の幹線が市街を縦貫するようになった。また、すでに舗装されていた四条通に加え、大礼に合わせ、京都駅から御所への行幸道となる烏丸通や丸太町通や、河原町通が舗装された（第三章四節）。しかし、その後、世界恐慌の影響等で事業は停滞した。

そうした状況下でも、一九三一年（昭和六）四月に京都市は近接一市二六ヵ町村を編入した。これによって市域は、二八八・六平方キロメートルと四・八倍に、人口は約九七万七〇〇〇人と、ほとんど一〇〇万人都市になった。京都市は、市街の外周にある新しい編入地域にも都市計画事業を及ぼしていくことが、ますます必要となった。都市計画事業は進み、一九三六年三七年までに、市内の幹線道路は、今出川通の北に北大路通、千本・大宮通の西に西大路《にしおおじ》通、七条通とその南の東海道本線のさらに南に九条通りと、市街の外に向かって広がっていった。また新しく作られた幹線道路の周囲に、住宅地や工場地帯などが作られた[80]。

昭和天皇即位の大礼以降、奉祝空間は教化色が強まって秩序化と平等化が同時に進行し、窮屈になっていくが、都市計画事業は経済情勢に影響され、進展と停滞を交えながらも実行されていった。（第一琵琶湖疏水や三大事業の精神を受け、伝統と革新という京都市街整備の方針は、奉祝空間の変化にもかかわらず継続されていた。

五節　天皇機関説事件と御所拝観の平等化・国民教化

✣宮中側近への打撃

近代日本は立憲国家を確立し、一九二〇年代後半までに政党政治を形成し、イギリスより一歩遅れながらも、イギリスと類似した立憲君主制を発達させていった。しかし、一九三一年（昭和六）九月の満州事変から一九三二年五月の犬養毅内閣の倒壊に至るなかで、日本の立憲君主制（政党政治）は崩壊していく。この要因の一つは、昭和恐慌などの厳しい状況に直面した中で、とりわけ陸海軍に対する昭和天皇の政治指導が動揺し権威を確保できなかったことであった[81]。

日本の立憲君主制の発展を理論的に支えていたものは、大日本帝国憲法（明治憲法）制定に際し、伊藤博文らがウィーン大学教授のシュタインを介して日本に導入した君主機関説であった。伊藤の没後、美濃部達吉が、主権が国家にあることを明確に打ち出し、天皇機関説として明治憲法解釈を体系化していった（第一章二節）。

ところが、一九三五年に右翼（国粋主義者）や陸軍・政友会は、天皇機関説を攻撃し、岡田啓介内閣は八月三日と一〇月一五日の二度にわたって、国体明徴《めいちょう》声明を出さざるを得なくなり、天皇機関説は公式に否定された。この天皇機関説事件の過程で注目すべきことは、第一に、美濃部学説が帝国議会で問題になると、帝国在郷軍人会は、機関説は日本の「国体」と相容れないことを表明し、各地の連合支部分会が、本部の通知にもとづいて一斉に排撃運動を行ったことである。政府の第一次国体明徴声明が不十分であるとして、八月二七日には、帝国在郷軍人会全国大会を東京市九段の軍人会館で開催し、「協力一致機関説の絶滅を期す」等との「決意宣明」を出した。その後も、第二次国体明徴声明が出されるまで、各地の在郷軍人会支部・連合分会で機関説排撃の運動が続いた[82]。

第二に注目すべきは、天皇機関説排撃の過程で、牧野伸顕内大臣の腹心であった一木喜徳郎《いちききとくろう》枢密院議長(前宮相)らが機関説論者として攻撃されたのみならず、元老西園寺公望・牧野内大臣・斎藤実前首相(元海相)らも攻撃されたことである[83]。牧野は健康上の理由に機関説問題も重なり、一九三五年一二月二六日に内大臣を辞任し、一木枢密院議長も翌三六年三月一三日に辞任した。斎藤は三五年一二月二六日に牧野の後任として内大臣となる。

一九二六年の宮内省怪文書事件以来、右翼により様々な形で牧野内大臣ら宮中側近攻撃が行われ、「宮中改革」が目指されてきた[84]。しかし、そのことで牧野ら宮中側近の者が辞任したことはなかった。天皇機関説事件は、大衆動員の面でも、宮中中枢への衝撃の面からも、皇太子妃予定者の久邇宮良子女王《くにのみやながこ》の色覚異常遺伝子問題に端を発した、第一次世界大戦後の宮中某重大事件以来の大事件であったといえる。宮中某重大事件では、一九二一年二月に、元老山県有朋が枢密院議長等の一切の公職の辞表を提出し、山県系の中村雄次郎宮内大臣が辞任し、宮中や宮内省の山県系官僚閥支配が崩壊した[85]。

天皇機関説事件に続いて、陸軍青年将校たちによって一九三六年二月二六日に引き起こされた二・二六事件でも、就任したばかりの斎藤実内大臣が暗殺され、宮中は大きな打撃を受けた。宮中は実力者の斎藤を失い、湯浅倉平《くらへい》宮相が内大臣となり、松平恒雄(元駐米大使・駐英大使、秩父宮妃勢津子《せつこ》の父)が宮相に就任したものの、政治的に弱体化した。すなわち宮中は、天皇機関説事件で動いた右翼や在郷軍人会などの大衆との関係を修復する必要に迫られたのである。

❖拝観資格の中堅層への拡大方針

一九三〇年の国勢調査から五年経つと、三五年(昭和一〇)一〇月一日にも予定通り国勢調査が実施された。同年一〇月二四日、内閣統計局長は各府県知事宛に、一九三五年の国勢調査員に対し「新宿御苑・京都御所及二条離宮拝観」を「差許」すという通知が、宮内省からあったと「通牒《つうちょう》」した。それは同年一一月五日付で、京都府臨時国勢調査部長から府内の各市町村長宛に「通牒」された[86]。

今回の特色は、第一に国勢調査が実施されて二〇日余りというきわめて短い時期に、調査員に対し京都御所などの拝観を許可するという通知が宮内省から出されたことである。第一回国勢調査では、拝観許可は約二年八ヵ月後(一九二三年五月二五日)、第二回では約五ヵ月後(一九二六年三月三日)、第三回では三ヵ月も経たないうちに(一九三一年一月二〇日)出された。このことから、調査員の間で京都御所等の拝観を求める声がきわめて強いばかりでなく、それが当然の権利として意識され始め、歴代の内閣や宮内省はそれに対応していることがわかる。同年一〇月一五日に第二次国体明徴声明が出されていることを考慮すると、岡田内閣や宮内省がとりあえず既成の枠組みの中で、地域中堅層以上の支持を得ようと、さらに積極的に対応したといえよう。

第二の特色は、規制がさらに増加したことである。服装や履物に関しては、「非礼」にならないとか、なるべく靴または草履を用い、歯のついたものは避けるという従来のものに加え、「洋服を便利とす、和服の場合は袴着用のこと」が加えられた。拝観の取り消しに関しても、晴雨にかかわらず拝観すべきという文言に、「拝観差許されたる上は取消し又は不参のことなき様留意」するようにとの条件が加えられた。これは拝観が権利ではなく恩恵であることを再認識させるとともに、拝観の制約が弱まって京都御所の「品位」が余りにも低下したと、機関説を排撃した右翼(国粋主義者)等に攻撃されないようにするためであろう。

一九三五年の国勢調査に関連し、京都市内からの京都御所への最も早い拝観願いは、一九三五年一一月二二日付のものである。それらは上京区長後藤末久のものと(中山利三郎外一一名)、右京区長中山邦明からのもの(大野為次郎外二六名)であった[87]。結局、一九三五年の京都市域国勢調査員の拝観願は、一年余りにわたって出された。その最後は、上京区元国勢調査員引率者とも六五名が、京都御所と二条離宮の拝観を一九三六年一二月一〇日に行うことを許可されたものであった[88]。京都市域からの今回の拝観者は、一一〇九名であった[89]。

❖拡大方針の行き詰まり

京都市域で見る限り、前回の国勢調査に比べ、今回は拝観者が六二パーセントと減少した。一年余りにわたる期間に、春と秋の観光シーズンが含まれていたにもかかわらず、なぜ拝観者が減少したのであろうか。それは御所拝観が国勢調査員等に限定されていたからであろう。彼らは地域の中堅層以上であり、継続して調査員に命じられることも少なくない。一度御所を拝観すれば再度の拝観を希望しないことが予想され、そのため拝観者数が減少してきたと考えられる。

国勢調査員は、新宿御苑も拝観することができる。京都市の国勢調査員として、一九三六年五月九日に団体で新宿御苑の拝観を希望した人々一七〇名中、判明している範囲でも五七名(約三四パーセント)が電話の所有者である。電話は、高度経済成長を経て一九六〇年代後半からは一般の家庭に普及するようになったが、一九三〇年代において電話を持つことができたのは、限られた有産者であった。拝観希望者は、醤油商・織物商・子供洋服商・呉服商・建築請負業・料理業・材木商・製革商などの商工業者を中心に、地主と思われる「農業従事者」や薬剤師・計理士・教員・鉄道技師・消防署部長などの専門職に従事していた[90]。

一方、この頃までに日本は昭和恐慌を脱し、以前よりも大きな観光ブームが生じていた。八月中旬には、「鉄道もホテルも遊覧客の大洪水」、「一際目立つ宿泊外人の激増」と題して、京都市の観光ブームが報じられている[91]。これらの状況は官営鉄道の京都市内八駅(または九駅)の乗客人員数が一九三六年に最大となることからも推定できる(一三九ページの表1、二一一ページの表2参照)。

すなわち、従来の京都御所等の拝観規定でも、国勢調査員等を中心とした地域の中堅層以上の人々を満足させることができる。彼らは御所・御苑に付加されつつある精神修養的要素にもかかわらず、主に観光として楽しんでいると推定される。

しかし、観光ブームが地域中堅層以下までも巻き込んでいたにもかかわらず、この制度では地域中堅層以下の御所拝観の欲求を十分に満足させられなかった。さらに、宮内省は、天皇機関説事件と翌年二月の陸軍青年将校のクーデター事件である二・二六事件で傷つけられた。このため、拝観規定をさらに緩和せざるを得なくなっていく。

❖拝観資格の大幅拡大

天皇機関説事件や二・二六事件の後、京都御所や二条離宮（現在の二条城）および新宿御苑等の拝観に関し、宮内省は画期的な規定改正を行った[92]。その改正は一九三六年（昭和一一）八月三一日付の『官報』（二九〇〇号）で公示され、九月一日から施行された。

内容は第一に、従来に比べ拝観の資格者を大幅に広げたことである。とりわけ、機関説排撃で動いた在郷軍人会等に団体拝観を行う資格を与えたことが注目される。また、女性や学生・生徒が個人の資格で拝観できるようになった点も重要である。従来は、即位の大礼の後の特別な期間を除き、通常の個人拝観に関しては、高等官と同待遇者、有爵者、従六位勲六等功六級以上位階勲等功級を有するもの、貴衆両院議員、学位を有する者、帝室技芸員等と、彼らの配偶者に限定されていた。また京都市当局の交渉で外国人観光客や満州南部からの観光団が例外的に団体拝観を許可され、一九二三年から始まる日本人の団体拝観でも、国勢調査員と農業調査員に限定されていた。

今回の改正では、宮中席次を有する者、華族の礼遇を受ける者、判任官および判任官の待遇を受ける者、市長市助役および年俸を受ける市職員、町村長および町村助役、官公私立学校長および職員など、通常の個人拝観[93]についても地域の中堅層にまで拡大された。官公私立学校長および職員には女性も含まれるし、以上の者の家族にまで拝観資格は拡大され、女学生や生徒も拝観資格を得た。

外国人に関しても、日本の駐在大使または公使（大使または公使を経る暇がない場合は領事）の紹介を得た者とし、事実上ほとんどの外国人が個人拝観の対象となった。

団体拝観については、庶民も含めたさらに多くの人々が、資格を有することになった。それはすでに述べた在郷軍人会や軍隊の他、官公吏およびそれに準ずる者、官公私立学校学生生徒（小学校児童は最上級生に限る）、神官神職、神仏各宗派教職員、公務のため殉職した者の遺族、公益事業団体、教化修養団体、社会事業団体、新聞記者団、日本人内地視察団、外国人日本視察団などにまで広げられた。

団体拝観資格が大幅に緩和された前提には、すでにみた、大正天皇や昭和天皇の即位大礼後の無制限な拝観の許可や、国勢調査員や農業調査員、京都市連合青年団幹部（第三章三節）等への一九二〇年代からの拝観許可の実績があった。また、一九三七年一月の新聞に、京都市内の小学校教員でありながら「十年間（京都御所や二条離宮の）拝観を忘れた教員が百六十九名」いることが、市学務課で問題になっていることが報じられた[94]。このことから、一九三七年一月の一〇年前、遅くとも一九二七年一月頃から、市内の小学校教員は順次京都御所や二条離宮を拝観できるようになっていたようである。

先に叙述したように、一九二一年には、京都市連合青年団幹部が、幹部講習として京都御所と二条離宮の拝観を許され、約三五〇名が拝観している。市内の小学生の教育にあたる教員が同様に拝観を許されても、不思議ではない。

それに加え一九三四年以降、学校関係者に京都御所や二条離宮拝観を認めること[95]が、少なくとも京都市内については行われていた実績もある。天皇機関説事件や二・二六事件で宮中の危機が生じると、これらを背景に宮内省は思い切って拝観資格を緩和したのであろう。

一九三六年の拝観資格の緩和内容の特色は、第二に、拝観申請の手続きも一部簡略化され、個人拝観に関しては従来は宮内省内匠頭《たくみのかみ》の許可を必要としたものが、京都御苑内の内匠寮出張所長の許可を得れば済むようになったことである。団体拝観については、主務省または関係官庁を経て内匠頭に願い出て許可を得るという、従来の方式が残された。

第三に、拝観者の服装については従来一定の規則がなかったが、京都御所殿上《てんじょう》拝観とそれ以外（京都御所庭上拝観や二条離宮等の拝観）に分けて規制を強めたことである。これは前年の規制強化からの流れで、拝観対象を拡大したことに伴う措置といえる。

こうして京都御所殿上拝観については、男子洋服は武官の場合通常礼装、その他はフロックコート・モーニングコート・服制ある者はそれに相当する服、和服の場合は、紋付羽織《もんつきはおり》（縫紋《ぬいもん》でも可）、袴《はかま》、足袋《たび》着用以上と規定された。女子は洋服の場合は訪問着、和服の場合は紋服か紋付羽織（縫紋でも可）、足袋着用以上とされた。

京都御所庭上拝観や二条離宮拝観等は、京都御所殿上拝観よりも服装への規制が少し緩やかであった。

男子は洋服の場合は背広か詰襟《つめえり》、制服でも良く、和服の場合は羽織、袴、足袋着用以上とされ、女子は洋服の場合は「不敬に渉ら」ないもの、制服でも良く、和服の場合は羽織、足袋着用以上とされた。

以上のように、京都御所等の拝観資格が緩和されたことで、庶民にとっては観光対象が拡大し、京都市にとって観光客の増加を促進した。しかし他方で、拝観者の服装規制が強化された。

すでに示した、京都市内の小学校教員中で、「十年間拝観を忘れた」者が一六九名いるとの記事には、次の文章が続いている。

このままでは、王城の地たりし本市教育の完璧は期し難いとあつて、市学務課では全教員の御所・二条離宮の正しき認識を深めることとなつて、目下準備を急いでゐるが、さしづめ二月中に権威者を招聘して講演会を開催、全教員を分担して聴講せしめるとともに、四月下旬から五月中に内匠寮と交渉して拝観を行ふことになつてゐる[96]。

もともと特権や恩恵であった御所や二条離宮拝観には、しだいに精神の「修養」や「教化」のための義務的な要素が大きくなりつつあった。このように、天皇機関説事件後、御所・御苑空間は平等化・大衆化が進む一方で、さらに窮屈《きゅうくつ》なものになっていった。

六節　日中戦争を支える大衆動員

✣提灯行列への多数の参加

一九三七年(昭和一二)七月に盧溝橋《ろこうきょう》事件で日中戦争が全面化すると、奉祝行事にも変化が生じる。京都御所・御苑空間が、国威発揚のため、さらに重要になってきたからである。多数の市民が奉祝行事に参加して天皇・皇室とのつながりを実感し、戦争に協力するという決意を固めることが、それまで以上に求められるようになってきた。

満州事変以降、京都において国威発揚に関わる様々の奉祝行事・式典が行われてきたが、中等学校・小学校生徒・児童を動員した時以外は、参加者が数千人以内で、京都市民の十分な参加があったとはいえないからである(本章四節、五節)。この傾向は、盧溝橋事件が起こっても同様であった。

たとえば、一九三七年八月一三日、京都市連合青年団は岡崎公園運動場に団員を非常招集し、平安神宮前に整列して「国威発揚並に武運長久祈願祭」を行った(参集者三五〇〇余人)。その後、三条通から河原町通・丸太町通へと「愛国」行進を行い、御所の建礼門前で万歳を唱えた。また八月二五日にも、軍友会・国防婦人会が同様の行事を行う予定であった(参集者約五五〇〇人の見込み[97])。

そこで考えられたのが、提灯《ちょうちん》行列の実施である。京都での提灯行列は、日露戦争中に九連城を占領した戦勝を祝うため、一九〇四年五月に行われたのが最も早い時期のものである(第二章二節)。しかし提灯行列で政府・宮内省や京都府、京都市当局が不安に思うことが二つある。その一つは、とりわけ一九二〇年代前半の提灯行列にみられる「奉祝」気分が盛り上がりすぎた混乱である。

もう一つは、夜に大量の提灯を点《とも》すことにより、上空の飛行機に京都市の位置を知らせてしまうことである。日中戦争が全面化したからといって、直ちに中国空軍が京都市を空襲することは、基地の位置や飛行機の性能、パイロットの能力から考えてあり得ない。問題は、市民意識である。すでに一九三四年七月には、近畿防空演習が行われ、防空意識や組織の育成が始まっていた。また一九三七年七月二六日から三〇日まで京津〔京都と大津〕防空演習が実施され、市庁舎に焼夷弾《しょういだん》が命中したという想定での訓練等も行われた[98]。

それにもかかわらず、当局は提灯行列を許可する道を選択した。日中戦争の全面化に際し、多くの市民の意識を感覚的にも戦争支援に固めたかったからであろう。

一九三七年九月二六日夜の「国威発揚提灯大行進」は、京都実業組合連合会・京都日出新聞社・京都日日新聞社共同主催であった。行進は行軍マーチを演奏するブラスバンドを先頭に、二条離宮（現在の二条城）から京都御所の建礼門前に行き、万歳が三唱され、河原町通・四条通を経て、知恩院山門前で京都市民大会となった（参加者三万人以上[99]）。

同年一〇月二七日夜には、京都市主催の「上海戦捷《せんしょう》祝賀大提灯行列」が三班に分かれて行われ、三万人が参加した。そのうちの平安神宮前広場・二条離宮前広場集合の二つの班は、いずれも御所建礼門前で万歳を連唱し、まもなく解散した[100]。三班に分かれて、そのうち平安神宮前広場に集合する一班と、二条離宮前広場に集合する二班が御所・御苑の空間と関係していた。両班とも御所建礼門前で万歳を連唱するという様式は、その後の市主催の提灯行列で踏襲された。たとえば、一九三七年一一月八日の日独防共協定成立と戦勝慶祝提灯行列(ただし雨のため一〇日に延期、三班に分かれ三万人が参加、一・二班は建礼門前広場で万歳を連唱)、一一月二八日の同慶祝のために府・市・私立中学校以上の生徒、男子青年学校生徒、青年団並びに一般市民が参加した「大提灯行列」(「六万人」参加)(全六班に分かれ、いずれも建礼門前で万歳連唱)[101]等が、その例である。

また同年一二月に南京陥落が確実になると、一一日夜、京都市では京都連隊区司令部、および京都府・市商工会議所主催の提灯行列が行われ、両者合わせて一五万人もの参加者があったという。前者は円山公園音楽堂で式典を行い、四条通 - 烏丸通 - 堺町御門を経て、御所の建礼門前で万歳三唱をした。

一二日は、午前一〇時から京都市主催の「大旗行列」が行われた。市内小学五年生以上、女子中等学校生徒など合計二万七六〇〇名が、御所の建礼門前広場に集合し、市内を日の丸の小旗を持って行進した。午後一時からは、国防婦人会京都地方本部が、全市の会員二万人を総動員(右京区・伏見区を除く)し、岡崎グラウンドで祝賀式を挙行後、「大旗行列」に出発した。下京区、上京・中京両区、左京・東山両区と、地区別に三つのコースに分かれたが、最後は建礼門前で万歳を三唱して解散した[102]。

このように、一一日、一二日と続いた奉祝行事の多くが、建礼門前広場に関係する形で行われた。また、小学校・中等学校の生徒や国防婦人会員を動員したのみならず、提灯行列を行ったことで、さらに参加者が増大した。この提灯行列は、一九二〇年代までのものと異なり、統制された、秩序のあるものだったが、京都市街を多くの提灯が照らす娯楽性が残っていたから多数の参加者が出たのである。

しかし、提灯行列をともなった大掛かりな奉祝行事・式典をたびたび行うわけにはいかない。防空意識の問題のみならず、後述するように、祭り気分が充満しては京都市民の日常生活が上滑りになり、堅実さがなくなると見られたからである。

✣最後の提灯行列

一九三八年(昭和一三)二月一一日の紀元節は、一七日まで国民精神総動員週間とされた。京都市では、一一日に学区ごとに神社または小学校において奉祝式を行うことになった。一一日は、午前一〇時に市役所・各学校でサイレンを鳴らし同時に式典を挙行、一般市民で参加できない者は、各家庭で皇居を遥《よう》拝《はい》することにした。その後、市連合青年団員二万人などや中等学校生徒および各種団体が市中を「愛国行進」した。京都府も市部の大学・専門学校・男女中等学校五八校四万の学生・生徒による「愛国大行進」を行った。行進は七班に分けられ、そのほとんどの集合場所は御苑内に指定された[103]。

このように一九三八年の紀元節では、提灯行列はなされず、大学生から小学生までの動員が中心となった。

その後、中国戦線で日本軍は、一〇月二一日に蔣介石《しょうかいせき》の拠点都市の広東を占領し、漢口攻略も時間の問題となった。「蔣政権の没落近しとばかり」、「(京都は)歓喜に包まれ抑へ切れぬ感激に戦捷《せんしょう》祝賀会、提灯行列、旗行列、神前に奉告祭など早くも祝賀の行事が巷《ちまた》に用意されてゐる」と報じられた[104]。このように、京都市民は、日中戦争の終了を期待し、大祝賀行事をしようと張り切った。約一〇ヵ月ぶりで提灯行列も行おうとした。

これに対し、府警察部では、二一日に対応を相談し、第十六師団司令部・京都連隊区司令部と打ち合わせた結果、漢口攻略まで一切祝賀行事を行わず、「銃後の長期戦体制」をますます堅固にすべきとの方針が決定した。したがって、広東入城に伴う戦勝祝賀会、提灯行列、旗行列はすべて許可せず、ただ戦勝奉告祈念祭、出征軍人遺家族慰問・弔問などのみを認め、「お祭騒ぎに断じてせぬよう」、各警察署を通して注意を促すことになった[105]。

一〇月二七日、漢口は陥落した。そこで翌日、京都府・市・商工会議所共催で「大提灯行列」が行われた。参加者は、府・市・私立中等学校以上の生徒・男子青年学校生徒および青年団・一般市民であった。それらを九班に分け、各集合場所に夕方六時に集合し、六時三〇分から隊伍を組んで、ブラスバンドの「愛国行進曲」・「日の丸行進曲」を先頭に市中を行進した。参加者は五万人であった。京都南部の九班以外は、いずれも最後に御苑に集まるのが特色であった[106]。

❖御苑が「聖域」となる

漢口陥落に関連し、この他に、一九三八年(昭和一三)一〇月二六日午後四時に立命館大学禁衛《きんえい》隊四〇〇〇人が建礼門前広場に集合して祝賀式を行った。二九日午前には、全市小学児童、女子中等学校生徒一万七〇〇〇人、次いで府立女子中等学校生徒一万余人が旗行列をして、御苑の指定位置に集合、祝賀式を挙行した。さらに一一月一日に、軍友会の「老勇士」約一万人が、また京都国防婦人会六〇〇〇人が御所建礼門前に集まり、祝賀会を行う等した。建礼門前は「聖域」との修飾語がつけられて報道されるようにもなった[107]。

右のように提灯行列には娯楽性があり、一般からの参加者も多く、動員力の面では有効といえたが、それ以後、京都で提灯行列が行われることはなかった。その理由は、漢口など武漢三鎮を陥落させたにもかかわらず、蒋介石は和議を申し出てこず、日中戦争終結の見通しがなくなっていったからである。このため、先に広東占領に際して府警幹部から出た「お祭り騒ぎに断じてせぬよう」との言葉が、さらに重みをもってきたのである。

京都市民は、学校や国防婦人会・在郷軍人会・市連合青年団・警防団などの団体単位で、日中に建礼門前広場で式典を行ったり、そこを旗行列や行進の起点あるいは終点としたりした[108]。これらの行事に市民の教化と国威発揚を目指し、娯楽性がなく秩序立ったものになればなるほど、御所や建礼門前広場・御苑は「聖域」化していった。

一九三四年までの御苑の報道にみられた男女や同性間の性にまつわる記事(第二章補節)が、一九三五年以降なくなっていく。これは、そうした行動が警察によって厳しく取り締まられたか、あっても報道できなくなったりしたことを示しており、御所・御苑を「聖域」とする意識が強まったことを意味している。

また、一九三八年三月、京都の桜のシーズンを前に、地元有力紙が開花時期と見ごろを予想している。

そこには、円山公園・動物園・平野神社・清水寺・植物園・博物館など二七もの場所が挙げられているが、一九二〇年代半ばには桜の名所とされていた京都御苑(第三章一節)は含まれていない[109]。京都御苑は桜の花を楽しむ観光地ではなく、「聖域」になったからである。同年一〇月にヒットラー・ユーゲント五十余名が京都を訪れた際に、地元有力紙は、彼らが京都御所を拝観した後、「厳浄の気にうたれた如く厳然と建礼門前で敬礼し」、次の清水寺に行った、と報じた[110]。この報道姿勢からも、御所・御苑が「聖域」になっていることがわかる[111]。

日中戦争が前面化していくと、近衛文麿内閣は戦争遂行に予算や資材を振り向けるために、地方の事業を緊縮する方針を打ち出した。京都市も新規事業を抑制し、都市計画事業は停滞していった[112]。明治以来の伝統と革新の考えの下で、京都を改造・改良していく流れは、こうしてしぼんでいった。

七節　「皇紀二千六百年」の奉祝

✣七年ぶりの京都行幸

二月一一日は、神話上では日本の国が建国された日で、明治以来、紀元節《きげんせつ》として祝われてきた。一九四〇年(昭和一五)二月一一日は、神話上で日本の国が建国されてから二六〇〇年にあたる日とされ、東京の皇居前(宮城《きゅうじょう》前)広場をはじめ全国で奉祝行事が行われた[113]。

京都においては府と市共催で、二月一一日午後二時から二時半まで、建礼門前広場で「紀元二千六百年紀元節奉祝大会」を開催し、学校生徒や各種団体、一般市民約七万人が参加した。

この日、京都府庁職員は午後一時に庁舎前に整列し、警察部のブラスバンドの奏する「紀元二千六百年頌歌《しょうか》」を声高らかに合唱しつつ、赤松小寅府知事を先頭に会場に乗り込んだ。午後二時より一同は紫宸殿《ししいでん》に対して敬礼、大会に移り、皇居遥拝《ようはい》黙祷後、君が代奉唱、赤松知事の式辞、「紀元二千六百年頌歌」合唱、市村慶三市長の宣言の後に、赤松知事の発声で万歳三唱して大会を終わった[114]。

この特色は第一に、「紀元二千六百年紀元節奉祝大会」という最も重要な記念行事において、平安神宮前庭や神宮前広場、岡崎グラウンドではなく、御所の建礼門前広場（御苑）が使われたことである。これは桓武天皇を奉祀して一八九五年に創建された平安神宮よりも、御所・御苑が、歴代天皇の歴史を伴う、より重要な「聖域」としてとらえられたからであろう（なお、平安神宮には一九四〇年一〇月二〇日に孝明天皇が合祀される）。

第二に、提灯行列などの娯楽性のある行事は行われず、学校生徒や各種団体に大規模な動員をかけ、七万人という多数を参加させ、秩序ある式典としたことである。

その後、六月九日、昭和天皇は京都に約七年ぶりで行幸、御所に四泊した。「紀元二千六百年」に際し、伊勢神宮と桃山御陵など山陵に参拝するためである[115]。

この行幸は二月には計画されており、二月一九日、二四日と京都府庁で事務打ち合わせの会合が開かれている。府庁での打ち合わせは、宮内省との打ち合わせを反映していた。これまでの行幸との関連で見られる特色は、①鹵簿通過道への盛砂はしない、②雨天の節は「絶対に」雨具を使用させる、③沿道奉迎送は従来の例による〔一九三三年の行幸では堵列《とれつ》と「跪坐《きざ》」(正座)で奉迎送〕、④御苑内の奉迎送では、特に戦死者遺族・傷病軍人等の奉拝を考慮する、⑤小・中学校生徒による旗行列を行う、等である[116]。戦時体制下で奉迎送の行事を簡略化し、戦死者の遺族や傷病軍人に対してさらに配慮しようというものである。

今回の天皇への奉迎送について、六月九日の天皇の動向や、天皇を奉迎する京都市民および第十六師の将兵等の様子を例として見てみよう。

御道筋の烏丸通には酒井少将の指揮する在洛各部隊を始め、青年団、警防団・軍友会・在郷軍人会、女子青年団・愛国婦人会・国防婦人会・市連合各婦人会、大学・高専〔旧制の高校と専門学校〕学生、男女中等学校生徒、小学児童、一般参列者が整列、京都皇居御苑内の御道筋両側には、傷痍軍人・軍人遺家族はじめ宮内省関係者、八十歳以上の高齢者、官公吏、市名誉職、各種団体代表ら堵《と》列《れつ》して、その数は団体奉拝者だけでも八万といはれた[117]。

なお地元の新聞も同様の様子を描き、「奉拝の赤子《せきし》十数万人」と報じた[118]。京都府の記録によると、御苑内では、着御三〇分前に奉拝者を各指定席に設けた莚《むしろ》の上に「跪坐」させた。鹵簿が到着し、御料車に陸軍軍装の「神々しき御英姿を拝したる一瞬、全身硬直してシビレル様な感激が走る」、「龍顔」を

「拝し奉る光栄に浴するは何たる喜びであらうか」等と述べている〔119〕。

この特色は第一に、約七年ぶりの天皇行幸を八万以上という多数の奉迎者が迎えたにもかかわらず、これまで以上に団体単位で、秩序をもって集合したことである。日中戦争下の戦時体制が個人よりも団体中心の社会になっていることの反映でもあった。

第二に、戦時体制下で官公吏が優先される社会風潮の影響があるものの、天皇の奉拝空間において平等の原則は一応維持されたことである。確かに御苑内には、宮内省関係者のみならず、官公吏・市名誉職などが奉拝を認められたように、官公吏、市名誉職などは、従来以上の特権を得ている。しかし、傷痍軍人・軍人遺家族・八〇歳以上の高齢者といった位階勲等や社会的地位に関係ない者にも、御苑内での奉拝の割り当てがあった。

第三に、昭和天皇即位の大礼や一九三三年の行幸の際は、奉拝者を筵《むしろ》の上に跪坐《きざ》させたが、今回は当初の宮内省・京都府の方針とは異なり、立って（堵列して）奉拝させたことである。跪坐したのは、校長に引率され御苑内で奉拝した府立盲学校生一三一名や八〇歳以上の高齢者・傷痍軍人など、長時間立っているのが困難な者や、「白エプロン姿」の女子青年団員等〔120〕であった。これは、団体中心の奉拝になったことにより、参加者が秩序を保って時間通りに奉拝場所に行けるようになったからであろう。

六月一〇日に天皇が伊勢神宮に行幸する送迎についても、午前七時二〇分に京都駅を発車する御召列車に対し、「午前六時半」に奉拝者たちが「キチンと居並」んでいたと報じられた〔121〕。この時の交通制限は、丸太町通・烏丸通の行幸道について、縦の交通禁止は午前六時五分から、一般横断道路の禁止は午前六時三五分から、指定横断道路は六時四五分からであった[122]。これは、早くても行幸の約一時間前からの交通遮断であり、即位大礼の際に、行幸の八時間前に交通が遮断されたのと大きく異なっていた。

第四に、六月一二日夕方、昭和天皇を奉迎するため、市内の小学校から大学までの児童・生徒・学生約六万人が旗行列をして建礼門前に集まり、「万歳奉唱」等をしたが、提灯行列は行われなかったことである[123]。

❖京都の「皇紀二千六百年」奉祝式典

それから五ヵ月後、一九四〇年(昭和一五)一一月一〇日は、昭和天皇が即位大礼から一二周年の記念日を「紀元二千六百年」の年に迎える日である。一〇日と翌日には、東京の皇居外苑で、「紀元二千六百年式典及奉祝賀」が行われ、いずれも五万人前後の参加者があった[124]。

京都でも、一〇日午前一〇時五〇分から、京都府・京都市・商工会議所主催で、「紀元二千六百年奉祝式」が御所の建礼門前広場で行われることになった。参加者は公同組合・衛生組合・国防団・青年団・在郷軍人会などの団体と一般人合わせて五万人を予定していた。

この奉祝行事について、京都府保安課と総動員課では、酒類は一〇日から三日間昼間販売を許し、「仮装行列は俗悪に陥らない程度」で団体に限り警察の許可を得て許し、山車類および旗行列、提灯行列も同様に「政治的示威行進」でない限り許可する方針等を決定したという[125]。日中戦争が全面化し、しだいに物資が欠乏していくにもかかわらず、戦争終結の見通しがなくなっていた。府保安課など当局が、「政治的行進」すら警戒するようになったことが興味深い。このため、府保安課など当局は、京都市民を動員する奉祝行事だけでは、市民の不満を発散できないと危機感を持ったので、一九三七年一二月以後に行われていない提灯行列や（本章六節）、一九三一年四月の「大京都市」の誕生以来となる仮装行列や山車《だし》類すら、内容によっては許可する可能性を示したのである。なお、御所・御苑が関係した奉祝行事において仮装行列や山車類が登場するとすれば一九二八年一一月の即位大礼以来であった（第四章一節）。

しかし、一一月五日に公表された府・市商工会議所共催の奉祝行事は、一〇日午前一〇時五〇分より建礼門前で盛大に式典を行う（参加者は、各種団体二万五〇〇〇人、その他一般市民二万五〇〇〇人）。次いで、午後二時から岡崎公園の市勧業館で祝賀会を開催する（参加者は各種の公職者二〇〇〇名）というものであった[126]。これは一般市民にとり、日中戦争が全面化して以降にたびたび行われている動員的な行事であった。

一一月一〇日は、五日に公表された通りの奉祝行事が行われ、御所の建礼門前広場では、午前一一時二五分から府民五万人の唱和で万歳が唱えられ、全市のサイレンとともに比叡山にもこだました[127]。

ところで戦時下で、京都市は、繊維や観光などの産業を中心としていたために、財政は行き詰り、都市計画事業は停滞してくる。そうした事態を打開するため、「紀元二千六百年」を利用し、市は明治天皇の桃山御陵など、「聖地参拝」をスローガンにした観光客の呼び込みを、積極的に図った。京都市は、「千有余年の間、帝都としての誇るべき歴史を有し、皇宮〔御所〕厳として存するばかりでなく、列聖百二十帝陵中、六十八陵四十ヶ所に鎮り在す」と、自己宣伝した。その効果があって、この年、一九四〇年はかってない数の観光客が京都を訪れた。しかし、それもこれまでだった〔128〕。

八節　太平洋戦争下の二つの空間の分離

✣昼間の秩序ある奉祝行事

その後、日本は米英との対立を深め、一九四一年〔昭和一六〕一二月八日、日本軍はハワイの真珠湾の米艦隊等を空襲し、マレー半島上陸作戦を行い、米英に宣戦を布告した。ハワイでは米戦艦四隻を撃沈するなど、華々しい戦果を挙げた。これに応じて翌九日、京都市は平安神宮前広場で戦勝祈念の式典を行い、五〇〇〇余人が参加した。一四日には、御所の建礼門前で帝国在郷軍人会京都支部が「米英撃滅大会」を開いた。参加者は、在郷軍人八九〇〇人、軍友会員一五〇〇人、国防婦人会員九五〇〇人で、合計約二万人であった。一六日には、京都の第十六師団・舞鶴鎮守府《ちんじゅふ》・京都市商工会議所合同主催で、同じく建礼門前で「米英撃滅国民大会」が開催された。今回は、前回の参加団体に加え、愛国婦人会、府・市各官庁職員、警防団員、学生、生徒、男女青年団員なども結集し、最大規模の動員となった〔参加者、一〇万人〔129〕〕。

さらに、翌年二月一五日に日本軍はイギリスの東洋の重要拠点であったシンガポールを占領した。これを祝し、一八日に御所の建礼門前で、府・市などが主催して「府民祝賀大会」を行った。また、市内の国民学校（従来の小学校）・中等学校では学校ごとにそれぞれの場所に集合し、建礼門前まで日の丸の旗行列行進等を行った[130]。

太平洋戦争が始まってからの国威発揚の奉祝行事は、日中に極めて秩序立てて行われた。夜の提灯行列のような派手な催しは、一九三八年を最後に行われなくなっており、太平洋戦争緒戦の華々しい勝利を迎えても再開されなかった。これは戦争の行く末への不安の反映であるとともに、その反動として日本国民に行事への無言の参加強制と過度の秩序とを求める空気が強まっていったからである。青島陥落を祝う、大正デモクラシー期のおおらかで娯楽性の強い奉祝行事（第二章六節）とは、正反対の方向を示していた。

その後、一九四二年三月一二日が第二次戦勝祝賀日となり、京都市では加賀谷朝蔵《かがやともぞう》市長や市議ら九〇名が平安神宮に参拝した。また同日行われた京都府翼賛《よくさん》壮年団の結団式の前に、団長ら幹部も平安神宮に参拝、奉告した（結団式は岡崎市公会堂。京都市翼賛壮年団の結成も、同様の形で三月二七日に実施）。府翼賛壮年団結成に先立って各区の翼賛壮年団の発会式があった。その行事では、京都市七区のうち、上京区と中京区が式場として御所の建礼門前広場を使った[131]。

✣御所・御苑と平安神宮の二つの空間

　ところがその後の国威発揚行事では、平安神宮や平安神宮前広場が主に使われ、御所の建礼門前広場はしだいに使われなくなっていった。京都市議選の政府系の推薦候補者を決める京都翼賛市会協議会の結成奉告祭(一九四二年五月一五日)、翼賛市会確立を祈る式典(同年五月二八日)、大日本婦人会京都市支部並各区支部結成奉告祭(同年七月一〇日)、京都市銃後奉公会の単位の改称並に新単位奉公会への会旗の授与式(同年八月一日)等は、平安神宮もしくは同神宮前広場で行われた[132]。また、一九四二年(昭和一七)一二月一二日午前一〇時半から、京都市翼賛壮年団は平安神宮前で区団旗入魂祭並びに授与式を挙行した後に行進を行った。しかしそのコースは知恩院前通を南下し、円山公園内の音楽堂に至るもので、平安神宮前広場と御所建礼門前広場を結ぶものではなかった[133]。このため、平安神宮やその前の広場は太平洋戦争と結びついたイメージを強くしたが、京都御所や御苑はむしろそのイメージを弱めていったといえる[134]。

　同じ頃、昭和天皇は一二月一一日に東京を出発、同日夜に京都御所に宿泊、翌一二日に伊勢神宮に参拝、再び京都御所に泊まり、翌一三日に東京に還幸している。しかし(空襲などを警戒し、連合国側に行幸の日程を知られないようにする)「防諜《ぼうちょう》」の関係上、行幸のことは東京還幸までは発表されなかった。したがって、これまでのような一般の奉迎送はない。京都駅構内および御苑内での奉迎送すらなく、たまたま行幸を知った者にのみ道筋で奉迎送させる方針だった[135]。当然のことながら、提灯行列、旗行列、煙火《はなび》等の催し物は一切行わせない方針だった[136]。

ところが、一一日午後の奉迎には、小学校・中等学校など奉拝団体三二、人員総数一万四〇二〇名もの奉拝申し込みがあったので、奉拝位置に整列させることになった。さらに、行幸のことを漏れ聞いて奉拝を申し出、即座に列に加わる者が七〇〇〇名も出た。こうして、烏丸通両側の沿道は「熱誠の奉拝者」によって埋まった。一二日午前と午後、一三日朝も同様の状態となり、とりわけ一二日午後と一三日朝には約四万人もの奉拝者が集まって、担当者は「感激」した[137]。

このような中で、なぜ御所・御苑が京都の国威発揚行事とのつながりを弱めていったのであろうか。それを示す史料は今のところ見つかっていない。太平洋戦争下で、開戦後、一般の市民レベルでは天皇の「神聖」性とともに御所・御苑の「聖域」性が強まったと推定される。あまりにも「聖域」性が強まったので、日常の国威発揚行事では、建礼門前広場を使うことを遠慮する気持ちが強まり、主に平安神宮や同神宮前広場を使うようになっていったのではないか。

たとえば、一九四二年一二月に天皇が伊勢神宮に参拝するため、京都御所に二泊した後の御所・御苑の様子は「聖域」性の強まりを示す。天皇が一三日に東京に還幸した後も、一四日早朝から、「瑞気なほ未だ余気を残し森厳いやまさる京都皇宮には余光を拝せんとする敬虔な市民の群れが」引きもきらぬ状況が生じたことである[138]。

註

1――『京都日出新聞』一九二八年九月一三日夕刊（一二日夕方発行）。

2――同右、一九二八年九月二三日夕刊（二二日夕方発行）。

3――『大阪朝日新聞』一九二八年一一月一日、二日。大正天皇大礼の際も前列の者は「跪坐」していたが、後列の者は立っており、「跪坐」は一般奉拝者への強制ではなかった（第二章五節）。

4――『大阪朝日新聞』一九二八年一一月一日、三日。同じ新聞の「京都見物」（四）（一九二八年一〇月一六日）によると、当局では大礼中に一五〇万から二〇〇万人の人が来ると予想していた。駅前広場は有資格者や軍隊で埋められ、御苑内は高齢者・有資格者・学校生徒・奉迎団体で占められるから、一般奉迎送者は、烏丸七条から堺町御門までの間の烏丸通・丸太町通の間で、鹵簿《ろぼ》を拝観することになる。陸海軍兵や在郷軍人の団体が堵列《とれつ》するのを除いて、一五〇万から二〇〇万人を拝観させるには、かなりの混雑をまぬがれない。そこで当局は、拝観者は一人残らず路上に座らせ、立って拝観する事を許さないこととした。

5――伊藤之雄『昭和天皇と立憲君主制の崩壊――睦仁・嘉仁から裕仁へ』（名古屋大学出版会、二〇〇五年）四八三～四八六頁。

6――『大阪朝日新聞』一九二八年一一月一日、三日。

7――同右。

8――同右、一九二八年一一月六日、七日。

9――前掲、京都市『京都市大礼奉祝誌（全）』（内外出版印刷、一九三〇年）四一頁、および四二～四三頁の間の写真。

10――『大阪朝日新聞』一九二八年一一月一日、四日。前掲、京都市『京都市大礼奉祝誌（全）』四二～四五頁。

11――古代・中世において、清めのため天皇の居所等に砂が敷かれることはあるが、行幸路に砂を敷く慣行は確認されていない（京都大学西山良平教授・元木泰雄教授よりのご教示）。大正天皇の即位大礼の際にも、行幸の前に疏水から浚《さら》った白砂を撒布し、「街道筋の清浄と美観」とを保ったが（京都府『大正大礼京都府記事・庶務の部』上（京都府、一九一七年、三三三〜三四八頁）、それを日本の伝統とみなす言説はなかった。

12――『大阪朝日新聞』一九二八年一一月七日。

13――同右、一九二八年一一月八日夕刊（七日夕方発行）。

14――同右。

15――同右。京都府『昭和大礼京都府記録』上巻（京都府、一九二九年）四八五〜四九二頁。

16――『大阪朝日新聞』一九二八年一一月八日夕刊（七日夕方発行）。

17――同右、一九二八年一一月八日。

18――とりわけ昭和天皇の即位大礼以降、行幸・行啓の警備が厳しくなっていくことは、貞明《ていめい》皇太后（大正天皇の皇后、昭和天皇の母）にも圧迫感を与えた。天皇の弟の秩父宮雍仁《やすひと》親王は、次のように回想している。「母上〔貞明皇太后〕は、外出や旅行を、決して好まれないわけではなかったが、大正・昭和と警衛が次第に厳となり、ついにはお通り道は警官と憲兵の垣で、市民の影は眼の近い母上にはとうていお認めになれないほど遠ざけられるに至っては、外出を忌避される傾向さえあった。『こんなありさまをみると、気が変になる』とは、外出のたびにもらされたお嘆きであった」（秩父宮「亡き母上を偲ぶ」一九五一年七月、秩父宮雍仁親王『皇族に生まれて――秩父宮随筆集』渡辺出版、二〇〇五年、八三頁）。

19――前掲、京都市役所『京都市大礼奉祝誌（全）』三五〜四一頁。

20――当時の京都市側の「大礼行還幸諸儀式予定計画書」には、一一月七日に「市民の奉祝提灯大行列」や円山公園での「仕掛煙火」の点火が含まれていたが（前掲、京都市『京都市大礼奉祝誌（全）』二七八頁）、実施されなかった。

21――三上参次講話「即位礼に参列して」（『大阪朝日新聞』一九二八年一一月一一日夕刊（一〇日夕方発行）。

22――前掲、伊藤之雄『昭和天皇と立憲君主制の崩壊』四二、四八二～四八六、五一九～五二一頁。
23――『大阪朝日新聞』一九二八年一一月一一日。
24――同右。
25――同右。
26――同右。
27――同右。前掲、京都府『昭和大礼京都府記録』上巻、五七四～五七五頁。京都市の公式刊行物では、一一月一〇日の提灯行列には、男子中等以上の市立各学校全部および上・下京両学区団体一万六〇〇〇人が参加したとある(前掲、京都市『京都市大礼奉祝誌(全)』二八六、三八三～三八四頁)。後述するように、京都市の公式刊行物は、大礼の一年三ヵ月後に刊行されており、当日の記録ではなく計画表を参考に書かれた可能性が強い。
28――『大阪朝日新聞』一九二八年一一月一一日「大阪版」。
29――『大阪朝日新聞』一九二八年一一月一五日。
30――『大阪朝日新聞』一九二八年一一月一五日、「大阪版」。
31――『大阪朝日新聞』一九二八年一一月一六日。京都市の公式刊行物では、一一月一五日の第二回提灯行列は男女中等学校生徒一万一五〇〇人(または一万一四〇〇人)が参加したことになっている(前掲、京都市『京都市大礼奉祝誌(全)』二八八、三八五～三八七頁)。しかし当日を、雨天であったとする新聞記事から見て、この数字の信憑性は疑わしく、計画表をもとに書いたものであろう。
32――前掲、京都府『昭和大礼京都府記録』上巻、一一頁。『大阪朝日新聞』一九二八年一一月一七日夕刊(一六日夕方発行)、一一月一七日。
33――『大阪朝日新聞』一九二八年一一月一七日。前掲、京都府『昭和大礼京都府記録』上巻、五七八～五七九頁。京都市の公刊物は、一一月一六日は、男子中等学校以上の市立各学校の生徒と、上・下両学区団体、合計一万一四〇〇人が参加して「第三回提灯行列」が実施されたとしている(前掲、京都市『京都市大礼奉祝誌

(全)』三八五〜三八八頁)。

34――『京都日出新聞』一九二八年一一月二一日。京都市の公式刊行物は、一一月二〇日の第四回提灯行列について、参加範囲を男子中等学校生徒全部と上・下両学区団体、合計一万四五〇〇人としている。また、今回に限り、「通行人に悪戯又は粗暴の行為」をしないように、「泥酔して団体に参加することを得ず」、「団体行動中は勿論のこと、解散後と雖《いえど》も」市民としての秩序節制を保たれたし、等の注意がなされたことを記している(前掲、京都市『京都市大礼奉祝誌(全)』三八九〜三九〇頁)。新聞報道を見る限り、市民として「秩序節制」を保つという注意は十分に守られなかったのであろう。

35――前掲、『京都日出新聞』一九二八年一一月二一日。

36――同右、一九二八年一一月二六日。

37――同右、一九二八年一一月二七日、二八日夕刊(二七日夕方発行)。

38――同右、一九二八年一一月二八日。

39――同右、一九二八年一一月三〇日夕刊(二九日夕方発行)。

40――同右、一九二八年一一月三〇日。

41――同右、一九二八年一二月一日。

42――同右。

43――同右、一九二八年一二月二日夕刊(一日夕方発行)、二日。

44――京都府『昭和大礼京都府記録』下巻(京都府、一九二九年)三二一〜三三〇頁。

45――『京都日出新聞』一九二七年四月二日。

46――前掲、森忠文「明治期およびそれ以降における京都御苑の改良について」(『造園雑誌』四六巻五号、一九八三年三月)。

47――『京都日出新聞』一九二九年一二月一三日。

48――京都市『京都市産業要覧(一九三六年版)』(京都市役所産業部商工課、一九三六年)は、一九三五年の官営鉄道市内降車客が八三一万二四三四人で市内宿泊人員が八〇万六〇四六人あり、途中下車客や官営鉄道以外の郊外電鉄降車客も含めた合計数二五〇〇万人より推定し、約九一一万人を京都市の観光客と類推している(七〇~七一頁)。

49――『京都日出新聞』一九三〇年五月二三日。

50――家近良樹『幕末政治と倒幕運動』(吉川弘文館、一九九五年)第三章、第六章第二節二。

51――前掲、京都府『大正大礼京都府記事』下、前掲、京都府『昭和大礼京都府記録』上巻・下巻、など。

52――前掲、「昭和五年国勢調査員の新宿御苑其他拝観方に関する件」。「昭和四年農業調査員新宿御苑其他拝観に関する件」(「京都御所新宿御苑二条離宮拝観一件」に所収、京都市永年保存文書マイクロフィルム)。なお、一九二九年の農業調査員への拝観については、京都御所は即位の大礼後の諸工事整理の関係で拝観停止となっていた。

53――前掲、「昭和四年農業調査員新宿御苑其他拝観に関する件」。

54――京都市長宛京都府内務部長通知、一九三一年四月二日「京都御所並に二条離宮拝観の件」、内閣統計局長宛京都市長の許可申請控「京都御所並に二条離宮拝観願」一九三一年三月一四日、矢野外「京都御所拝観者名簿」、京都市長宛中京区長の許可申請「京都御所及二条離宮拝観に関する件」一九三一年三月九日(以上、前掲、「京都御所新宿御苑二条離宮拝観一件」所収)。これよりも早く、一九三一年三月三日付で中京区長から京都市長宛に一九三〇年国勢調査員宮川幸太郎外二七名(名簿不明)の京都御所並びに二条離宮の拝観許可願いが出されている。この願いは、三月二四日付の府内務部長から市長宛文書で、三月二八日の拝観が許可された(「京都市長宛京都府内務部長通知」、一九三一年三月二四日「京都御所並に二条離宮拝観に関する件」、京都市長宛中京区長の許可申請「京都御所及二条離宮拝観に関する件」一九三一年三月三日、以上前掲、「京都御所新宿御苑二条離宮拝観一件」所収)。

55――前掲、「京都御所新宿御苑二条離宮拝観一件」に所収の各文書。

56――京都市長宛京都府内務部長通知、一九三一年四月二一日「京都御所並に二条離宮拝観に関する件」、松下平三郎外「京都御所並二条離宮拝観者名簿」(前掲、「京都御所新宿御苑二条離宮拝観一件」に所収)。

57――『京都日出新聞』一九二八年一月一六日夕刊(一五日夕方発行)。ただし、一九二八年一月二四日の『京都日出新聞』には、同志社の御苑での観閲式の記事はない。

58――『京都日出新聞』一九二八年二月一二日。

59――同右、一九二八年九月一七日夕刊(一六日夕方発行)。

60――同右、一九三一年二月一二日夕刊(一一日夕方発行)、一九三一年二月一二日夕刊(一一日夕方発行)、『京都市昭和七年事務報告書』一一六頁。

61――『京都日出新聞』一九三三年一月一八日。

62――同右、一九三三年二月一二日夕刊(一一日夕方発行)。

63――同右、一九三三年九月一七日。

64――同右一九三三年二月七日夕刊(六日夕方発行)。

65――同右、一九三三年二月一二日夕刊(一一日夕方発行)。

66――同右。

67――『東京朝日新聞』一九三三年一一月一六日。

68――「三、行幸準備事務打合会議」(一九三三年)八月三〇日(秘書課「京都府下行幸事務記録」一九三三年一〇月、京都府庁文書、昭8-15、京都府立総合資料館所蔵)。

69――「御日程」(前掲、秘書課「京都府下行幸事務記録」一九三三年一〇月)。

70――「昭和八年拾月行幸工営係記録」(同右)。

71――『京都日出新聞』一九三三年一〇月二三日夕刊(二二日夕方発行)、『東京朝日新聞』一九三三年一〇月二三

日。もっとも、京都駅構内では、一見すると平等性に反する有資格者の奉拝が行われた。この人数は、一〇月二二日、二三日、三〇日、三一日の四日間に合計三八一五人にもなった。これは各地域の在郷軍人分会長・軍人援護会特殊会員、愛国婦人会中堅幹部・日本赤十字社特別社員等、地域の中堅幹部の奉拝を認めたからである(「京都駅構内奉拝者数」「名簿」、秘書課「奉送迎係行幸一件」一九三三年一〇月、京都府庁文書、昭8-27)。

72――『京都日出新聞』一九三三年一〇月二四日夕刊(二三日夕方発行)。『東京朝日新聞』一九三三年一〇月二四日。

73――『東京朝日新聞』一九三三年一〇月三一日、一一月一日。

74――『京都日出新聞』一九三三年一一月一一日。

75――秘書課「行幸一件」一九三三年一〇月、同上名の冊子(京都府庁文書、それぞれ昭8-18、昭8-22)。

76――『京都日出新聞』一九三三年一二月三〇日夕刊(二九日夕方発行)。

77――『京都日出新聞』一九三四年六月一日、一九三六年一〇月二日夕刊(一〇月一日夕方発行)、一九三七年二月一二日夕刊(一一日夕方発行)など。『京都市事務報告書』の一九三四年以降の教育部教育課の「修養団体に関する事項」。なお、一九三六年は紀元節の行事は特に記録されず、即位記念日奉祝式並警備隊検閲が建礼門前で行われた。

78――『京都日出新聞』一九三四年三月一一日夕刊(一〇日夕方発行)。公同組合は、京都市独自の自治組織で、有力市民を中心とした自治を支えた。一八九七年に各学区単位に行政補完組織として連合公同組合、および各町単位に公同組合が作られたのに始まる。もっとも各町公同組合は画一化された組織とならず、町ごとの個性も存続した。戦時体制にも協力したが、内務省の指令で全国に画一的な町内会を設置するため、一九四〇年一〇月に解散させられた(京都市市政史編さん委員会編『京都市政史　第1巻　市政の形成』京都市、二〇〇九年、七、九、一五二〜一五三、五六五〜五六六頁、小林丈広執筆)。

79――『京都日出新聞』一九三七年五月二四日。

80――前掲、京都市市政史編さん委員会編『京都市政史』第一巻、五〇二～五一一頁(伊藤之雄執筆)。

81――前掲、伊藤之雄『昭和天皇と立憲君主制の崩壊』第一部。

82――司法省刑事局「所謂『天皇機関説』を契機とする国体明徴運動」(一九四〇年一月)第四章～六章(今井清一・高橋正衛編『現代史資料4・国家主義運動1』みすず書房、一九六三年)。在郷軍人会の連合支部分会とは、各分会の連合体である。たとえば、一九三八年の京都市では、一二六分会が七連合分会にまとめられ、さらにそれが連合会を構成していた(会員約四万五〇〇〇人)(『京都市昭和十三年事務報告書』一三八頁)。

83――前掲、司法省刑事局「所謂『天皇機関説』を契機とする国体明徴運動」第七章。国粋主義者の五百木《いおき》良三の「元老重臣ブロック」への攻撃等。

84――前掲、伊藤之雄『昭和天皇と立憲君主制の崩壊』五六～五九、一七二～一八六、二〇二～二〇六、二七一～二七五、三六一～三六六頁。

85――伊藤之雄「原敬内閣と立憲君主制――近代君主制の日英比較」(二)(『法学論叢』第一四三巻第五号、一九九八年八月)。

86――京都府臨時国勢調査部長「昭和十年国勢調査員の新宿御苑其の他拝観方に関する件」一九三五年一一月五日(「京都御所新宿御苑二条離宮拝観一件」に所収、京都市永年保存文書マイクロフィルム)。

87――後藤末久上京区長「京都御所拝観願」一九三五年一一月二二日、中山邦明右京区長「京都御所拝観願」一九三五年一一月二二日(前掲、「京都御所新宿御苑二条離宮拝観一件」に所収)。この他、同じ一一月二二日に二条離宮拝観願が二件出ている(同前)。

88――京都市助役「京都御所並二条離宮拝観に関する件」一九三六年一二月(前掲、「京都御所新宿御苑二条離宮拝観一件」に所収)。

89――前掲、「京都御所新宿御苑二条離宮拝観一件」に所収の文書。

90――「新宿御苑拝観者調」(「京都御所新宿御苑二条離宮拝観一件」所収)。

91——『京都日出新聞』一九三六年八月一六日。一九三六年七月下旬の新聞は「観光日本万歳」と題して、次のように外国人観光客の増加を報じている。①政府の観光局で一月から六月までの外国人観光客数がまとまり、総計二〇三三五名で前年比べると九六九名増加した、②この中で最も注目すべきは、「満州」(中国東北地方)・フィリピン・インド等の東洋諸国の人々が増加し、五一四九名(昨年に比べ九五二名の増加)に達した、③夏の観光シーズンも現在各船とも観光客で満員という、これまでにない盛況であるので、年間を通しての観光客は昨年の四二六二九名をはるかに越え、少なくとも五万を突破する見込みである(『京都日出新聞』一九三六年七月二四日夕刊、七月二三日夕方発行)。

92——『京都日出新聞』は、この規定改正に注目し、官報で公示される前日の八月三〇日に、「御所、離宮などの拝観に画期的な大英断」と題して、要点を報じている。

93——団体拝観は京都御所・二条離宮・新宿御苑の三ヵ所、個人拝観は京都御所・二条離宮・仙洞御所・桂離宮・修学院離宮の五ヵ所で許可された。

94——『京都日出新聞』一九三七年一月二九日。

95——一九三四年二月二四日、京都府に、京都市内の次の小学校に対し、御所拝観が許されたとの通知があった。竹間《ちくかん》校(三月一日、九二名)・富有《ふゆう》校(同、七八名)・朱雀《すざく》第一(三月五日、三六八名)・同第二(同、三〇五名)・同第三(同、二八四名)・同第四(同、一二七名)・同第五(同、一九四名)(『京都日出新聞』一九三四年二月二五日)。『京都市事務報告書』の一九三四年以降の「教育部学務課」の「其の他学事及教育に関する事項」に、「御所離宮拝観」の件数が記録されているように、一九三四年以降、市内小学生の御所・離宮の拝観が続けられるようである。その数は、一九三四年は一五二件、三五年は一六〇件、三六年は六二件とある。なお、一九三七年は一五七件、三八年は一六一件と続く。一九三六年の拝観件数が少ない理由は、『事務報告書』の誤植の可能性もある。

96——『京都日出新聞』一九三七年一月二九日。

97――『京都日出新聞』一九三七年八月一四日、二三日。『京都市昭和十二年事務報告書』(一六七頁)の叙述は必ずしも正確でない。なお、一九三二年夏以来、京都市では市民の夏期体育奨励のため、ラジオ体操の会を行っていた。一九三七年も一三二校の小学校がそれぞれの校庭で行うのに加え、今宮神社・岡崎神社・熊野神社などの市内二三ヵ所の神社や、船岡山《ふなおかやま》公園・円山公園・妙満寺《みようまんじ》・養正隣保館《ようせいりんぽかん》などで行うことになった。神社・公園には、御苑内の御所八幡宮も含まれていた(『京都日出新聞』一九三七年七月二三日)。盧溝橋事件後、市民参加を増やす新しい試みの一つである。

98――『京都日出新聞』一九三七年七月二七日夕刊(二六日夕方発行)～七月三一日夕刊(三〇日夕方発行)。

99――同右、一九三七年九月二七日。

100――同右、一九三七年一〇月二八日。

101――同右、一九三七年一一月九日、一一日、二九日。

102――同右、一九三七年一二月一二日夕刊(一一日夕方発行)、一二日、一三日。京都市は上京・下京の二区制であったが、一九二九年四月より、中京・左京・東山区ができて五区制となり、一九三一年四月より右京・伏見の二区を加えて七区制となった(前掲、京都市政史編さん委員会編『京都市政史』第一巻、三八五～三九〇頁、奈良岡聰智執筆)。

103――『京都日出新聞』一九三八年二月六日、一〇日、一一日夕刊(一〇日夕方発行)。

104――同右、一九三八年一〇月二三日。

105――同右。

106――同右、一九三八年一〇月二六日、二七日、二九日夕刊(二八日夕方発行)、二九日。

107――同右、一九三八年一〇月二八日夕刊(二七日夕方発行)、三〇日、一一月二日夕刊(一日夕方発行)。

108――同右、一九三八年一一月一一日夕刊(一〇日夕方発行)、一一月一二日夕刊(一一日夕方発行)、一一月二八日、一九三九年二月五日夕刊(四日夕方発行)、一九三九年三月三日、六月一六日夕刊(一五日夕方発行)、七月六日、一一月三〇日など。

109――同右、一九三八年三月一三日夕刊(一二日夕方発行)。

110――同右、一九三八年一〇月一四日。

111――原氏は「(一九)二八年の昭和大礼を機に、関東地方や全国、あるいは植民地や『満州国』の代表が集まって、親閲式や記念式典、奉祝会、観兵式など、天皇を主体とする多様な儀礼が頻繁に行われるようになることで、〈宮城前〉広場は完全な『聖なる空間』となる」とし、それは一九四五年の敗戦まで続くとする(原武史『増補・皇居前広場』ちくま学芸文庫、二〇〇七年、三〇~三一頁)。このように原氏は、政党内閣期の一九二八年から一九四五年八月までを厳密に区別せず、「聖なる空間」の誕生を主張する。しかし本書で述べてきたように、京都御所・御苑が「聖域」となるのは、一九三五年以降、とりわけ一九三七年の日中戦争全面化以降である。原氏のいう「聖なる空間」としての宮城前広場(皇居前広場)も、そのころに成立すると推定される。原氏自身も「聖なる空間」の成立との脈絡なしに「日比谷公園や宮城前広場等で納涼がてら風紀を紊す者が多いので廿七日夜一斉取締を行つた」という『読売新聞』(一九三〇年七月二九日)の記事を紹介している(原武史、前掲書、一二〇頁)。

112――前掲、京都市市政史編さん委員会編『京都市政史』第一巻、五八七~五九一頁(伊藤之雄執筆)。

113――前掲、原武史『増補・皇居前広場』一〇一~一〇六頁。

114――『京都日出新聞』一九四〇年二月一〇日夕刊(九日夕方発行)、一一日夕刊(一〇日夕方発行)、一二日夕刊(一一日夕方発行)。

115――『東京朝日新聞』一九四〇年六月九日。

116――京都府「行幸事務ニ関シ第一回打合要領」一九四〇年二月一九日、各部係長宛総務部長通知「行幸事務打合ニ関スル件」一九四〇年二月二二日(秘書課「行幸一件」一九三九年、京都府庁文書、昭14-32、京都府立総合資料館所蔵)。

117――『東京朝日新聞』一九四〇年六月一〇日。御苑内の奉拝は、大学・高等専門学校・青年学校については市内に在学する者、中等学校は市内中等学校生徒全部および市外二三校より各校五〇名ずつ、小学校は市内単独高等小学校児童全部に割り当てられた(「特殊団体御苑内ニ於ケル奉拝ニ関スル件」前掲、秘書課「行幸一件」一九三九年)。

118――『京都日出新聞』一九四〇年六月一〇日。

119――「御苑内ニ於ケル鹵簿奉拝状況」(文書課「行幸一件」一九四〇年、京都府庁文書、昭15-30-2、京都府立総合資料館所蔵)。

120――『京都日出新聞』一九四〇年六月一一日。

121――『東京朝日新聞』一九四〇年六月一〇日。

122――「御道筋ニ於ケル交通制限基準時刻」(前掲、秘書課「行幸一件」一九三九年)。行幸道の縦の交通は、鹵簿通御一時間前に禁止されるが、学生・生徒その他、規律統制ある団体で所定の奉拝場所に赴く者および奉拝入場券を持って奉拝場所に赴く者は、三〇分前に禁止されることになった(「鹵簿奉拝ニ関スル注意事項」前掲、文書課「行幸一件」一九四〇年)。

123――『京都日出新聞』一九四〇年六月一三日。「奉迎旗行列並ニ奉迎式参加人員表」(前掲、文書課「行幸一件」一九四〇年)。

124――古川隆久『皇紀・万博・オリンピック――皇室ブランドと経済発展』(中公新書、一九九八年)一八八~一九一頁。古川氏も「二千六百年」式典について、「全体として、一般の大人は、式典前後の期間を楽しめるだけ楽しむのか、それができなければ適当にやり過ごしたのであり、本気で感激したのは全体からみれば少数であったと考えてまちがいない」と評価している(同前、二〇一頁)。この評価は、本書と同じである。しかし古川氏は、一九三〇年代に「皇室ブランドという正当のシンボルをめぐって、国民統合指向と、経済発展指向という二つの論理がせめぎ合いながら、国家としての紀元二六〇〇年奉祝記念事業と記念行事という方向に話が発展した」。当初は経済発展指向が広く合意や関心を獲得していたが、「日中戦争期の戦時体制強化のため国民統合という方向性が大きく表面化した」。しかし、「底流では経済発展指向が社会資本や文化の発展など広い意味で発展指向として残り、それが戦後にさまざまな影響や遺産をもたらすことになったのである」と(同前、二三〇頁)、一部の現象を関係づけて論じる。だが、一九四〇年の行事と戦後とを結びつけるのは強引な理解といえる。また、国民統合は経済発展をスローガンにしてもできるように、国民統合指向と経済発展指向というレベルの異なる概念を対比させることも、実態理解を混乱させる。

これは同氏が、「紀元二千六百年」奉祝行事の位置づけにあたって、皇紀法制化(一八七二年)・日露戦後の「大博覧会計画」・一九三〇年代のオリンピック招致運動・一九三五年万博構想といった断片的行事を取り上げるのみで、明治から一九四〇年、さらに戦後への歴史的流れの中で、事実の変化を考察しようとしないからである。その結果、「紀元二千六百年」奉祝行事の説明に利用するため、断片的行事の中に安易に共通点を見つけ出そうとしたり、異なったレベルの概念を比べたりするのである。同氏の研究では、本書で京都御所・御苑等を例に述べたように、一九一〇年代から二〇年代半ばまでの国民と天皇・皇室の関係が、国民の権利意識の高まったことを新しい要素に加え、敗戦後の日本に再構築されていくこと等が見えてこない。注目すべきは、二つの時期に共通するものが、合理性を前提とし、国民の自発性と天皇・皇室への自然な敬愛によって支えられた社会であることだ。

125――『京都日出新聞』一九四〇年一一月一日。
126――同右、一九四〇年一一月六日夕刊(五日夕方発行)。
127――同右、一九四〇年一一月一一日。
128――前掲、京都市市政史編さん委員会編『京都市政史』第一巻、五四七〜五四八頁(伊藤之雄執筆)。京都市観光課『京都皇陵巡拝案内』(「事務一件」(1)、一九四〇年度、京都市永年保存文書マイクロフィルム)。
129――『京都日出新聞』一九四一年一二月二〇日、一五日、一七日夕刊(一六日夕方発行)、一七日。

130――同右、一九四二年二月一九日。
131――同右、一九四二年三月五日夕刊(四日夕方発行)、九日、一三日夕刊(一二日夕方発行)、二七日。
132――『京都新聞』一九四二年五月一六日夕刊、二九日夕刊、七月一一日朝刊、二四日夕刊。『京都日出新聞』と『京都日日新聞』が合併し、一九四二年四月より、『京都新聞』が発行された。
133――『京都新聞』一九四二年一二月一三日。
134――一九四二年五月以降でも、建礼門前広場が関わる行事はある。例をあげれば、同広場で開かれた一九四二年一二月八日の「大東亜《だいとうあ》戦争一周年記念京都府国民大会」(『京都新聞』一九四二年一二月八日、九日)や、一九四三年二月一一日に産業報国会青年挺身隊《ていしんたい》の行事で、「御苑内広場」に参集し、平安神宮まで行進し、同神宮で式を行い、岡崎公園で分列式を行ったこと(同前、一九四三年一月七日)等がある。また同年一二月八日に、開戦の日を記念し、京都府吹奏楽連盟女子部鼓笛隊《こてきたい》三百余名が、建礼門前広場で合同演奏を行った後、市内を行進し、平安神宮前に至り、再び演奏の後に解散したこと(同前、一九四三年一二月九日)もある。
135――「行幸事務打合会に於て決定したる事項」(総務係「昭和十七年行幸一件」、京都府庁文書、昭17-29)。
136――「行幸関係事務打合要綱」(秘書課長「行幸関係書類」一九四二年一二月、京都府庁文書、昭17-39)。天皇の京都と伊勢神宮への行幸が発表されたのは、一三日に還幸した翌朝の新聞であった(『京都新聞』一九四二年一二月一四日)。
137――「奉迎送係日誌」、「奉拝予定団体」(奉迎送係「行幸記録」一九四二年一二月、京都府庁文書、昭17-40)。
138――『京都新聞』一九四二年一二月一五日夕刊(一四日夕方発行)。

第五章

御所・御苑空間と戦後京都

――象徴天皇制と都市の再生

一節　御所・御苑の「聖域」性を薄める動き

❖飛行場・メーデー・開墾・進駐軍住宅

戦局が悪化する一九四四年にかけては、戦争や、天皇に対してすら「これ天皇や、一寸《ちよつと》中告するぞ。貴様はほんとにばかだな。〔…中略…〕戦争するなら物資を十二分としてからのことだよ」等と批判的に見る流言が増えていくことでもわかるように[1]、国民の戦意はしだいに衰え、一般国民が昭和天皇を理想化したり「神聖」視する感情は少し弱まった。

また、戦時中には京都御苑の一部が開墾されている[2]。このことからも、戦時下の厳しい食糧難によって、御苑の「聖域」性が、天皇の「神聖」性とともに少し弱まっていったことがうかがわれる。

一九四五年(昭和二〇)八月一五日、日本はポツダム宣言を受け入れ、連合国側に降伏した。京都市には、アメリカ軍第六軍が、九月下旬に進駐した。

進駐軍(第六軍)は御所の建礼門前広場を連絡用小型飛行機の飛行場にしようとした。当局や府会・

市民の間にも、「御所」(御所・御苑)は市民や日本国民の崇敬の場所であると、反対の声が強かったので、堀川通を代わりの飛行場とした[3]。

前章で述べたように、「皇紀二千六百年」奉祝行事などに際し、京都市は御所・御苑の「聖域」性のみならず、御陵や由緒ある神社を持つ京都自体にも「聖域」性を主張した。こうして多くの観光客を呼び込むことに成功したが、戦局が悪化する中で、それらは弱まっていった。第六軍の飛行場設置の計画は、敗戦を迎えても残存していた御所・御苑の「聖域」性を崩壊にむかわせる最初の大きな動きであった。しかし、京都府・市当局や市民・府民らの反発を考慮し、飛行場は設置されなかった。

もう一つの大きな動きは、労働者によるものである。一九四六年五月一日には一一年ぶりにメーデーが復活した。注目すべきは、主な集合場所が「京都御所紫宸殿《ししいでん》前」(御所建礼門前のことか)であったことである。

参加団体は京都の各労働組合・社会党・共産党・民主戦線・朝鮮人同盟などであった。集合後、御苑から烏丸《からすま》通を南下、四条通を東進して円山《まるやま》公園まで五万人が行進し、「民主人民政府樹立」などの決議をして散会した[4]。太平洋戦争と強く結びついた平安神宮前広場は使われなかった。次節で述べる一九五二年のメーデー会場をめぐるやり取りから推定すると、労働者側が新しい時代になった証として、天皇のタブーを克服し、御所・御苑の「聖域」性を薄め、労働運動に利用しようとしたためである。

翌四七年のメーデーは、京都労組協議会組織団体加盟、日本農民組合、社会党・共産党等の主催で、御所建礼門前広場で開催された(参加者は約三万五〇〇〇人)。閉会後、円山公園まで行進した[5]。

御所・御苑の「聖域」性が薄れると、敗戦後の厳しい食糧難に対応するため御苑を開墾しようとする動きが出てきた。京都市は一九四六年六月までに、国民学校(それまでの小学校)児童の給食の一助にするため、御苑の一部を開墾することを申請していた。六月一七日付で、総坪数一万六八三〇坪の使用許可が宮内省から出た。これは、御苑内の道路と建物を除いた、芝生の大部分である[6]。

その他、付近の住民によっても開墾がなされたようである。一九四八年七月の京都府の調査によると、付近居住者九八名によって約六〇〇〇坪が畑として占有されていた[7]。

また、一九四六年七月一日には、家族持ちの進駐軍の将兵の住宅候補地として御苑が選ばれ、通告された。府進駐軍受入実行本部や府議会は驚いて、「これだけは国民感情からも許されぬ」等として、接収中止を求めたので、府立植物園を代替地とした[8]。進駐軍に対し、御苑を守る動きの背景となったのは、敗戦までの「聖域」として御苑を保存する思想ではなく、以下で述べるように、日本が新たに目指そうとした民主主義と平和国家の象徴として御所・御苑を利用しようという思想であった。一九四六年二月までに、マッカーサーらGHQが象徴天皇として日本に天皇制を残すことを決定していたことも、御苑保存を促進することになった[9]。

❖府への払い下げ打診

第二次世界大戦後に京都御苑をどのようにするかについて、政府は明確な方針を出していなかったが、一九四六年(昭和二一)六月二六日、内務省国土局計画課木村技官より、京都府都市計画課長宛に、①御苑と三十三間堂廻りの御料地が払い下げられる予定であるが、京都府において払い下げを受ける希望があるか、②また払い下げを受けるとすればどのように利用する方針であるか、電話で照会があった。

七月三日、京都府知事名で内務大臣宛に、電話で、①一般払い下げには反対で、やむを得ないなら府が払い下げを受ける、②御苑は「緑地」として保存し、当分の間は一部を食糧増産に寄与させる、等と答えた。食糧増産に寄与させると回答したのは、すでに宮内省の許可を得て御苑の一部を市内小学校学童に耕作させていたからである。七月二四日、内務省地方局長より、京都府の要望どおり内定したとの正式通知が到着した。そこには国有財産移管の手続き完了までの暫定措置として、一時使用の形式で府に使用認可が下りた趣旨も記してあった[10]。この約三年後、京都御苑が厚生省に管理される国民公園となるまで、御苑の管理をめぐる国の方針は動揺し続ける。御苑を「緑地」として保存するという京都府で出された方針は、大枠で貫徹されるが、その間、御苑の将来をめぐって、正反対の考えも登場し、議論が展開する。

一九四六年八月二九日、木村惇《あつし》京都府知事は、御苑の使用方針を立てるため、府・市、学界や関係各方面の意見を聴くため、協議会を開催した。出席者は、木村知事、和辻春樹京都市長、鳥養《とりかい》利三郎京大総長ら官民の有力者であった。京都府により八年後に出された報告書によると、この協議会は「自由なる議論が目的であつて結論を得るため」のものではなかった[11]。当日の記録によると、協議会では土木部長より、「御苑は永久緑地として保存したい」、「非建築地域としての効力を発揮するため建物や総合運動場等の施設は避けたい」、以上の目的を達するため「一部を植物園とし残りを公園として使用したい」」、こうして「市民との親しいつながり」を持たせたい、等の方針が出された。緑地として保存する点では一致したが、緑地施設の具体的な面で「多少の意見があった」。植物園の創設の範囲や音楽堂・絵馬堂設置についてである[12]。

✣総合運動場にする構想

しかし、協議会について翌日報じた地元の有力紙は、御苑を総合運動場にする案について、御苑を総合運動場にするということと、植物園を移転することが提案され、後者については反対意見が出て留保となった、と必ずしも否定的に見ていない。

また、最後に都市計画委員の関口京大教授が専門家としての立場から次のように述べて、御苑の公園化について提言した、とも報じた[13]。

世界の一級公園は十五万坪であるが、御苑は十八万坪の広大なものであるから、これをリクリエーションセンターとして公園化すれば、東京の日比谷公園の三～四倍の美しい公園が出来、御苑は京都の一級公園となる許《ばか》りでなく世界の公園となる[14]。

府によって協議会が開催される同日朝の新聞に、御苑を総合運動場にする計画が京都スポーツマン・クラブで立てられ、府市協力のもとに実現の一歩を踏み出したと報道された。

この計画は、①大宮御所北側の御苑東北部の広場を二つに区分し、ラグビーとサッカー兼用グラウンドに、もう一つを軟式野球場（二ヵ所）とする、②御苑の東南部の一角に室内体育館を建設し、大宮《おおみや》御所南側の芝生に五〇メートルプールを作る、③九条邸跡御池前から「紫宸殿《ししいでん》前」（建礼門前）の道路を利用して陸上競技場と数面のテニスコートを設ける、④烏丸《からすま》通に面した中立売《なかだちうり》御門を中心に御所の西の左右両側の芝生内に児童公園ならびに小運動場を作る、⑤北西角から東北角にかけて動物園・植物園を包含する公園を作り、瓢箪《ひょうたん》池にボートを浮かべる設備をして楽園化する、というものであった。

さらに、「これ〔総合運動場〕が実現すれば、京都市内の中心地丈《だけ》に利用者も多く、市民誰もがスポーツを楽しみ、スポーツを通じて育成される美しき愛と光に燃えた明朗な世相を生み出し、真の民主的平和国家の中心地に相応しい京洛街が出現するものと、大なる期待を持たれてゐる」とも報じられた[15]。当時、植物園は進駐軍に接収され、園内の木々は切り倒され、米軍将兵用に米国式の家族住宅が建てられていた[16]。

以上の計画は、御所と大宮御所を残し、御苑を総合運動場と一般の公園にしようという、御苑の大改造計画で、近世までの伝統やとりわけ明治以降の伝統を基本的に否定するものである。これは、日常は御苑を一般の公園として利用したいので、もっと設備を整えてほしいという、一九二〇年前後に生じた京都市民たちのささやかな希望が受け入れられず、一九二〇年代後半以降しだいに「聖域」化されていったことへの反動でもあった。また、御苑の大改造計画が、「民主的平和国家」を目指す戦後民主主義を関連させて論じられていることも特色だった。これは直接的には八月二九日に、京都府主催で御苑の使用方針についての協議会を行うことに対抗し、出された意見であった。戦後民主主義をリードしていた当初の基本理念は、明治以来の日本の近代化や日本のあり方を全否定することであったので、御苑の大改造構想も、そうした影響下にあったといえる。

✣文化遺産として国民公園に

ところが御苑を大改造して総合運動場にする構想には、市民の中にも強い反発があったようである。それを、『京都新聞』への投書から推定することができる。

一つは、「御所」(御所と御苑)は日本の歴史的遺産の中でも本当に屈指のもので、市は「この貴重な文化財」を保護する義務があり、また京都市民だけが独断的に決定すべきものではないと論じるものである。その上で、御苑の森も含め、今のままに保存し、建物の中まで自由に見られるように開放してほしい、と求めるものだった(「京大生筒井」)。

もう一つは、外国の大都市には中心部に空気を浄化する森林があるのが通例で、京都市にはそれに代わるものとして御苑があるとし、御苑にさらに樹木を植え込んで、「一大森林公園」にすることを提案するものである。その上で、一隅に美術館や図書館を設けることもふさわしい、とする(「E・Y生」[17])。

二つの投書は多少ニュアンスが異なるが、共通する特色は、御所・御苑を「聖域」として保存することを主張するのではなく、京都市や日本国民の文化財として、また森や森林のある公園として保存することを提案していることである。それとともに、御所の建物も含めて、京都市民や日本国民に公開することを求めていた。

すでに述べたように、大正デモクラシーの潮流が強まった一九二〇年前後にも、遠慮しながらも、これと類似した要望があった。それは、御苑を公園とし御所の拝観の機会を増やす、というものだった（第二章七節）。太平洋戦争の敗戦後、御苑の大改造計画に反発する形で出てきた要望は、一九二〇年前後の市内の要望をさらに徹底させるものであった。

他方、一九四六年（昭和二一）二月、ＧＨＱは憲法改正案を日本政府に渡した。政府は、それを元に憲法改正案要綱を作成し、三月六日に発表した。そこでは、主権在民・天皇は象徴であること、戦争放棄という柱が示されていた。この方針の下にできた憲法改正案は、衆議院と貴族院で審議され、少しの修正の後、一〇月七日に可決された。こうして一一月三日に日本国憲法が公布された。

この間、一九四六年一〇月五日に京都府は「開放御料地使用許可について」、宮内省に承認を求めた。その大要は、①御苑の土地は現状のままで使用するが、ある程度の開墾を認める、②将来、「都市計画緑地」として決定し、「公園緑地」としての機能を発揮させるため、「植物公園等」の計画を進める等である。しかし、それに対する回答は「意外に遅延し」、翌年三月一〇日付の使用承認書が、五月一二日に到着した[18]。

このように遅れたのは、後述するように文部省が御苑を史蹟としたいとの方針を持ったこととの調整や、日本国憲法第八十八条で「すべて皇室財産は、国に属する」と規定され、皇室財産としての御苑の管理が宮内省の手を離れることが決まったからであろう。一九四七年五月三日、新憲法が施行されると、御苑は国（大蔵省）の管理に帰属した。

マッカーサーらＧＨＱと吉田茂内閣や昭和天皇・宮内省の間で合意された統治方針は、極東軍事裁判で、昭和天皇が訴追されることを避け、戦後の日本に象徴天皇として天皇制を残し、社会主義勢力などが主導権を握るのを避けながら、戦前の体制を民主化していくということであった。それを具体化した日本国憲法が一一月に公布、半年後に施行され、旧皇室財産としての御所・御苑の所有先や管理の担当官庁が決まると、御所・御苑をどのような形で保存するかの大枠も固まっていく。

それは、御苑を総合運動場にするような大改造ではなく、基本的に現状を維持した公園とし、「精神修養」の場としてではなく、文化遺産として御所の公開を促進することであった。吉田内閣は宮内省と連携し、この方針を推進する。

❖御所一般公開

その手始めが、御所の一般公開であった。それに先立ち、一九四六年（昭和二一）一一月になると新聞記者に御所を取材させた。この様子を、一一月一二日付で、地元有力紙は、「国民不可侵の御所が心の故郷として解放される晴れの日が来たのである」と、次のように報じた。

紫宸殿から禁中深い常御殿《つねごでん》の拝観を許された記者は写真部員とともに明治天皇の御座所・御寝所、剱璽《けんじ》の間に解放の第一歩を印した、大文字山《だいもんじやま》がこの常御殿から真正面に眺められるが、大字文の送り火は陛下をお慰め申し上げた国民の催しであると語られてゐるやうに、国民は天皇に憧《あこがれ》をよせ、…（中略）…（御所の）清装を通じて国民の中に立つ天皇の英像が狭い御座所から、御内庭の池の面から髣髴《ほうふつ》として浮びあがつて来た[19]。

この報道は、御所開放の民主主義政策と、常に質素な生活をして「国民の中に立」っていた天皇像を強調し、吉田内閣や宮内省の方針と同調していた。

次いで地元有力紙は、京都御所を語る座談会を主催し、一一月二二日から同紙上に掲載した。そのトーンは、「偲《しの》ぶ君民和楽」・「総てが御質素」など、御所公開に先立っての取材記事と同じだった。座談会の出席者は、飛鳥井《あすかい》雅信（宮内省京都地方事務所長）・鈴鹿《すずか》三七（京都市嘱託（市史編集））・棚橋諒（京都大学工学部教授（建築学））・源《みなもと》豊宗（元京都大学文学部講師（美学））と、京都新聞の高谷編集局長であった[20]。この座談会に、宮内省幹部である飛鳥井京都地方事務所長が出席していることからも、右のトーンは宮内省公認のものだったことが、確認できる。

戦後初めての御所の一般国民への公開は、いよいよ一一月二八日に始まり、雨天のため一日日延べとなって一二月三日に終了した。紫宸殿では殿上《てんじょう》拝観が許された。戦前においては天皇の日常生活の場である御常御殿は原則として拝観を許されていなかったが、そこまで拝観を許す開放姿勢であった。このため、御所拝観は京都市民や国民に大変な人気であり、六日間で合計一八万人もの拝観者が訪れた。翌春は、四月六日から五日間公開される予定になっていることも、新聞で公表された[21]。

吉田内閣に批判的な左派系の新聞も、①殿上拝観が許されたこと、②服装にもなんらの制限がないこと、③「従来有資格者と雖《いえど》も拝観を許されなかった」御常御殿まで拝観が許されたことを、「民主の世なればこそと感慨深いものを覚えた、と評価した[22]。

こうして御所・御苑を基本的に現状のまま、公開を促進する方向が、さらに固まっていったといえる。なお、御所・御苑のあり方を構想するにあたっては、京都や市民の未来のみならず、日本のそれと関連づけられていた。その意味で、求められる像は異なったものの、戦後も御所・御苑は京都のみならず、日本のシンボルであり、また京都は日本のシンボルとしても存続していた。もっとも、天皇の存在感が強まった明治中期から「紀元二千六百年」までと比べ、シンボルとしての影響力は減退していたといえよう。

翌一九四七年一月、宮内省より京都府に、「文部省より御苑を史蹟にしたいとの意見照合に対し、宮内省としては、御苑が京都府へ移管された後に指定されることは差支えない旨回答した」との通知があった。次いで、三月一三日、文部省から知事宛に、御苑を史蹟に指定したいので、現状変更はもちろん、御苑に不適当な施設は極力回避したいから配慮してほしい、との通知を受けた。

その後、四月八日、宮内省で文部省の係官と京都府の担当者が、宮内省の監理課長立会いのもとに協議し、①御苑利用計画については実施計画が作成でき次第文部省と協議する、②文部省は京都府より協議があるまで史蹟指定を留保すること、等が決められた。またその際、宮内省側より、御苑の土地は皇室財産税の一環として国へ物納手続きを取った、と説明があった[23]。

こうして、文部省から史蹟指定の方針が出され、京都市民の一部の要望にあった、御苑を総合運動場として大改造できる可能性は少なくなった。しかし、第二次世界大戦後の混乱が続くこの時期、京都市民や府民の御所・御苑や天皇に対する意識は、大きな意味を持つこともあり、まだ御苑の使用方針には流動的な要素が残っていた。

二節　象徴天皇制下の御所・御苑と京都

✣昭和天皇が京都に泊まる

第二次世界大戦後に昭和天皇が初めて京都に立ち寄ったのは、敗戦の年、一九四五年(昭和二〇)一一月に伊勢神宮・神武天皇陵・明治天皇陵(桃山陵)に終戦の奉告《ほうこく》をした際である。大宮御所を宿所とし、天皇は一一月一三日、一四日と二泊した。

この行事での奉拝者の取り締まりは、第二次世界大戦後の基準を作ったものといえる。それは、①「奉拝」しようとする者に対しできる限り「奉拝」の機会を与える方針の下に、原則として制限を加えない、②奉拝する者の位置について、鹵簿《ろぼ》通御《つうぎょ》に支障ある場合のみ適切な場所に誘導整理する、③通御の沿道居住所の奉拝については、警衛上特別の支障がない限り平常のままとする、④奉拝しようとする者の行状、言動等がはなはだしく不敬にわたる場合は、注意を与えるが、高圧的言動に出ない、⑤「朝鮮人台湾人支那人」等の奉拝については格別制限を加える必要がないが、相当の人数が集まっている場所にあっては、「万一を慮《おもんぱか》り」私服員を特に増加し警戒すること、⑥鹵簿通御に支障ある場合の他、交通禁止はせず、その必要があっても努めて小範囲・短時間に止めること、等であった[24]。

また、大宮御所周辺の交通制限も「其の必要なし」とされ、駅構内の奉迎送も「一般民衆に迷惑を及ぼさざる」ように行うことになった[25]。

敗戦後に天皇制の存続すら確かでない中で、宮内省は極めて低姿勢であり、このやり方がその後の奉拝規制の原型となった。これは、大正天皇の即位大礼終了後、一九二〇年代初頭までに展開した規制緩和の方向を徹底したものとも見ることができる。

✣戦後初の京都行幸

一九四七年(昭和二二)五月三日、象徴天皇制を規定した新憲法が施行され、天皇制の存続は確定する。昭和天皇は、六月四日夕方から一五日朝まで京都・大阪・和歌山・兵庫を巡察のため、一二日間にわたる行幸をし、大宮御所に滞在した。これが戦後初の実質的な京都行幸だった[26]。

前年、一九四六年五月に皇居前広場で食糧メーデーがあった。日本国民の間に食糧事情等によって吉田内閣への不満が高まっており、昭和天皇は、いつそれが自分に向かうかを心配していたようである。ところが、この年各地を巡幸するなかで、地方民の自分に対する崇敬の念が少しも変わっていないことを確信していった。たとえば、六月七日の千葉行幸では、「市民の歓呼、万歳大変な騒ぎ」で、「万歳を唱へては泣く人々の顔」に囲まれたという[27]。天皇は日本国民の反応に自信を深め始めていた。また、一九四六年一一月三日、東京の皇居前広場(宮城《きゅうじょう》前広場)で、政府主催の日本国憲法の公布式が行われ、約一〇万人の人々が集まった。

ところが、その翌一九四七年五月三日、同広場で政府が憲法施行式典を主催したが、約一万人の人しか集まらなかったという。これは、約三ヵ月前の二・一ゼネストに中止命令が出る等、労働者を中心とした国民の吉田内閣への反感の表れであった[28]。

昭和天皇は、自分や自分が信じる内閣に対する国民の支持に、やや不安を感じながら京都に行幸したのであろう。しかも、京都行幸は、一九四二年の戦勝奉告や終戦の奉告のため宿泊地として京都に立ち寄った以外では、一九四〇年六月以来、七年ぶりであった(第四章七節・八節)。

京都府は宮内府との打ち合わせで、行幸の目的を、①「戦後の民情」各般にわたり、親しくその実相を視察し、「御慰問、御激励等広く民に接する」とした。警備についても、行幸の目的に添うよう、「民業を妨げることなく、一般交通にも特別制限を加えず、御通路の交通整理に止め、制服巡査等も出来るだけ少くし、民衆が充分奉拝できるよう」にするとした。また、天皇は「平服(背広)」であるので関係者等も特に服装を改める必要がないが、その人の気持ちしだいで通常服(国民服等)を着用してもよい、とされた[29]。

天皇が六月四日午後五時過ぎに京都駅に着き、四番ホーム階段を登ると、待っていた「群衆」から「万歳」の声が起きた[30]。

大宮御所で一泊し、翌六月五日、天皇は午前八時四〇分に出発し、自動車で高野川沿いに西面して散在する引揚者収容施設高野川寮に行幸した。寮の住人の間には、「想像以上の感激があり、着換えるものもない人々とはいえ、洗い清めたエプロン前掛に包み切れぬ喜びの色がみられた」。車から降りた天皇を歓迎して「ばんざい」の連呼が起きた。天皇は援護課長の案内で、各建物を回り、三〇分ほど視察と慰問や激励の言葉をかけ、「名残りおしそうにお見送りする人々にふり返りふり返り帽子をふつてお答えになつた[31]」。敗戦の後、最も厳しい状況を味わった引揚者の間でも、天皇の人気は高い。戦後の天皇の気さくな言動が、人気の一因でもあった。

関西行幸における京都でのハイライトは、六月一四日午前一〇時から開かれた京都府・市民奉迎大会である。会場となった御苑の饗宴場跡の広場は、「晴れ渡つた大空の下青葉が目にしみるように痛」く、五万余りの府民が会場を埋めていた。天皇はねずみ色の背広にソフト帽姿でオープンカーから降りると、「従来の因習的な慣例を破り」、北面して設けられた台上に立った。最前列の小学生席から一〇メートルの近距離である。君が代合唱が終わると、木村知事と神戸《かんべ》正雄市長の歓迎の辞があった。これに対し天皇は、熱誠のある歓迎を受けたことを喜んでいることと、非常に困難な時ですが国民は相共に日本再建のために一層努力することを切望してやみませんと、「前例を破」ったあいさつをした。

その後、天皇陛下万歳三唱があって、式が終わった。壇上を降りようとした天皇が、再び立ち上がって「帽子を振り振り名残りを惜し」んだことが、「参列者の胸を打つたのか、全員感激が涙に変り、再びわき起る君が代の奏楽を打ち消すような万歳のどよめきが起り、名状しがたいふんいきの中を縫うようにして（天皇は）同十時十五分御所へ」戻った[32]。

一九一五年の大正天皇即位の大礼や、その後の一九二〇年代前半には、大正天皇や皇太子（摂政宮《せっしょうのみや》、後の昭和天皇）に対して京都市民・国民の愛着が、ハプニングを伴って自然に発露されていた。そのような空気が二〇年以上の時を経て再現され、昭和天皇も感動したことであろう。もっとも、奉迎行事の時間は一五分間と、極めて短かった。

この日の奉迎大会の感想を、地元有力紙は参加者に尋ねている。それによると、天皇は神様のようであった（小学校六年生）、という感想もある。しかし他方で、戦友が「天皇陛下万歳」といって死んだ時は、天皇は神であると思っていたが、今日のように親しく声を聞いてみると、人間としての親しみを感じ、ともに日本の再建に尽くそうという別な意味の力がわきあがったという発言もあった（戦傷で盲目となった者、二七歳）。また、軍服を着た大元帥を見慣れていて、背広の姿に接すると「ちよつと気が抜けたように感じた、しかし人間を感じたといつてよい」（京都大学文学部生、二四歳）と感じた者もいた[33]。いずれにしても、小学生を除いては、とまどいを感じながらも、人間天皇に好意を見せた。

今回の行幸についての記者の質問に対し、六月一五日、天皇は宮内府を通して、「みなの熱烈な歓迎を受けることにうれしかった、今は非常な困難な時である、お互に堪え忍んで日本再建のため努力して行きたい」等、回答をした[34]。

一九四七年六月の京都など関西行幸を通し、天皇は京都市民の間に人間天皇として受け入れられ、大歓迎を受け、大変満足した。このことによって、御所の公開を拡大し、御苑は公園として、基本的に現状を維持する形で存続する基盤がさらに強くなったといえよう。

❖京都御苑整備計画

同年七月一五日、宮内府から京都府に、使用承認をしてあった京都御苑の土地・建物は国への引継の手続きを終了したので、今後の継続使用については大蔵省と直接交渉してほしいとの通知が来た。そこで、京都府は御苑の利用計画を改めて立てるため、京都御苑利用委員会を組織し、七月二六日、第一回委員会を府庁で開催した[35]。委員は木村惇知事が会長、井上清一副知事が副会長というように、京都府の主導性の強いものであった。これは、委員会の目的が「結論を得るためでなく」、文部省と協議する案を作成するため、「一般の自由な意見を聴く」という府の方針からもわかる。

それでも委員は、「府・市・学会・造園・体育・建築・婦人・青年・児童関係等の民間各層代表者」五五人、府職員の幹事一三名と、大きな委員会になった。

委員会では、まず体育関係者より、理想としては総合グラウンドを希望するが、最小限饗宴場跡広場に四〇〇メートルトラックを造ってもらいたいとの意見が出た。また児童関係者より、子供たちのための遊び場や自然科学的な施設を造る希望があり、あるいは市民に親しみを持たせるために、外周の土塁を一部史蹟として残し、他は取り除いた方が良い等の意見が出た。

しかし、京都府側の菊池幹事が次のように述べたように、府当局は現状維持を好ましいとした。「御苑は公園としての景観は既に立派なものであり、現況をそのまま維持したい、緑地としては重要な位置にあり、然《しか》も特殊な緑地である点を考へたい、将来大典等の挙行せらるゝ事を予想すれば濫《みだ》りに手を加へて現況を破壊するよりも維持管理に全力をそそぎたい」。京都府土木部都市計画課のまとめによると、委員会の意見は、全体として次の三点に落ち着くという。①御苑は「今迄の由緒に鑑み」できるだけ保存したい、②御苑の現在の利用状況に鑑み、運動場および子供たちの遊び場を造りたい、③周囲の支障ない区域に若干の植樹をして、多少の植物園的手法を加味したい[36]。

さらに文部省との打ち合わせにより、計画案の一部修正を加え、「京都御苑整備全体計画」を立て、九月一一日、第二回京都御苑利用計画委員会を開いた。府の案は、①饗宴場跡広場を「市民運動場」とし、軟式野球場二面と四〇〇メートルトラックを設置する、②御苑内周辺部五ヵ所に児童遊戯のために五八〇〇坪の芝生遊戯場を設け、ブランコ・シーソー・ジャングルジム等の運動器具および「四阿《あずまや》」を設置する、③堺町御門より建礼門に至る一帯は、御苑の代表的な場所であるから、現状のまま保存し、周辺部の比較的重要でない部分には、樹木及び灌木を植え付け、「植物景観」に変化を与える、④御苑にある水道三ヵ所、便所四ヵ所の設備では不足なので、水道を五ヵ所、便所六ヵ所を増設する、その他、くずかご及びベンチ各一〇〇個を設置する。これに対し、体育関係者および青年代表より、饗宴跡運動場については利用性を高めるため樹木を伐採してほしい、との強い要望が出たが、反対論も根強かった。木村知事(会長)は、原案は暫定案であることを説明し、諒解を得た[37]。

その後、同年一二月二七日の閣議決定「旧皇室御苑の運営に関する件」で、旧皇室苑地を「平和的文化国家の象徴として」、永久に保存を図り、広く国民の福祉に寄与させることになった。京都御苑も他の旧皇室御苑とともに、国民公園として国が直接管理することになった〔38〕。こうして一九四八年一月一日までに、木村京都府知事を会長とする御苑利用委員会が御苑の将来計画の大枠を決めたことが報じられた〔39〕。これは、前年九月の第二回委員会に出された案を受け、戦後の京都御苑の原型となるものである。その内容を、簡単に見てみよう。

報道は冒頭に、「桓武一千年の昔から京都市民の崇敬の的、精神生活の中心であった京都御苑は、いまや愛される御苑として大きく飛躍し三御所（京都御所・大宮御所・仙洞《せんとう》御所《ごしょ》）を除く□□〔判読不能〕二十一万坪が全市民に開放されることとなった」と宣言する〔40〕。本書で述べてきたように、明治以降に御苑が創設されても、日常は出入り自由であり、御苑は開放されていた。しかし、とりわけ日中戦争全面化以降に御所・御苑空間が教化（精神修養）の場となり、「聖域」化が進んだので、記者はその時期の印象を強く持っており、それとの対比で御苑の「全市民に開放」を強調したのである。

改修計画は次のような内容である。①饗宴場跡広場七千坪に大野球場はじめ総合運動場としての諸施設を完備する（グラウンドと樹林として実現、のちグラウンドに二〇〇五年に京都迎賓館が竣工し開館した）、②御苑の東北隅と東南隅に各所一六〇〇坪の少年用野球場を作る（現在は、今出川広場とテニスコート）、③児童遊戯場を寺町御門、下立売《しもだちうり》御門、中立売《なかだちうり》御門、石薬師《いしやくし》御門、今出川御門寄りの五ヵ所に設ける（各門の順に、現在では、ゲートボール場、広場、駐車場に付随する休憩場、母と子の森、児童公園となっている）、④堺町御門付近はそのままとするが、周辺部には樹木を植栽するほか、水道による水呑場、公衆便所を増設し、随所にくずかご、ベンチなどを置く（現在に至る）〔41〕。

右の御苑改修計画は、すでに述べたように、御所・御苑を京都市や日本国民の文化財として、森や森林のある公園として保存し、御所の建物も含めて公開するという意見を受け継いだものだった。

✣国民公園としての御苑へ

東京の皇居では同じ一九四八年（昭和二三）の元旦と一月二日に一般参賀が始まり、二日間で約一三万人もの人が参賀した[42]。憲法施行後最初の正月には、日本国民も落ち着き始め、象徴天皇となった昭和天皇と国民の関係も安定してきたといえる。

四月九日には、花見の話題に関連して、御所内の左近《さこん》の桜が次のように報じられるようになった。「春の京都御所公開第一日の八日は素晴らしい天候に恵まれ、紫宸殿《ししいでんさ》左近《こん》の桜が今を盛りと咲き競い拝観者は午前八時の開門前から早くも長だの列をつくり、午前中七千、午後二時三十分には一万を突破し[43]」云々。

同年六月中旬には、「暑さとともにアイスキャンデー屋が街にあふれ、ことに御所（御苑）内は大繁じょう、一人一日千円近いもうけとうわさされている」と報じられるようになった[44]。

このように、京都市民や国民にとって御所は、観光と教養・娯楽の文化遺産として、御苑は公園として受け取られるようになっていった。

しかし「市民の御苑利用の現状は無統制を極め、この儘《まま》では最少限度の維持管理すら不可能な現状である」という有様だった。この理由について府当局は、運動場の不足と「市民の御苑に対する感情の変化」等の事情や、府の御苑に対する管理権が明確でないことを挙げている[45]。

九月三日、京都府は、①最近になって御苑の施設面を建設省で、管理面を厚生省で所管することに内定したというが、厚生省では予算が決定していない、②府としてはこれ以上御苑を現状のまま放置しておけないので、国で直接管理するまで、府において正式管理する措置を取りたいと、三木行治厚生省公衆衛生局長に照会した[46]。

すでに、一九四八年七月に御苑を耕地として利用することは全面的に禁止されたが、一〇月二〇日までに耕作中の作物を収穫し、地ならしをして返すようにと猶予された。こうして一〇月末には耕作地も御苑として復旧できるようになった[47]。

御苑を公園化していく中で、一九四八年一二月二七日、京都新聞社は、創刊七〇周年を記念して、御苑内で博覧会を開催するため、東南隅一万九〇〇〇坪を占用する許可願を、木村京都府知事宛に出した。博覧会の期間は、一九四九年三月一日から六月末日までの四ヵ月間であった。しかし京都府は、一九四九年一月一四日、管理上支障があるとの理由で許可しなかった[48]。明治期のように御苑内で博覧会を行う路線は否定されたのである。

翌一九四九年四月一日、京都御苑は厚生省において管理し、国民公園として運営していくことになった。次いで、四月一九日・二〇日の両日、神戸《かんべ》京都市長は、東京で開かれた旧皇室御苑運営委員会等に出席して、二一日に京都に戻った。市長は、京都御苑利用の方法について、①厚生省所管の国民公園として現在通り府にて運営を委託する、②第一段階として国費で園路、便所、照明などを設け、市民の

「レクレーション・センター」とすることに決定、児童公園・運動場として整備していくことになった、と話した[49]。

このように、一九四九年四月、前年初頭の計画を再確認する形で、御苑整備の方針が決まっていったが、敗戦の痛手から、インフレと赤字財政により財源がないなかで、御苑の整備はなかなか進まなかった。同年九月末段階で、府費によってわずかに御苑東北隅と東南隅の子供運動場だけが整備されたに過ぎなかった。

❖「われらの公園」への未練

もっとも地元有力紙は、一九四九年（昭和二四）九月末、国民公園法により国費で整備することが決まっているので、「明春からは、『われらの公園』としてデビューするわけ」と、大きな期待を寄せた[50]。

おそらく、平均的な京都市民を代表して「われらの公園」としてとらえる見方と、御苑を史蹟として残したいという、すでに述べた文部省など政府の考え方には微妙なずれがあった。

技術の専門家として京都府の幹部である長沢土木部長も、次のように、中央政府から少し距離を取るかのような談話を、「われらの公園」と同じ記事の中で発表している。

まだ法律案の条文はみていないが、京都御苑は史蹟としての価値が高く評価されているので、風致

を破壊せぬよう、なるべく現状をかえぬ様という中央の保守的な方針は変らぬのではないかと思う
御苑を史蹟として整備していくという「中央の保守的方針」に対し、その後も京都市民の間で、不満が残ったようである。翌一九五〇年四月になっても、「御所にスポーツ殿堂を建設せよ」という、次の記事が出た。

①野球は今日のわが国における「スポーツ界のちよう《ママ》児たることは疑う余地がない」、②一般大衆の気持にピッタリ適合して魅力的存在を示すのは、わずかの時間で変化に富んだ高度の技術の展開を楽しめるからに外ならない、③京都なども、これだけスポーツに対する関心が市民の間に浸透して来た際でもあり、これからはどうしても完全な球技場を都心近くに持つ必要があると思う、④だれが考えても「御所」(御苑)の一角にあったらという声を発するであろうが、「伝統とか尊厳とか古典文化材の保全」とか、いろいろの面から見て、「御所」の一角に「近代的設備を誇るスポーツの大殿堂」が出現することに難点があるであろうし、論議の余地が残されている、⑤しかし、いつまでもそうした点にこだわっていては、かえって宝の持ち腐れになってしまう恐れがある、「古文化財の保全」一方に偏して時代の要望に耳を覆うというのでは、けっして「為政者の健全な在り方」ではない、⑥「観光都市として将来の発展に備えようとする京都市」は、高い視野から見て調和を失わない限り、野球場やスポーツセンターの施設にとどまらず、「他に比類をみない」思い切った施設を「雄大な構想」のもとに実現させることが何より大切である〔51〕。

京都御苑を史蹟として保存しながら公園とするのか、大スポーツ施設を持った公園として大改造するのか、御苑空間のあり方をめぐる論争である。これは、吉田茂内閣と吉田内閣批判勢力の同時代の対立を、間接的に反映しているといえよう。吉田内閣は、明治天皇や伊藤博文以来の近代日本の伝統を踏まえながら、マッカーサーやGHQと連携して、秩序が崩壊しないよう、漸進的に民主化を進めた。これに対し、反吉田勢力は、吉田内閣の路線を批判しながら急進的な民主化を求めるあまり、明治・大正期も含め戦前の体制を封建的であるとして否定したのだった。

吉田内閣や御苑の将来をめぐる対立は残ったものの、日本国憲法が施行されて以来、象徴天皇制は定着していった[52]。また、御所・御苑を史蹟として保存しながら、御所を公開し、御苑を公園とする方向も決まっていった。

✤御苑の「あいびき」復活・観光地化

その後、一九五〇年(昭和二五)六月には、一九二〇年代までは確認された御苑での男女のデートの記事が、新聞に次のように新たな形で再び掲載されるようになった。

御所では桃色組が毎晩見られるが十一時ごろ男のヒザに女が乗つて泣いている、調べると別れ話で泣いていたのだという、こんな女は自殺もし兼ないので説諭して帰えした…(中略)…某高校の生徒は主に清和院御門と寺町御門を入った付近、労働者は今出川御門付近の暗ヤミを利用するね[53]。

衣食住などの敗戦の痛手から立ち直り、人々には男女関係でも自由を享受する余裕ができてきたのである。

一九五一年春になると、朝鮮戦争も危機を脱したので、アメリカからの観光団が次々と京都を訪れるようになった。三月二一日、第一陣としてハワイからの観光団一一人が京都駅に到着した。彼らは「東本願寺・御所・二条城」などを見学した[54]。このように、御所は再び外国からの観光団の観光スポットになっていった。

同じ春には、桜の「見ごろ」として、「御所＝満開、紫宸殿《ししいでん》＝七分」というように、銀閣寺・疏水付近・清水寺・平安神宮・動物園等と共に報じられた[55]。

同年一一月一日からは京都御苑「参観」のために、自動車の乗り入れも許可された。これは付近に適当な駐車場がないためであるが、一九五三年三月には観光バス七三〇六台、乗用車三九六四台と急増した（駐車と車上案内して退出するものを含む）[56]。

観光を楽しむ余裕もでき、御苑はすっかり観光地になったのだった。

❖気軽に京都に立ち寄る

日本国民に京都観光をする余裕が出てきたことに昭和天皇は満足し、これまでより気軽に京都に立ち寄るようになったと思われる。一九四七年（昭和二二）六月に七年ぶりに京都に行幸して以降、天皇は中国地方巡幸に出かける途中、同年一一月二六日にも大宮御所に一泊した。一九四九年五月一七日夕方には、九州地方に行幸の途中、敗戦後四度目の入洛となった。天皇は「喜んでお迎えする市民が街頭にあふれるなかを」、京都駅から自動車で大宮御所に入った。六月一一日、天皇は九州からの帰途にも大宮御所に一泊した。翌一二日は、朝七時半から八時半まで一般の記帳を受けた[57]。

翌一九五〇年三月にも四国巡幸に向かう途中に大宮御所に一泊した。一九五一年には、一〇月に広島の第六回国体秋季大会に臨席するため大宮御所に一泊し、一一月に関西四県下巡幸(一四日間)のため、一日目の一一日から大宮御所に三泊した。一二日午後には、御苑饗宴場跡で京都市および乙訓《おとくに》郡共催の歓迎会に臨み、「数万人の万歳に笑顔でお答えにな」った[58]。

このように昭和天皇は、頻繁に大宮御所(御所)に滞在するようになっていった。一九五〇年一一月に京大でデモ隊に囲まれるなどの体験をしつつも、昭和天皇は京都市民や国民の支持を確信し、戦前とは異なり、肩の力を抜いて国民に接するスタイルを確立したことで、京都や御所滞在を楽しめるようになってきたからであろう。これは、戦後の御所・御苑空間の新しい方向と類似していた。

✣建礼門前広場の使用禁止

ところで、メーデーで建礼門前を利用するという、一九四六年五月一日から始まり翌一九四七年にも踏襲された動きはどうなったのであろうか。

この形式は四八年(参加者、五万人)、五〇年(同、主催者発表で一〇万人)にも継承された[59]。なお、一九四八年八月一五日には、「お盆の日曜日という悪条件にもめげず」、産別傘下の国鉄・全逓・教員・市職員や島津・京都機械・三菱機器など一八組合は、御苑の堺町御門北広場で、三〇〇〇人が参加して「八・一五解放記念の人民大会」を開いた。彼らは、「日本のファシズム化を防げ」、「労働戦線の統一」などのスローガンを掲げ、「同時御所建礼門前でひらく朝連約二万の気勢に呼応、無風曇天の御所〈御苑〉に民主的情勢の嵐を呼んだ」[60]。一九四九年五月一日には、下京区河原町五条疏開《そかい》跡広場〈空襲の被害を少なくするために建物を取り壊した跡。現在は五条通の一部〉をメーデー会場とし〈参加者は、主催者推計九万人〉、閉会後河原町通を北進、市役所から寺町丸太町、府庁前を通って御所建礼門前で解散していた[61]。

東京では、一九五〇年五月三〇日、進駐軍が「米第八軍戦死者追悼式典」を皇居前広場で行った。ところが、同広場で日本共産党系の団体によって「人民決起大会」が開かれ、一万五〇〇〇人が参加、米軍の追悼式典は共産党のデモ隊によって中断された。これは、一九四七年二月の二・一スト中止以来、潜在的に高まりつつあった、進駐軍や米国人に対する共産党を中心とする勢力の反感が、一気に爆発したものであった。GHQは強い態度で抑圧を図り、その影響で、六月二四日には厚生省令第三十三号として、国民公園管理規則が改正された。さらにその内規として、「政治的または宗教的目的を有すると認められる集会および示威行進」には許可しないことが定められた[62]。

それにもかかわらず、一九五一年メーデーを前に、日本労働組合総評議会京都府連〈「総同盟京都府連」〉は、建礼門前の使用を厚生省に申請した。四月一八日、厚生省国立公園部長は「次官会議の決定で国立公園管理規則第四条により禁止する」旨、京都府・市公安委員会と厚生省京都御苑分室宛にそれぞれ通達した。

これに対し総評議会の準備委員会では、使用禁止はメーデー弾圧だという強硬意見があり、一九日に緊急幹事会を開き対策を協議することになった[63]。

結局、厚生省側が折れたらしく、総評議会側に建礼門前の使用許可が出された。すると、総評議会系以外の組合から、建礼門前で統一メーデーを行うべきだという意見が強く出された。そこで総評側では、二七日に左派と一線を画する基本方針を確認した上で、中立組合を含む二七組合にメーデーの招請状を出した。もっとも総評は、もし招請状を受けていない組合が参加しても、議事妨害などがない限り拒むわけにもいかない、という態度であった。

一方、全官公・産別を中心とする左派系の統一メーデー実行委員会では、二七日に委員会を開いて、次の方針を決定した。①建礼門前広場を総評だけに限らず「全労働者市民に開放する」よう関係当局に交渉する、②総評側には全労働者の団結のため統一メーデーをするよう再度申し入れ、統一のために努力する、③万一、形式的に統一できない場合が起きても、総評主催の建礼門前広場メーデーに参加し、実質的に統一メーデーとする[64]。

京都の労働組合側に、建礼門前広場をメーデーに使いたいとの強い要望があり、それは労働者・市民に建礼門前広場を「開放」することが民主化の象徴であるとの意識を背景にしていた。

結局、五月一日には建礼門前に総評系主催で、総評系に左派の全官公・産別などの民統系も加わって、三万五〇〇〇人（四万人との数字もある）の統一メーデーが行われた[65]。

翌一九五二年四月二八日、サンフランシスコ平和条約が発効し、日本は独立を回復する。この年のメーデーは、米軍を中心とする連合国軍の日本占領が終わって最初のものであった。

すでに、吉田内閣は閣議で「皇居外苑の使用許可について」を了解していた。これは東京の皇居外苑を、政治的又は宗教的集会、行進、その他催し物への使用は認めないとするもので、京都御苑も同じ扱いになった。

この年のメーデー会場として御苑の使用をめぐり、総評・全官公・自由労組・中立組合その他で組織する「メーデー実行委員会」の加賀田総評議長らが、京都府当局と重ねて折衝した。しかし府は、厚生省が不許可の決定をしているという理由で許可しなかった。そこでやむなく会場を二条城前広場とした（同、七万人）。参加者中の強硬派があくまで御苑を使用しようとして強行突入するという情報もあったので、京都市警察は三五〇〇人の全警察官を動員して警戒にあたった。これに対し、参加者は閉会後、西堀川通－下立売通－府庁－烏丸丸太町－寺町通－市役所－四条通－円山公園のルートで、京都市街を横断するデモ行進を行った。府庁前・御苑前・市役所前等ではジグザグ行進を行って警官隊と対決し、負傷者も出た[66]。こうして、講和条約発効後、メーデーは二条城前広場や円山公園を会場とするようになり、御苑で開かれることはなくなった。労働団体側は、建礼門前広場を労働者側でコントロールして運動を盛り上げようとしたが、吉田内閣に抑え込まれてしまったのである。

註

1——林茂『太平洋戦争——日本の歴史25』(中央公論社、一九六七年)四〇八〜四一〇頁。

2——京都府土木部都市計画課『京都御苑について』(京都府土木部都市計画課、一九五四年)三九頁(京都府立総合資料館所蔵)。これはガリ版刷の冊子の報告書である。

3——川口朋子「京都御苑の機能的変遷——京都御苑における『憩い』について」一八九〜一九〇頁(『立命館大学生論集』第九号、二〇〇三年三月)。

4——『京都新聞』一九四六年五月二日。この時、東京のメーデーは、皇居前広場(宮城《きゅうじょう》前広場)を会場とし、約五〇万人の参加者を集めた(原武史『増補・皇居前広場』ちくま学芸文庫、二〇〇七年、一二六〜一二九頁)。

5——『京都新聞』一九四七年五月二日。

6——同右、一九四七年六月一九日。

7——京都府「京都御苑の管理状況について」一九四九年三月(「京都御苑関係綴」一九四六〜一九五〇年度、都市計画課、京都府庁文書、昭25‐308‐1、京都府立総合資料館所蔵)。

8——前掲、川口朋子「京都御苑の機能的変遷」一九〇頁。

9——敗戦後、昭和天皇の戦争責任を問う声が米国などで高まると、天皇制廃止から昭和天皇の退位論まで出てきた。これに対し、一九四五年一二月下旬には、宮中関係者の間に、翌年一月の「天皇の人間宣言」とともに、天皇を京都の仁和寺に引退させ、出家させようという考えや、「京都御移転」と天皇制についての国民投票を行うという考えも出た(木下道雄『側近日誌』(文芸春秋、一九九〇年)一九四五年一二月二五日、三〇日)。一九四六年一月末には、天皇自身も皇居(「宮城」)を放棄して砧《きぬた》または白金の御料地に住居を移す考えをもらし、赤坂離宮は放棄したいと、強く考えていた(同前、一九四六年一月二八日)。一月三〇日には、木下道雄侍従次長は天皇と相談の上、皇居の位置についての案をまとめた。それによると、皇居(宮城)・赤坂離宮・京都大宮御所の三カ所から選ばざるを得ないとされた。京都大宮御所の欠点は、「(イ)政治上の不連絡、(ロ)京都の気候、(ハ)御所の歴史を尊重する必要上、自然園を設くる余地なし」という評価だった。結局、「宮城を皇居と定めざるを得ず」という結論になった(同前、一九四六年一月三〇日)。京都大宮御所への天皇の移住の可能性はほとんどなかったといえる。しかし、万一皇居が京都大宮御所に移されていたら、京都と天皇・皇室の関係は、第二次世界大戦後、現在よりも強い形で展開していたであろう。

10――前掲、京都府土木部都市計画課『京都御苑について』一〜二頁。

11――同右、三〜四頁。

12――同右。「京都御苑関係綴」一九四六〜一九五〇年度(都市計画課、京都府庁文書、昭和25－308－1、京都府立総合資料館所蔵)。

13――『京都新聞』一九四六年八月三〇日。

14――同右。

15――同右、一九四六年八月二九日。

16――京都市市政史編さん委員会編『京都市政史　第1巻　市政の形成』(京都市、二〇〇九年)六四八〜六四九頁(佐藤満執筆)。

17――『京都新聞』一九四六年九月一二日。

18――前掲、京都府土木部都市計画課『京都御苑について』四〜五頁。

19――『京都新聞』一九四六年一一月一二日。

20――同右、一九四六年一一月二三日〜二四日。

21――同右、一九四六年一一月二九日〜一二月四日。御所公開は晴天の五日間ということになっていたが、四日目の一二月一日は日曜日であったので、雨模様にもかかわらず多くの拝観者が集まり、開門前には、御所入り口の宜秋《ぎしゅう》門から続く行列が、蛤御門を出て烏丸通にはみ出すほどになった。それを警備の警官が整理しようとしたところ、折から雨が降り出したため、拝観が中止となったと勘違いした人々が宜秋門にどっと押しかけたので、数人のけが人が出る大騒ぎとなった。この日は、紫宸殿の殿上拝観を庭上拝観に変更して、公開が行われた(『京都新聞』一九四六年一二月二日)。

22――『夕刊京都』一九四六年一一月二九日。

23――前掲、京都府土木部都市計画課『京都御苑について』八〜一〇頁。

24――京都府「昭和二十年十一月関西行幸警衛計画」(総務係「行幸一件」一九四五年一一月、京都府庁文書、昭20-21)。

25――「宮内省主催行幸事務打合会」一九四五年一一月三日、於京都府正庁(総務係「日誌」一九四五年一一月、京都府庁文書、昭20-27)。一九四五年一一月の行幸については、瀬畑源「昭和天皇『戦後巡幸』の再検討―一九四五年一一月『終戦奉告行幸』を中心として―」(『日本史研究』五七三号、二〇一〇年五月)が考察している。

26――『読売新聞』一九四七年六月五日、一六日。

27――前掲、原武史『増補・皇居前広場』一三二〜一三八頁。

28――同右、一三八〜一五一頁。

29――「下検分打合要項」(「行幸一件」一九四七年五月、京都府庁文書、昭22-29)。

30――『京都新聞』一九四七年六月五日。

31――同右、一九四七年六月六日。

32――同右、一九四七年六月一五日。

33――同右、一九四七年六月一五日。この約一年半後、東京裁判をめぐり、左派系新聞の『夕刊京都』(一九四八年一一月二四日)は、昭和天皇は「平和主義者」であったが、終戦後は自分の「戦争責任」について「自らの良心と戦い続けて来られ」、一九四六年初頭には宇多天皇退位の進講を聞いたように、退位について考えていたことは間違いない、と述べる。その上で、天皇は退かないで日本の再建に在位のまま努力する決意をした、と天皇が退位しないことを好意的に報じた。左派系の一部にも、戦後の天皇や御所・御苑のあり方が受け入れられていったといえる。

34——『読売新聞』一九四七年六月一六日。原氏は一九四六年一一月三日の皇居前広場での日本国憲法の公布式について、天皇は背広服を着ており、戦前の親閲式のような堅苦しい雰囲気ではない等、「見逃すことができない戦前の儀式との違い」を指摘する。しかし、「楽隊が君が代を演奏したり、首相が万歳を三唱するや、君が代や万歳の唱和が起こっていること」から、「このとき、宮城前広場には、戦前と全く変わらない光景が現れた」とする(前掲、原武史『増補・皇居前広場』一三九〜一四〇頁)。しかし、原氏が戦後の天皇が出席する祝賀行事と戦前の奉祝行事を「全く変わらない光景」と評価する時、二つの点において問題がある。一つは、すでに述べたように、戦前といっても、奉祝行事に強い秩序が求められ、娯楽的・自発的要素がなくなる一九三五年、とりわけ一九三七年以降と、一九三一年より前、とりわけ一九二八年より前とは大きく異なることである。もう一つは、戦後に天皇の関連する祝賀行事は、民主主義のスローガンの下、ゆるやかな秩序の下で、誰でも参加できる、天皇・皇室への自然な敬愛を示すものに変わったことを過小評価していることである。戦前と戦後の関連で言えば、戦後の祝賀行事は、一九二〇年代半ば頃までの奉祝行事の延長で、さらに民主化を進めたものといえる。なお、普通選挙運動を中心とした一九二〇年代半ばまでの大正デモクラシー運動を研究する立場からも、この運動を第二次世界大戦後の民主化運動と関連させてとらえる視角が出されている(松尾尊兊『普通選挙制度成立史の研究』岩波書店、一九八九年、等)。

35——前掲、京都府土木部都市計画課『京都御苑について』一〇〜一四頁。

36——同右。「京都御苑利用計画審議委員会」(前掲、「京都御苑関係綴」一九四六〜一九五〇年度、都市計画課、昭25-308-1)。

37——前掲、京都府土木部都市計画課『京都御苑について』一六〜一七頁。京都府「京都御苑整備全体計画調書」

一九四七年八月、「第二回京都御苑利用計画審議委員会記録」一九四七年九月一一日(前掲、「京都御苑関係綴」一九四六〜一九五〇年度、都市計画課、昭25-308-1)。

38——「旧皇室苑地整備計画に関する報告」(前掲、「京都御苑関係綴」一九四六〜一九五〇年度、都市計画課、昭25-308-1)。

39——『京都新聞』一九四八年一月一日。

40——同右。

41——同右。京都迎賓館建設には、①自然破壊となる、②利用者が少なく財源難の折に適当でない、③開放的な国民公園の中に閉鎖的な迎賓館はそぐわない、等の立場から、一九九三年一二月より反対運動が起こった。しかし、建設推進派が一五万の署名を集めたのに対し、反対派の集めた署名は約五万で、反対派の目から見ても、推進派に及ばなかった(木村万平『京都破壊に抗して——市民運動二〇年の軌跡』かもがわ出版、二〇〇七年、六五〜七一頁)。

42——前掲、原武史『増補・皇居前広場』一五七〜一五八頁。

43——『京都新聞』一九四八年四月九日。

44——同右、一九四八年六月一三日。

45——「京都御苑管理方針について」一九四八年六月二九日(「京都御苑関係綴」「都市計画課」昭25-308-1、昭25-308-2、京都府立総合資料館所蔵)。

46——「京都御苑の維持管理について」一九四八年九月三日(「京都御苑関係綴」、「都市計画課」昭25-308-2、京都府立総合資料館所蔵)。

47——「京都御苑内耕作について」一九四八年一〇月一日、別紙一(耕作者等名簿)、別紙二(請書)(同右)。

48——木村惇京都府知事宛白石古京京都新聞社社長「京都御所苑内一部占用許可願」一九四八年一二月二七日、白石京都新聞社社長宛木村京都府知事「京都御苑内一部占用許可願について」一九四九年一月一四日(同右)。

49――『京都新聞』一九四九年四月二三日。
50――同右、一九四九年九月三〇日。
51――同右、一九五〇年四月四日夕刊（三日夕方発行）。
52――坂本孝治郎氏も、「とりわけ一九四六年初めから一九四七年末に至る二年間は、〔昭和天皇の〕変身のドラマが日本人総出演のもとに展開された特異な時期であった」とし、それを「象徴天皇（制）へのパーフォーマンス」と要約している（坂本孝治郎『象徴天皇制へのパーフォーマンス――昭和期の天皇行幸の変遷』山川出版社、一九八九年、ii頁）。
53――『夕刊京都』一九五〇年八月一二日。
54――同右、一九五一年三月二三日。
55――同右、一九五一年四月八日。
56――府土木部長宛都市計画課主事前田行人「京都御苑に於ける自動車乗入状況調について」一九五三年四月一六日（都市計画課「京都御苑関係綴」一九五一年起、昭28-319、京都府立総合資料館所蔵）。
57――『読売新聞』一九四七年一一月二六日、一九四八年五月一八日、六月一三日。『京都新聞』一九四九年五月一八日。
58――『読売新聞』一九五〇年三月一三日、一九五一年一〇月二六日、一一月一一日夕刊、一二日、一二日夕刊、一四日夕刊、二五日夕刊。一一月一二日、昭和天皇は京大を視察した際、デモ隊に囲まれる「京大事件」に遭遇する。
59――『京都新聞』一九四八年五月二日、一九五〇年五月二日夕刊。すでに、一九四八年六月二九日に京都御苑管理方針の中で、「極端な騒音を発し又は塵埃を起す等公衆に迷惑を及ぼす虞ある用途」は禁じられていた（前掲、京都府土木部都市計画課『京都御苑について』二一～二三頁）。しかし、それはメーデーでの規制にはつながらなかった。

60——『夕刊京都』一九四八年八月一六日。
61——『京都新聞』一九四九年五月二日。
62——前掲、原武史『増補・皇居前広場』一六七〜一七一頁。
63——『夕刊京都』一九五一年四月二〇日。
64——同右、一九五一年四月二九日。
65——同右、一九五一年五月二日、『京都新聞』一九五一年五月二日、『朝日新聞』(大阪本社版)一九五一年五月二日。
66——『京都新聞』一九五二年五月一日夕刊、二日朝刊・夕刊、『朝日新聞』一九五二年四月三〇日、五月一日、五月二日。一九五二年のメーデーは、東京では皇居前広場で、いわゆる血のメーデー事件が起きた。東京でも皇居前広場の使用が禁止されたので、神宮外苑で集会が開かれた。集会後、約六〇〇〇人のデモ隊が使用を禁止されていた皇居前広場に結集し、警戒にあたっていた警官隊約五〇〇〇人と衝突した。この結果、デモ隊は死者二人、負傷者約一五〇〇人、警官隊は負傷者約八〇〇人を出す惨事となった(前掲、原武史『増補・皇居前広場』一八〇〜一八一頁)。

京都御所・御苑と将来の京都——おわりに

本書では、明治二年（一八六九）に都としての地位を失った京都が、天皇・皇室とゆかりの深い京都御所・御苑空間を軸に、天皇・皇室との絆を維持し、都市としての再生を図っていくことを検討した。その主な論点は、次の五点である。

❖明治天皇・伊藤博文・岩倉具視らによる京都振興策

第一に、明治天皇の意思、それに同調した伊藤博文・岩倉具視ら藩閥政府中枢の意向を背景に、京都御所を保存し、周辺の公家屋敷跡（九門の内）に御苑を創出する方針や、琵琶湖疏水などの京都振興策が決まったことである。これは御所と御苑を伝統と革新のシンボルとしていくことになり、それが京都の都市改良・改造への合意事項となっていった。

御苑は一八八〇年代前半までに整備された。その後も御所・御苑の整備や改修は少しずつ進められ、一九一五年（大正四）に行われた大正天皇の即位大礼前の御苑の大改修によって、現在の姿にかなり近づいた。

他方、京都の「革新」としては、（第一）琵琶湖疏水事業（一八九〇年竣工）、鴨東《おうとう》開発（一八九五年、鴨東の岡崎地区に平安神宮を創建し、国の事業としての第四回内国勧業博覧会を同地区で実施したのは象徴的なこと、鴨東の街路を整備し市街地化していった)、日露戦争後の三大事業(第二琵琶湖疏水、道路拡築と市電の敷設、上水道の敷設)などの事業があげられる。

維新後に京都は衰退していたので、京都は他所から因循《いんじゅん》・姑息《こそく》などと否定的に見られ、京都の有力者たちも誇りを失いかけていた。しかし、(第一)琵琶湖疏水事業によってようやく自信を取り戻し、三大事業の竣工までにすっかり誇りを取り戻した。

また、三大事業によって、京都駅から御所への行幸路として烏丸《からすま》通や丸太町通が拡築された。こうして、京都駅から烏丸通を北上し、烏丸丸太町で東に折れ、丸太町通を東進、堺町御門で御苑に入り、御所の建礼門から御所に入るという新たな行幸道が完成した。これらの拡築された道によって、多数の人々が沿道で天皇を奉迎送できる空間ができた。

注目すべきは、一八八〇年代までは御苑内や沿道における奉迎送空間には、位階勲等や社会的地位による上下の秩序が特に強くなく、御所の建礼門前が特別な空間として意識されていないことである。ところが一八九〇年代に入ると、京都駅から御所までの奉迎送空間に、建礼門前など御苑内や駅前に地位が高いとみなされる者が奉迎送するなど、地位による秩序ができ始めた。もっともそれは天皇が京都に行幸した当日の御所までの奉迎空間と、京都から東京に戻る日の奉送空間に適用されるだけで、京都滞在中に、他所に行幸するとき、人々は自由に集まって敬意を表して奉迎送した。すなわち、明治天皇の時代に、大津事件や日清・日露の両戦争での戦勝を通して、天皇の権威は比類ないほどに高まったが、天皇のさばけた人柄を反映し、過度に上下の秩序を強制するような奉迎送空間は形成されなかった。

なお、御所と御苑空間は、御所の建礼門前を中心に、日清・日露両戦争の戦勝奉祝の国威発揚行事と結びついた。このため、建礼門前は京都の街中で特別な場所であるとの意識が、市民の間に定着していった。日露戦争以降、市民は奉祝行事の際に提灯《ちょうちん》行列を行うことが多くなり、そのコースは御所建礼門前から平安神宮前であることが多かった。こうして、一八九五年(明治二八)に創建された平安神宮も、一〇年経って御所・御苑に準じる形で、市内の奉祝の中心的な空間になってきた。

日露戦争後も、一九一〇年の韓国併合など奉祝と国威発揚行事で、御所・御苑は中心的な空間であり平安神宮空間はそれに準じるものであった。また過度な強制を伴わない提灯行列に参加することは、当時の人々の新しい娯楽でもあった。

こうした特別な空間になりつつある中、御所内部の拝観について、日露戦争後に初めて規制が体系化された。これは御所が日常の拝観の対象となったという意味で、御所の公開の進展ともいえる。しかし、その資格者は高等官やかなり高い位階勲等功級を持つ者、貴族院議員・衆議院議員、各国大使・公使やその夫人など、社会の上流者とその夫人に限定された。一八八五年までは博覧会入場者は御所紫宸殿《ししいでん》の拝観ができたし、入場料から推定すると、庶民でも拝観できた。このことを考慮すると、御所の拝観はその後、上流の人にしか許されない形で制約されていったが、日露戦争後に、上流者に限定された形で本格化し始めたといえる。

御所・御苑空間をめぐって、京都市民の間には、明治天皇への自然な敬意の発露として、提灯行列などを行って、御苑を多くの人々が比較的自由に行事に参加できる空間としたいという思いがあった。この思いの先には、御所の建物保存上や防火など警備上の問題を解決した上で、一定の制限はあっても、以前のように公開してほしいという気持ちがあったと推定される。他方で、政府や宮内省などは、できる限り国民に隔てなく接したいという明治天皇の思いを理解しながらも、日比谷焼打ち事件など日露講和反対運動や、社会主義者の活動により、社会の秩序の維持が可能かと心配し始めた。そのため、彼らは御所を無限定に公開することへの警戒心を捨て切れなかったのだろう。

❖大正天皇下の新しい奉迎送空間

本書の第二の論点は、大正新天皇の下で、大正デモクラシーの潮流が広まり、天皇の奉迎送空間や奉祝行事においても上下の秩序がさらに弱まり、京都市民や国民は天皇への敬愛と娯楽感覚を持って参加したことである。

明治天皇の崩御後、それに関連する諸行事で大正天皇・皇后・皇太后の奉迎送は、一時的にかなり秩序立てられる形となった。これは日露戦争の勝利で比類ないほどに高まった明治天皇の権威が生前の天皇の思いを離れて一人歩きしたからであった。

大正天皇の即位の大礼は、一九一五年(大正四)に御所の紫宸殿等で実施された。この大礼は、三大事業で京都市街の大改造が行われ、近代化が進み京都が復活したことを、全国に知らせる機会でもあった。また、三大事業で拡築された行幸道の烏丸通・丸太町通や、改修された御苑という広い奉祝空間で、より多くの京都市民や国民が大礼に参加できるようになった。

彼らは大礼のため京都に行幸・行啓した大正天皇や皇太子の裕仁親王(のちの昭和天皇)を奉拝したり、御所内での万歳三唱に応じて万歳三唱をすることを通して、大礼への参加意識を高め、興奮した。このため、大礼終了直後に、御苑の堺町御門付近では一時的に大混乱となった。しかし、天皇や皇室、国家への国民の愛着が自然に発露され、群衆がそれを楽しんだという点で、大正デモクラシーの時代にふさわしい大礼であったといえる。

大礼の前後には、御苑内に一般の奉拝席が設けられ、各種団体や学校単位で多数の市民や府民・国民に、御所への天皇の出入りの奉拝が許された。これらの団体は中産階級を中心としたものから、帝国在郷軍人会や戦病死者遺族など、多くの庶民で構成されたものまで、幅広い層を含んでいた。さらに、大礼が終わった後、一二月から翌年四月末まで、拝観者に制限を設けず、紫宸殿など京都御所の南端および大嘗宮《だいじょうぐう》、二条離宮を拝観させた。建物の中には入れなかったとはいうものの、御所の中に庶民が入れたのは、一八八五年以来、三〇年ぶりのことであった。この期間に、御所及び大嘗宮には二六六万人もの、二条離宮には二五三万人もの拝観者があった。

大礼の前後の日における御苑内での天皇奉拝や、大礼の日の御苑付近での万歳三唱、および大礼後の御所の一般拝観によって、御所・御苑空間への関心がさらに高まった。それのみならず、その空間が特別なものであることが、京都市民など一般の人々に強く印象付けられた。しかしそれは、京都市民や一般の人々を隔てる意識ではなく、天皇や皇室への自然な敬愛と心の交流を伴ったものだった。明治天皇や伊藤博文が理想としながら実現できなかったものが、大正新天皇のもとで少しずつ現実のものとなり始めたのであった。

すでに大正天皇の即位の大礼の約一年前に、京都市の官民合同で、青島陥落を奉祝する行事が、かなり自由な提灯行列を伴って実行され、御所の建礼門前広場にも多くの人々がやってきて、万歳三唱を行っていた。これは大礼に関係する奉祝行事がのびやかに遂行される先駆けであった。

その後、一九一九年七月の第一次世界大戦の講和記念の「京都市民デー」等の奉祝行事も、同様に実施された。大正天皇や皇太子が京都に行幸・行啓した際の奉迎送行事も、奉迎集団の上下の秩序は緩やかになり、娯楽性も強くなった。

しかし大礼後、五ヵ月にわたって資格の制限を設けず、御所を拝観させたのに、再びもとの制限に戻したことに対し、一般国民の拝観を求める声は少しずつ強まっていく。御苑に対しても、日常はベンチを設け、茶店の設置を許可し、普通の公園や観光地に近づけて利用できるようにするよう求める声も強まってきた。権威ある明治天皇に代わって、大正天皇が即位したため、奉迎送の空間秩序がゆるやかになったのみならず、御所・御苑空間のさらなる開放を求める声が高まってきたのだった。

一方、宮内省はなるべく現状を維持しようとした。これは「皇室の尊厳」を維持しようと、宮内省なりに考えた結果であろう。

この結果、一九二三年一二月に東京市で起きた摂政宮狙撃事件（虎の門事件）等の影響も受けながら、一九二〇年代半ばにかけて、御所・御苑空間や奉祝空間の管理をめぐって対抗が強まる。京都市民・府民・国民の多くは娯楽性も含めてのびやかな形での利用を求めた。それに対し、宮内省等は当初は従来通りに御所拝観を限定し、御苑を公園・観光地化せず、奉祝空間の秩序をなるべく維持しようとしたのだった。

こうした綱引きの中で、宮内省は、京都市の青年団幹部が建物内にまで入って御所を拝観することを一定の条件の下で許可した。身分や社会的地位等による上下の秩序をさらに緩める反面、団体による秩序立った形で御所を拝観させ、さらに、奉祝空間の秩序を少し緩めてもしかたがないとする路線を取ったのである。もっとも、御苑の一般公園化と観光地化は抑制された。この路線は、一九二一年に宮相になった牧野伸顕が中心になって打ち出していったもので、宮中を大正デモクラシー状況に適応させようとする模索であった。

❖昭和天皇下の奉祝空間の平等化・秩序化

本書の第三の論点は、昭和天皇の即位の大礼以降、奉祝空間の平等化が進む一方で、強い秩序が強制されるようになったことである。

一九二八年(昭和三)一一月に行われた昭和天皇即位の大礼は、天皇の奉迎送者に対し、これまでにない強い規制が行われたことが特色である。行幸の八時間も前に一般の交通は止められ、奉迎送者は指定された奉迎送区画に跪坐《きざ》(正座)させられ、遅れた者は奉迎送区画に入ることが出来なくなる等である。

このような強い規制が出てきたのは、運輸・通信手段やジャーナリズムの発達により、膨大な人数の京都市民・府民・国民が大礼行事関連の奉拝に参加すると予想されたからである。また政府や宮内省も、その欲求を秩序ある形で満たす方が、大正デモクラシーの潮流を秩序づけて、国力を発展させられると考えたのであろう。また、一九二〇年代後半にかけて、明治天皇や明治時代を、実際にあったことを越えて、過度に理想化しようとする風潮が強まっていたことも、強い規制の一因と考えられる。虎の門事件のようなことが起こってはならないのは当然とし、理想の君主の大礼には混乱すらあってはならないと、規制が強まっていったのであろう。これらに、昭和天皇の生真面目な個性も加わり、のびやかに行事に参加するという、大正期に開花した娯楽性がなくなってしまった。

他方、御苑や沿道における天皇の行幸奉拝の場所に関しては、平等原則が貫かれた。

以上の方針の下で、大礼関連の行事には、大正天皇の時以上の奉拝者があった。しかし、すべてが秩序立っており、ほとんど混乱が起きなかった。逆にいえば、祭礼につきもののハプニングがなく、京都市民は夜の奉祝イルミネーションなどを設置して奉祝の意を示したが、大正天皇の大礼ほど盛り上がらなかったといえる。京都では奉祝の提灯行列なども行われたが、大阪での催し物に比べ、あまりにも秩序立っており、お祭り騒ぎにならなかったことからもわかる。

このため京都市民に強い不満が残ったので、当局は、天皇還幸後の一一月二六日から五日間「奉祝踊」等の奉祝行事を許可し、取り締まりも緩めた。市民は四条通・河原町通・烏丸通・丸太町通等の中心街にどっと繰り出し、楽しんだ。

昭和の大礼にみられる秩序ある大衆参加と、平等化という方針は、大礼後の御所一般拝観にも表れた。大正大礼後と同様に、一二月から翌年四月まで、同様の場所の拝観が許され、拝観者は大正大礼より二六九万人多い五三四万人にも達した。

昭和の大礼後、天皇・皇室や御所・御苑と奉祝行事をめぐり、秩序ある大衆参加と平等化という路線は、定着していく。そのため、御苑内とりわけ御所の建礼門前広場等で、奉祝と娯楽を兼ねて規制のゆるやかな提灯行列等が進行し、万歳を唱えハプニングも起こって、市民が天皇・皇室への敬愛を示し、楽しむといったことはなくなる。

一九三一年(昭和六)九月に満州事変が起きると、奉祝には精神修養といった教化色がますます強まり、秩序立てられて「厳粛」に実行された。

しかし、のびやかな娯楽性がなくなった奉祝行事には、一般市民としての参加は少なく、在郷軍人・青年訓練所生・青年団など団体単位の動員が中心となった。その結果、一般市民や団体から数万人が参加した一九一〇年代から一九二〇年代半ばの奉祝行事に比べ、参加者はせいぜい数千人と、一〇パーセント程度に減少してしまった。

それでも一九三三年に昭和天皇が即位の大礼以来五年ぶりに京都に滞在すると、奉祝式や行事、奉迎の奉拝者が一七万人にも達するなど、京都市民や府民の天皇への期待は高かった。

一九三五年に天皇機関説事件が起こり、天皇機関説が排撃され、翌年二・二六事件が起きて宮内省など宮中も傷つけられると、同年九月から御所の拝観規定は大幅に緩和された。これは一九二〇年代に入ってから続いてきた御所の拝観の資格拡大にとって決定的なものだった。その結果、在郷軍人や教化修養団体、社会事業団体や、学生・生徒・最上級学年の小学児童など、団体単位で前もって許可を得れば、庶民であっても御所の拝観ができるようになった。

こうして、庶民も精神の「教化」「修養」という名で御所を事実上観光できるようになったが、拝観者の服装が節度を保つよう、服装規制が強化されるなど、宮内省側は御所を観光場所ではなく、「聖域」としようとした。他方、一九二〇年代後半から京都市内の小学校教員に御所の特別拝観が許されていたが、準戦時体制の形成が進む中で、市の教育関係者の間で、いまだに拝観していない者がいると批判が出るようになった。御所拝観は特権や恩恵というより、「教化」「修養」のための義務として、とらえる空気すら出てきたのである。天皇機関説事件後、御所・御苑空間は、平等化・大衆化が進む一方で、さらに窮屈なものになっていったのだった。

このような状況下でも、都市計画事業が進展し、一九三一年の大合併で編入された周辺地域にも、少しずつ幹線道路が拡築され、その周囲に住宅地や工場地帯ができ、市街地が形成されていった。御所・御苑空間のあり方は変わったが、京都市街の革新は進展した。

しかし、一九三七年(昭和一二)七月に日中戦争が全面化すると、様相は変わっていく。奉祝行事は団体単位の大衆動員という要素が強くなり、秩序化がさらに進み、一九三八年秋を最後に夜間の提灯行列すら行われなくなるほど、娯楽性がなくなった。

この中で、御所・御苑空間の「聖域」化が進む一方で、満州事変以降、御所・御苑空間(建礼門前広場)と平安神宮空間(神宮前広場)という二つのセンターが、奉祝行事の場所や行進の起点・終点となっていった。しかし、「紀元二千六百年」の京都での記念式典が、御所の建礼門前広場で行われたように、伝統を具現化している御所・御苑の建礼門前空間の方が、平安神宮空間より重要だと見られていた。

その後も、昼間の動員的奉祝行事は続くが、「紀元二千六百年」関係の奉祝行事や、同年に昭和天皇が七年ぶりに行幸した際の奉拝以外では、参加者は必ずしも多くなかった。同様に、一九四〇年こそは、京都市が「紀元二千六百年」の「聖地参拝」をスローガンに、これまでにない数の観光客を呼び込むが、都市計画事業が財源不足で停滞したように、京都市街の革新は滞っていった。

一九四一年（昭和一六）一二月に太平洋戦争が始まると、御所・御苑や平安神宮を起点・終点とした奉祝行事は、ますます団体単位で動員を強制するものに傾いていく。

一九四二年・四三年には、平安神宮が御所・御苑より奉祝行事を行う空間としてたびたび利用されるようになる。御所・御苑空間の「聖域」性がますます強まり、御所・御苑空間を日常的な奉祝行事に使うことが憚《はばか》られるようになったからであろう。

ところが、一九四四年以降、戦局が悪化し、人的にも物的にも欠乏が進むと、こうした奉祝行事すら行われなくなっていく。戦争末期には、食糧難に対応するため、御苑の一部が勝手に開墾されるなど、空間としての「聖域」性は弱まっていった。

✣総合運動場か国民公園か

第四の論点は、太平洋戦争の敗戦後、民主化の声が高まる中、御苑を総合運動場等に大改造しようという動きすら出たのに対し、政府や宮内省(府)・京都府は、御所の一般拝観日を設け、御苑を国民公園とする形で、基本的に現状を維持したことである。

敗戦で進駐軍が京都に来ると、彼らは御苑内の建礼門前広場を小飛行場にしようとしたり、御苑に家族持ちの進駐軍将兵の宿舎を建てようとする等、御所・御苑空間の「聖域」性をさらに衰退させる動きをする。これらには、京都府・市当局が反対したので、市民・府民らの反発も考慮して実施されなかった。

一九四六年(昭和二一)二月までに、マッカーサーらGHQが象徴天皇として日本に天皇制を残すことを決定し、一一月にそれを踏まえた内容の日本国憲法が公布された。このことで、御苑の保存は助けられた。

ところが、一九四六年夏になると、民主化の要求との関連で、御苑を大改造して総合運動場にすべきとの意見が出てきた。これは、近世までの伝統や、とりわけ明治以降の伝統を基本的に否定するものである。戦後民主主義をリードした当初の基本理念は、明治以来の近代化や日本のあり方を全否定することだったので、御苑の大改造も、そうした影響下にあったといえる。また、昭和天皇の即位の大礼以降、特に一九三〇年代後半に戦時体制へと国民統制が強まる中で、御苑での奉祝行事が、過度に秩序を求められたことへの反動でもあった。

すでに一九四六年七月には、京都府は御苑を「緑地」として保存する方針を立てており、七月末に開催した御苑の活用についての第一回協議会でも、その方針を支持した。

吉田内閣や宮内省も、府と同様に御苑の現状をあまり変えずに保存する考えであった。同年一一月二八日より御所が戦後初めて一般公開され、京都市民・府民や国民に大変な人気となった。また、それを機会に、宮内省が協力し御所の伝統を強調する報道がなされた。これらのことで、御苑を大改造しないという空気が育成されていったと思われる。

それに加え、遅くとも一九四七年一月までに、文部省は御苑を史蹟にしたいという方針を持つようになった。こうして、政府・宮内省・府の意見は、御苑の現状維持を基本とすることで固まっていき、御苑を大改造して総合運動場にするという、京都市民の一部にある要望が実現できる可能性は少なくなっていった。

その後、一九四七年五月に日本国憲法が施行された翌月、昭和天皇は戦後初めて京都に本格的な行幸をし、大歓迎を受けた。御所・御苑が基本的に現状を維持する形で、御所の公開を拡大し、御苑は公園として存続する基盤がさらに強まったといえよう。

同年秋から翌一九四七年初頭にかけて、京都府は文部省と調整した。さらに、府・市・学会・造園・体育・婦人・青年・児童関係の代表者からなる京都御苑利用委員会での意見を参考にし、御苑の今後について具体的な案を作成した。それは饗宴場跡広場に野球場などの総合運動場を作ったり、東北と東南隅の二ヵ所に少年用野球場、その他数ヵ所に児童遊戯場を設けるなど、現在の御苑につながるものである。森林公園としての現状を維持しながら、運動場や児童のための遊戯場も設けるという方針は、当初の構想を基本に、スポーツ施設等への市民の要望も少し加えたものだった。

しかし、敗戦後の諸制度の改革のため、御苑の管轄は揺れ動いたので、御苑の改修着手は遅れた。ようやく一九四九年四月一日、京都御苑は厚生省が管理し、国民公園として運営していくことになった。こうして少しずつ、御苑整備の工事が始まった。それでも、一部の市民の間には不満が残ったようで、一九五〇年四月になっても、「御所にスポーツ殿堂を建設せよ」という記事が地元有力紙に出た。

他方、一九四六年のメーデーから、御苑内の建礼門前広場は、京都の主な集合場所となっていた。これも戦前への反動から、労働団体側が建礼門前広場を労働者の側でコントロールして、運動を盛り上げようとしたからであろう。ところが、一九五二年に吉田内閣は、皇居外苑と共に、京都御苑も「政治的又は宗教的集会、行進、その他催し物への使用は認めない」方針を打ち出した。労働者側はこれに反発したが、一九五二年以降のメーデーでは、集合場所として建礼門前広場は使われなくなり、二条城前広場や円山《まるやま》公園を会場とするようになった。

戦後数年の御所・御苑をめぐる動きは、吉田内閣など保守勢力が象徴天皇制による日本国憲法を作り、サンフランシスコ講和会議で、アメリカ合衆国と日米安全保障条約を結んで、日本の占領状態を終わらせた流れを反映したものといえる。それは、民主化を推進しながら、急激な改革を抑制し、伝統を尊重して着実な改革を進めていこうというものであった。国際環境や日本の国内状況は異なるものの、明治天皇や伊藤博文らが目指した方向の延長線上にあるといえよう。

なお、京都の都市改造・改良における天皇や御所・御苑の神通力は、敗戦後は戦前に比べるとはるかに弱まってしまったといえよう。これは、戦後に天皇の権威が衰えたからである。

✣一九二〇年代前半までと満州事変以降のギャップ

本書では第五に、明治維新後の日本の政治体制、あるいは天皇制が、自由民権運動が終わった一八八〇年代、もしくは一八九〇年代頃までに、満州事変以降の準戦時体制につながるものになったのではないことを、京都御所・御苑空間をめぐる、政府・宮内省等の政策や京都市民・府民や国民の反応を通して示した。

京都御所・御苑空間や天皇の行幸の際の沿道の奉祝空間では、一八八〇年代までは上下秩序が特に強くないが、一八九〇年代になると上下の秩序が少しずつ形成されてゆく。しかし、その上・下に色分けされた空間内における人々の行動への規制は、あまり強くない。

それが一九二〇年代前半にむけて、秩序が緩まり、空間ごとの上・下の区別がなくなる。それと同様に、建礼門前に近い、序列の高いと見られていた空間からも、地位のない庶民であっても、一定の基準で行幸を拝観できる機会が得られるようになった。奉祝行事においても、規制は必ずしも強くなく、天皇・皇室への敬愛を自然に発露しながら、娯楽として味わうことができた。

ところが、一九二〇年代後半に入ると、宮内省・官憲によって奉祝行事への規制が強められ、奉祝空間内における過度の秩序が求められるようになる。奉祝空間内における平等性は維持されたものの、奉祝行事から、のびやかな娯楽的要素が減っていく。一九三〇年代後半以降、奉祝空間の平等化はさらに進むものの、そこでは団体単位で過度の秩序が強制される。この窮屈な体制の源流は、一九二〇年代後半まで遡《さかのぼ》れるといえよう。

✣現在までの見通し

以下、本書で論じていない一九五二年(昭和二七)から現在までの京都御所・御苑空間と天皇・皇室をめぐる問題について、簡単に見通しを述べたい。

明治以降、天皇・皇室が京都御所・御苑の空間と関連づけられ、京都発展の有力な刺激となってきた。この関係は、敗戦後にすっかり衰退してしまい、講和後も復活することはなかった。戦後、京都御所には昭和天皇など皇室の人々が頻繁に滞在するようになったが、そのことと、京都市街の発展が関連付けて論じられることはほとんどない。京都御所・御苑との関係で、天皇・皇室が京都の発達と関連付けられて論じられ、実行された事業は、御苑内饗宴場跡広場に二〇〇五年に竣工し開館した京都迎賓館くらいである。

しかし、京都御苑が樹木をさらに増やす形で国民公園として存続したことで、御苑は、京都の伝統と、緑地と景観保存の象徴となったことも事実であろう。戦後の一部の議論にあったように、万一、御苑を大改造して大野球場などを作っていたら、それが刺激になって、京都の開発が課題となる際に伝統・緑地・景観等を破壊する傾向がさらに助長され、京都の歴史都市としての性格は大きく損なわれてしまったことだろう。

一九五〇年代、京都は戦前に計画され、実施できなかった都市計画事業を実施し、戦時下で空襲に備えた建物強制疎開跡についても、道路を拡築し、幹線道路網と充実させようとする。もっとも京都市は空襲の被害が少なかったので、その関連でも助成金や資材の配分が得られず、財政が苦しくなり、一九五六年には財政再建団体に指定されるなど、戦後の歩みは平坦ではなかった。

一九六〇年代には戦前からの事業が一段落し、新たに下水道事業などを行った。しかし、洛西ニュータウン・向島《むかいじま》ニュータウンの建設着工や最初の地下鉄である烏丸線の起工が一九七〇年代になったように、インフラ整備は他の主要都市に比べ遅れたといえる。その京都にも、一九六〇年代の高度成長期には、民間業者による乱開発の波が押し寄せた。市当局は、一九六六年に「古都における歴史的風土の保全に関する特別措置法」、いわゆる古都保存法を公布して、古都の史跡、建築物などの文化財と、これらと一体となって景観を形作ってきた周囲の自然風土を、保存していこうとした。

戦後に京都は天皇・皇室との関係において特権を失い、しかも他の戦災都市のように国からの援助が受けられなかったので、市当局が主導した開発は、他都市に比べ遅れ気味であった。その反面、御所・御苑を含め、古代から近世に由緒をたどれる有名社寺、四囲の山々、市街を流れる川など、文化・観光資源は数多く残されている。また、幕末・維新の歴史も市街の各地に詰まっている。これが京都を魅力あるものとし、また京都の住民の誇りの源泉となっている。

他方、戦後に個々の経営者の創意と工夫、近世以来の知的・文化的基盤、大学の街としての創造性と知力等を加え、先端産業なども育ってきている。

京都の近代化による革新とともに伝統の保持に関わった明治天皇や伊藤博文・岩倉具視らは、列強や東アジア諸国、日本国内の状況を常に緊張感を持って理解し、遠い理想を抱きながらも、常に現実的に柔軟に対応した。これからの京都も、緊張感を持って状況の変化を理解し、持前の文化的・知的資源を生かし、自立心を持って柔軟な発想でインフラの再生・維持を図るべきであろう。それに加え、さらにきめ細かに文化や教育に投資することが、ますます必要となってくるであろう。

京都の伝統を維持しつつ革新を図っていくという基本構想は、明治天皇が提示し、伊藤・岩倉らが受け入れて推進した。この考え方は、平安京以来、京都を存続させてきた根幹ともいえ、御苑を国民公園・史跡とする形で京都に伝統の精神を残すという点では、吉田内閣等に受け継がれたといえよう。それは、京都市民からも支持を獲得していき、戦後の京都の再生・開発構想の柱となって、京都の発展にも生かされた。この方向は、今後も大切にされていくべきものだと思われる

あとがき

少年の頃、父母に連れられて京都に遊びに来て以来、京都は私の憧れの街になった。一三歳まで過ごした郷里の福井県大野市が、碁盤の目のような市街と豊富な湧水《わきみず》から小京都といわれていたことも影響している。大学受験の時も、高校の担任の三輪達《すすむ》先生に「東京か、京都か」と聞かれて、迷わず京都大学を選んだ。東山の南禅寺の風景にとけ込んだ赤レンガの琵琶湖疏水分流は、古来の伝統と近代の革新の融合が興味深く、とりわけ心惹かれた。

一九九四年四月、名古屋大学文学部（日本近代史担当の助教授）から京都大学大学院法学研究科（日本政治外交史担当の教授）に転任した時は、いつか京都の近現代の見方を変えるような単著も出そうと決意した。

思いもかけず、村松岐夫《みちお》先生（当時、京都大学大学院法学研究科教授、行政学担当、のち市政史編さん顧問兼任）の推薦を受け、山添敏文氏（当時、京都市歴史資料館次長）の依頼に応じて、京都市市政史編さん委員会代表を兼任し、『京都市政史』（全五巻）の編さん事業の指揮をとり、合わせて執筆することになった。

編さん事業は一九九九年四月から本格的に始まり、私は大きな責任を感じつつも、喜々として京都市歴史資料館に週一回通うようになった。今日までに、維新から一九五二年までの叙述編である、京都市市政史編さん委員会編『京都市政史　第1巻　市政の形成』（京都市、二〇〇九年）をはじめ、三冊が刊行されている。

この編さんの過程で、膨大な史料が集められた。京都の近代・現代全体を把握し、奥の深い京都を少しでも理解するために、歴史資料館に行っている時は、時間のある限り史料を読むようにした。

山添氏は、京都市政史の編さん事業が始まると同時に市職員を勇退し、市政史の編さん委員になった。歴代の市長や市幹部に接し、第二次大戦後の京都市の重要問題の多くを見聞してきた同氏から、市政のありさまや数々の秘話を聞いた。これは私にとって、戦後から現代までの市政を考える土台となった。

市政史の事業を遂行でき、京都について本書を書くことができたのは、以上に優るとも劣らず、歴史資料館で働く多くの方の協力があったからだ。中でも京都の近代を専門とする小林丈広氏は、私のまたとない相棒で、史料調査等も含め市政史の事務局の実務を切り盛りしている。

本書のモチーフは、このような中で自然に醸成されていった。市政史の兄弟編としての本書では、御所・御苑を中心とした都市空間が、京都の近代にとってどのような意味を持ったかを考察し、それが京都の精神的支柱であったことを明らかにした。同時にその空間の支配をめぐって、宮内省・府・警備当局と市民などが、かなり厳しい争いを繰り返したことを明らかにした。それは、行幸などの奉迎行事を、奉祝踊りや提灯行列など、酒の入った猥雑な行為としても楽しみたいと思う市民等と、それを抑制したい当局との争いであった。実に新鮮な事実だった。こうした市民等に見られた天皇や皇室に対する素朴な敬愛の感情を、現代において、天皇・皇室や宮内庁がどのように受け止められるかに、日本の天皇制の未来がかかっていると思われる。

また本書執筆の最終段階において、京都府立総合資料館所蔵の「府庁文書」の中に、京都への行幸・行啓関係の百数十冊の一次史料が保存されていることや、宮内庁書陵部にも京都御所や御苑に関連する史料が所蔵されていることに気付いた。これらの史料を初めて本格的に使うことができたおかげで、天皇・皇室とゆかりの深い、京都という都市における行幸・行啓の変化を、明治初年から敗戦後の米軍による占領が終了する頃まで、八〇年以上にわたって系統的に分析できた。また京都御苑の形成についても、新たな知見を加えることができた。知力の限界に近い作業を行った結果、本書の内容は遥かに豊かになった。史料閲覧を助けてくださった両文書館のスタッフの方々に感謝したい。

ところで、私が精魂込めて編集と執筆を行った『京都市政史』は、本書の背景となっているが、残念ながら一般の書店では扱えない。京都市歴史資料館でしか購入できないが、郵送してもらうこともできる。注文や問い合わせは、左記までお願いしたい。

〒602-0867　京都市上京区寺町通丸太町上る　京都市歴史資料館
電話　075-241-4312　ファックス　075-241-4012
http://www.city.kyoto.lg.jp/gyozai/soshiki/3-1-6-0-0_1.html

本書は専門書であるが、わかり易い明晰な文章に徹し、難読の漢字に振り仮名《ふがな》を打つなど、叙述スタイルを、一般読者を対象とした著作に限りなく近づけた。同様のスタイルで書かれている『京都市政史』を、本書とともにお読みくださり、京都や都市、天皇・皇室の現在や未来を考える素材としていただければ幸いである。

最後になったが、本書の完成のために献身的に、しかも驚嘆すべき緻密さで編集にあたった神谷竜介氏に、心より感謝を申し上げたい。

二〇一〇年の祇園囃子を聞きながら

伊藤之雄

主要参考文献

＊伊藤之雄編著『近代京都の改造』や京都市市政史編さん委員会編『京都市政史　第1巻　市政の形成』の執筆で使用した「京都市会会議録」や個人文書等は省略した。

【未刊行のもの】

❖京都市所蔵

京都市永年保存文書マイクロフィルム

❖京都市歴史資料館所蔵

「大塚コレクション」

『京都市事務報告書』

❖京都府立総合資料館所蔵

京都府庁文書（「京都御苑関係綴」、「行幸一件書類」「行幸啓一件書類」「行幸啓一件」「行幸啓に関する書類綴」等、行幸啓に関するもの）

京都府土木部都市計画課『京都御苑について』（京都府土木部都市計画課、一九五四年）

❖宮内庁書陵部所蔵

「大内保存録」

内匠寮「京都皇宮沿革誌」

内事課「例規録」

❖国立国会図書館憲政資料室所蔵

「牧野伸顕関係文書」

❖筆者所蔵

「京都新地図」(一九〇四年三月大訂正)

【刊行されたもの】

今井清一・高橋正衛編『現代史資料4・国家主義運動1』みすず書房、一九六三年)

大塚武松『岩倉具視関係文書』第一、第七(日本史籍協会、一九二七年、一九三四年)

塵海研究会編『北垣国道日記「塵海」』(思文閣出版、二〇〇一年)

京都市政史編さん委員会編『京都市政史　第4巻　資料・市政の形成』(京都市、二〇〇三年)

高橋義雄『万象録　高橋箒庵日記』巻七(思文閣出版、一九九〇年)

原奎一郎『原敬日記』三～五巻(福村出版、一九六五年)

❖新聞

『朝日新聞京都付録』
『大阪朝日新聞』『大阪朝日新聞（広島・山口版）』
『京都日出新聞』『日出新聞』（京都府立総合資料館所蔵マイクロフィルム）
『東京朝日新聞』
『東京日日新聞』
『読売新聞』
『夕刊京都』（国立国会図書館新聞閲覧室所蔵マイクロフィルム）

❖単行本

家近良樹『幕末政治と倒幕運動』（吉川弘文館、一九九五年）
伊藤毅『都市の空間史』（吉川弘文館、二〇〇三年）
伊藤之雄『政党政治と天皇　日本の歴史22』（講談社、二〇〇二年、講談社学術文庫版、二〇一〇年）
伊藤之雄『明治天皇――むら雲を吹く秋風にはれそめて』（ミネルヴァ書房、二〇〇六年）
伊藤之雄『昭和天皇と立憲君主制の崩壊――睦仁・嘉仁から裕仁へ』（名古屋大学出版会、二〇〇五年）
伊藤之雄『伊藤博文――近代日本を創った男』（講談社、二〇〇九年）
伊藤之雄編著『近代京都の改造―都市経営の起源　一八五〇〜一九一八』（ミネルヴァ書房、二〇〇六年）
岩本馨『近世都市空間の関係構造』（吉川弘文館、二〇〇八年）
大槻喬編『京都博覧協会史略』１（京都博覧協会、一九三七年）
木下道雄『側近日誌』（文藝春秋、一九九〇年）
木村万平『京都破壊に抗して――市民運動二〇年の軌跡』（かもがわ出版、二〇〇七年）
京都国立博物館『京都国立博物館百年史』（京都国立博物館、一九九七年）

京都市編纂『京都名勝誌』（京都市役所、一九二八年）
京都市『京都市産業要覧（一九三六年版）』（京都市役所産業部商工課、一九三六年）
京都市参事会『琵琶湖疏水要誌』巻一（京都市参事会、一八九〇年）
京都市編纂『新撰京都名勝誌』（京都市役所、一九一五年一〇月三〇日）
京都市市政史編さん委員会編『京都市政史　第1巻　市政の形成』（京都市、二〇〇九年）
京都新聞社編『琵琶湖疏水の100年〈叙述編〉』（京都市水道局、一九九〇年）
京都府『京都名所』（京都府、一九二八年）
京都府『大正大礼京都府記事』下（京都府、一九一七年）
京都府『大正大礼京都府記事・庶務の部』上（京都府、一九一七年
京都府『昭和大礼京都府記録』上巻（京都府、一九二九年）
京都府土木部都市計画課『京都御苑について』
宮内庁『明治天皇紀』全一三冊（吉川弘文館、一九六八〜一九七七年）
小林丈広『明治維新と京都――公家社会の解体』（臨川書店、一九九八年）
坂本孝治郎『象徴天皇制へのパーフォーマンス――昭和期の天皇行幸の変遷』（山川出版社、一九八九年）
佐藤信・吉田伸之編『都市社会史　新体系日本史6』（山川出版社、二〇〇一年）
清水善之助『京都名所図絵』（京都書房、一八九五年）
週刊朝日編『値段の明治・大正・昭和風俗史』（朝日新聞社、一九八一年）
ジョーゼフ・リクワート（前川道郎他訳）『〈まち〉のイデア――ローマと古代世界の都市の形の人間学』（みすず書房、一九九一年）
高木博志『近代天皇制と古都』（岩波書店、二〇〇六年）
高橋康夫『洛中洛外――環境文化の中世史』（平凡社、一九八八年）

秩父宮雍仁親王『皇族に生まれて――秩父宮随筆集』（渡辺出版、二〇〇五年）
辻本治三郎『増補二版・京都案内都百種・全』（同前、一八九四年）
東枝吉兵衛『京都案内』（東枝書店、一九二三年五月五日）
野崎左文編『日本名勝地誌』第一編（博文館、一八九三年）
浜野潔『近世京都の歴史人口学的研究――都市町人の社会構造を読む』（慶應義塾大学出版会、二〇〇七年）
林茂『太平洋戦争――日本の歴史25』（中央公論社、一九六七年）
原武史『皇居前広場』（光文社新書、二〇〇三年）〔のちに同『増補・皇居前広場』（ちくま学芸文庫、二〇〇七年）として、増補再刊。本書では増補再刊版を用いる〕
藤田覚『近世政治史と天皇』（吉川弘文館、一九九九年）
古川隆久『皇紀・万博・オリンピック―皇室ブランドと経済発展』（中公新書、一九九八年）
フレドリック・R・ディキンソン『大正天皇――一躍五大洲を雄飛す』（ミネルヴァ書房、二〇〇九年）
松尾尊兊『普通選挙制度成立史の研究』（岩波書店、一九八九年）

❖論文

伊藤之雄「原敬内閣と立憲君主制――近代君主制の日英比較」（二）・（三）・（四）（『法学論叢』第一四三巻第五号、六号、一四四巻一号、一九九八年八月、九月、一〇月）
伊藤之雄「京都御所・御苑空間と近代日本の天皇制」（上）～（下）（『京都市政史編さん通信』第二七～二九号、二〇〇六年一二月～二〇〇七年八月）
伊藤之雄「日露戦後の都市改造事業の展開」（『法学論叢』一六〇巻五号・六号、二〇〇七年三月）
伊藤之雄「第一次世界大戦後の都市計画事業の形成――京都市を事例に　一九一八～一九一九」（『法学論叢』一六六巻六号、二〇一〇年三月）

苅谷勇雅「都市景観の形成と保全に関する研究」(京都大学工学研究科博士学位論文、一九九三年)
川口朋子「京都御苑の機能的変遷――京都御苑における『憩い』について」一八九～一九〇頁(『立命館大・学生論集』第九号、二〇〇三年三月)
小林丈広「平安遷都千百年紀念祭と平安神宮の創建」(『日本史研究』五三八号、二〇〇七年六月)
瀬畑源「昭和天皇『戦後巡幸』の再検討――一九四五年一一月『終戦奉告行幸』を中心として」(『日本史研究』五七三号、二〇一〇年五月)
高木博志「近世の内裏空間・近代の京都御苑」(『岩波講座　近代日本の文化史』岩波書店、二〇〇一年)
奈良岡聰智「片岡直温と京都」(一)～(三)(『京都市政史編さん通信』第三六～三八号、二〇〇九年一一月、二〇一〇年三月、七月)
持田信樹「都市行財政システムの受容と変容」(今井勝人・馬場哲編『都市化の比較史』日本経済評論社、二〇〇四年)
森忠文「明治初期における京都御苑の造成について」(『造園雑誌』四一-三、一九七八年)
森忠文「明治期およびそれ以降における京都御苑の改良について」(『造園雑誌』四六巻五号、一九八三年三月)
吉岡拓「十九世紀の社会と天皇――京都民衆の歴史意識・由緒の旋回」(慶應義塾大学博士論文、二〇〇七年度)

サ

タ

ナ

主要人名索引

ア

カ

使用写真出所

カバー・表紙✣京都御所朔平門
二九ページ✣明治天皇が生まれた中山邸跡にある祐井
七八ページ✣建礼門前広場
……千倉書房編集部撮影
本扉✣御苑内鷹司邸跡近くの巨木
四七ページ✣琵琶湖疏水のトンネル
……平林達也（フォトグラファーズ・ラボラトリー）撮影
一〇六ページ✣烏丸通丸太町で鹵簿の通過を待つ奉拝者
一〇八ページ✣御苑内奉拝場入場證（大正大礼）
……京都府立総合資料館収蔵「大正大礼京都府記事関係写真材料」四巻より
一〇三ページ✣京都駅前の奉迎門（大正大礼）
二一一ページ✣大正大礼の奉祝踊
……京都府立総合資料館収蔵「大正大礼京都府記事関係写真材料」五巻より
一九八ページ✣御苑内で奉拝を待つ小学生
一九九ページ✣御苑内で奉拝を待つ高齢者
……京都府立総合資料館収蔵「昭和大礼写真帖」二巻より
一九六ページ✣京都駅前の奉迎門（昭和大礼）
……京都府立総合資料館収蔵「昭和大礼写真帖」七巻より

[著者略歴]
伊藤之雄（いとう・ゆきお）

京都大学大学院法学研究科教授・博士（文学）
専門は近現代日本政治外交史。1952年福井県大野市生まれ。1976年京都大学文学部卒。1981年京都大学大学院文学研究科博士課程満期退学。名古屋大学文学部助教授等を経て、1994年より現職。1999年からは京都市政史編さん委員会代表を兼任。近著に『政党政治と天皇・日本の歴史22』『伊藤博文』（ともに講談社）、『昭和天皇と立憲君主制の崩壊』（名古屋大学出版会）、『明治天皇』（ミネルヴァ書房）、『元老西園寺公望』『山県有朋』（ともに文春新書）、『近代京都の改造』（編著、ミネルヴァ書房）などがある。

京都の近代と天皇
御所をめぐる伝統と革新の都市空間　一八六八～一九五二

二〇一〇年九月二三日　初版第一刷発行

著者　伊藤之雄
発行者　千倉成示
発行所　株式会社 千倉書房
〒一〇四－〇〇三一
東京都中央区京橋二－四－一二
〇三－三二七三－三九三一（代表）
http://www.chikura.co.jp/

印刷・製本　信毎書籍印刷株式会社
造本装丁　米谷豪

ISBN 978-4-8051-0951-9 C1020

冷戦期中国外交の政策決定　牛軍　著　真水康樹　訳

毛沢東が指導した歴史的事件への対応を分析し、今日にも通ずる中国という国家の性格を浮かび上がらせる。

❖四六判／本体　二六〇〇円＋税／978-4-8051-0885-7

アジア太平洋と新しい地域主義の展開　渡邉昭夫　編著

17人の専門家が、各国事情や地域枠組みなど、多様かつ重層的なアジア・太平洋の姿から、諸国の政策の展開を検証する。

❖A5判／本体　五六〇〇円＋税／978-4-8051-0944-1

なぜ歴史が書けるか　升味準之輔 著

歴史家は意味や効用があるから歴史を書くのではない。政党史研究の泰斗が傘寿を越えてたどり着いた境地。

❖四六判／本体 二八〇〇円＋税／978-4-8051-0897-0

表象の戦後人物誌　御厨貴 著

戦後史を表象する人物の足跡をたどり、我々の人生をすっぽりと覆うほど長い「戦後」の変遷と変質に迫る。

❖四六判／本体 二四〇〇円＋税／978-4-8051-0912-0

歴史としての現代日本　五百旗頭真 著

日本外交史・国際関係論の碩学による、近現代史を読み解く最良のブックガイド。13年に及ぶ新聞書評を中心に構成。

❖四六判／本体 二四〇〇円＋税／978-4-8051-0889-5

千倉書房

表示価格は二〇一〇年九月現在

「死の跳躍」を越えて
佐藤誠三郎 著

西洋の衝撃という未曾有の危機に、日本人は如何に立ち向かったか。近代日本の精神構造の変遷を描いた古典的名作。

❖A5判／本体 五〇〇〇円+税／978-4-8051-0925-0

「南進」の系譜
矢野暢 著

南方へ向かったひとびとの姿から近代日本の対外認識をあぶり出す。続編『日本の南洋史観』も併せて収録。

❖A5判／本体 五〇〇〇円+税／978-4-8051-0926-7

ナショナリズムとイスラム的共存
鈴木董 著

「西洋の衝撃」の下、イスラム的共存のシステムはなぜ崩れ去ったのか。民族問題の淵源を訪ねる思索。

❖四六判／本体 二八〇〇円+税／978-4-8051-0893-2

叢書
21世紀の国際環境と日本

叢書 21世紀の国際環境と日本 001

同盟の相剋

水本義彦 著

比類なき二国間関係と呼ばれた英米同盟は、なぜ戦後インドシナを巡って対立したのか。超大国との同盟が抱える試練とは。

❖Ａ５判／本体 三八〇〇円＋税／978-4-8051-0936-6

叢書 21世紀の国際環境と日本 002

武力行使の政治学

多湖淳 著

単独主義か、多角主義か。超大国アメリカの行動形態を左右するのは如何なる要素か。計量分析と事例研究から解き明かす。

❖Ａ５判／本体 四二〇〇円＋税／978-4-8051-0937-3

表示価格は二〇一〇年九月現在

千倉書房